アジア主義全史

嵯峨 隆
Saga Takashi

筑摩選書

アジア主義全史　目次

はじめに　009
アジアへの視座／アジア主義とは何か

第一章　アジア主義の源流　017
日本人にとってのアジア／近代アジア論の原型／欧米とアジアへの対処の仕方／西郷隆盛の位置づけ

第二章　初期のアジア連帯思想と行動　031
1　アジア連帯運動の開始　031
興亜会の成立／玄洋社の成立――民権と国権／金玉均支援運動――樽井藤吉と頭山満
2　論壇におけるアジア主義言説の展開　042
「主義」としてのアジア／アジア・モンロー主義／日露戦争後のアジア論／第一次世界大戦時期のアジア主義／今井嘉幸と浮田和民について
3　樽井藤吉と『大東合邦論』　056
日朝合同の原理／中国に対する見方／宗藩関係という問題／中国における『大東合邦論』／韓国併合に向けて
4　近衛篤麿と清末の中国　070

近衛篤麿のアジア認識／戊戌政変後の近衛篤麿／中国政治への対応

第三章　中国革命の支援者たち　083

1　頭山満の皇アジア主義　083
天皇道とアジア／皇アジアから皇世界へ／辛亥革命と頭山満／革命失敗の中での孫文支援活動／中国のナショナリズムへの姿勢／孫文との会談――交錯する思惑

2　宮崎滔天とアジア革命　098
支那革命主義／中国革命運動と宮崎滔天／革命運動の挫折と思想的転換／アジア主義の再構築と離脱／人種的差別撤廃についての姿勢／悲観の中のアジア主義／最終的な理想社会

3　北一輝と中国革命　115
アジア主義の萌芽／中国革命運動への関与／北一輝と宋教仁／中華民国の成立の中で／中華民国の革命的再生に向けて／戦闘的なアジア主義へ

第四章　中国人によるアジア主義の主張　131

1　初期の孫文とアジア　132
清末の孫文とアジア／アジア主義への言及／「中国の存亡問題」とアジア主義／日中提携論の持続

2　亜洲和親会について　143

在日アジア人の期待と失望／亜洲和親会の成立／亜洲和親会の開催と参加者問題／劉師培の「亜洲現勢論」について／アジア解放とアナキズム革命、そして日本批判
3 李大釗の「新アジア主義」 159
アジア主義の批判者として／アジア主義の模索／「新アジア主義」の提示／「再び新アジア主義を論ず」／アジア主義を越えて
4 孫文の「大アジア主義」講演について 172
一九二〇年代における対日観／李烈鈞の日本派遣／孫文、最後の日本訪問／孫文の日本到着とマスコミの反応／「大アジア主義」講演／日本批判は本意であったのか／講演に対する評価

第五章 日中戦争とアジア主義 191
1 満洲事変と日本型アジア主義の新たな展開 192
アジア・モンロー主義の再燃／大亜細亜協会の成立とその思想／三民主義批判と王道主義の主張／中国における大亜細亜協会／中国アジア主義の民族主義化／胡漢民の抗日的アジア主義／松井石根と胡漢民
2 東亜新秩序と東亜協同体論 210
近衛声明と東亜新秩序／蠟山政道の東亜協同体論／三木清の文化的協同体論／尾崎秀実の東亜新秩序論
3 汪精衛の日中提携論と大アジア主義 226

日中提携の理論的正当化／汪精衛と大アジア主義／三民主義とアジア主義／「大東亜戦争」と大アジア主義

4 **東亜聯盟の思想と運動** 241

東亜聯盟論の概要／東亜聯盟の基本思想／繆斌と中国の東亜聯盟運動／汪精衛政権の下での東亜聯盟運動／東亜聯盟中国総会の結成とその後／実践活動と運動の衰退

第六章 戦後七五年のアジア主義 261

アジア主義者たちの戦後――松井石根と石原莞爾／戦後におけるアジアの位置づけ／多様化するアジア主義／これからのアジア主義

あとがき 286

参考文献 288

アジア主義全史

はじめに

アジアへの視座

日本礼賛が社会現象として現れたのは、二〇一一年の東日本大震災の後のことだといわれる。その当時から出版された本の中には、「世界で尊敬される日本」であるとか「すごいぞ日本人」などといったようなタイトルが頻繁に見える。テレビ番組も同様の傾向にある。そうした番組は減少する傾向は見せていないので、おそらく依然として一定の視聴率を獲っているのであろう。こうした自己礼賛の現象は、将来に対する不安を癒やすための「安定剤」だとする説がある。そうだとすれば、現在の日本社会は自信を失った状態にあるといえるのかもしれない。

自信を失った日本は、自分より下の存在が欲しいのだろう。嫌韓・嫌中の本がベストセラーになっているのは、そのことを示しているのではないのか。そうした本の中には、朝鮮・韓国の民族性を嘲笑したり、日中戦争をシミュレートした本さえもある。加えて、社会では在日アジア人に対するヘイトスピーチは止まない。二〇一六年にヘイトスピーチ対策法が制定されたものの、それは罰則を伴うものではなく、実効性には疑問も持たれていた。その後に地方自治体が制定した条例や裁判所での有罪判決は、ヘイト活動への抑制効果となっていることは確かであろう。しかし、そのような言論が現実・仮想両空間においてなおも出現し続けていることは、日本が真の多文化共生社会であるのかという疑念を抱かせる。

こうした社会現象があるにもかかわらず、日本ではアジアはブームなのだといわれ続けている。確かに、雑誌や旅行誌などを見れば、アジアはポップス、グルメ、ショッピングなど生活に身近な存在として扱われている。テレビで放映される韓国や台湾ドラマは日本社会に完全に根づいたといえる。そして、我々はアジア各地の料理を日常的に味わうことができる。かつては「エスニック料理」と奇妙な名称でいわれていたものが、最近ではストレートに「アジアごはん」として紹介されるようになった。このように、柔らかいテーマから見ると、アジアが我々の生活の身近な存在になったことは確かであるし、これがいわゆるアジアブームの中心だということも分かる。

我々が感じる身近なアジアは、大多数の人にほとんど抵抗なく受け入れられる分野のものに限られている。しかし、現実のアジアには「わだかまり」を感じさせるものも多数存在している。それは、例えば近隣諸国との領土問題や安全保障問題、そして歴史認識に関連する部類のものである。マスコミで取り上げられる頻度の多さからすれば、これらも身近なアジア問題であることには違いないのだが、上述した「柔らかいテーマ」と一緒に語られることはほとんどない。むしろ、中国や韓国との外交関係のもつれや過去の強制連行や慰安婦問題といった事柄は、しばしば相手国に対する非難の素材として利用されることになる。こうしたことからすれば、いわゆるアジアブームと嫌韓・嫌中の傾向とは同時並行的に起きている現象だということが理解される。

しかし、歴史や文化について敏感な人であれば、「身近なアジア」や「アジアブーム」という表現には、何か微妙な問題が込められていることに気づくであろう。というのは、それは日本とアジアとの間にある、差異性を前提にしているからである。おそらく、ヨーロッパのどの国の人にとっても、「身近なヨーロッパ」や「ヨーロッパブーム」という発想は生じないだろう。翻《ひるがえ》って、日本ではそうした表現が当たり前のようになされているということは、今日では日本とアジアの間に暗黙のうちに線引きがされていることを意味している。

日本がアジアに含まれるか否かという問題について、一義的に判断を下すことは簡単なことではないだろう。しかし、日本は地理的にアジアに位置しながらも、文化的には異なると考えている人が少なからずいることは、現実として受け止めなければならない。そうだとすれば、日本はもともとアジアではなかったのか、それともかつてはアジアであったが、歴史的経緯の中でそうではなくなったのであろうか。こうしたことが問われる必要があると考えられる。もちろん、現代の「身近なアジア」に魅かれる人々には、アジアの人々や文化に対する差別感やわだかまりはないという人は多いだろう。しかし、そのようにいうのであれば、まず日本人が過去に抱いていたアジア観を知っておくことが必要なのではないだろうか。

そもそも、日本人が他のアジア諸国（あるいは人々）に好感を持つとしても、それは彼らを日本と対等の立場で見てのことであろうか。かつて欧米がそうであったように、日本はオリエンタリズムの眼差しで彼らを見てはいないだろうか。我々の社会は本当に彼らの歴史や価値観を尊重しているだろうか。中韓両国との関係に限っていえば、政治的紛争が生じた際に、容易に排外と軽侮《けいぶ》の声が上がるのは、彼らとの間に「先進―後進」の意識を持っているからではないのだろうか。そうだとすれば、今日においてさえも、日本が明治という近代国家になってから、どのようにアジアに向き合い、今日に至ったかについて考えてみる価値はあるだろう。アジア主義は以上のような問題についての、一つの切り口になるのではないかと考えられるのである。

アジア主義とは何か

アジア主義とはどのような思想か。極めて概略的にいえば、それは江戸期から明治期にかけての日本に起源を持つ思想潮流であり、初期においては「興亜論」の名でも呼ばれ、中国などアジア諸国と連帯して西洋列強の圧力に抵抗し、その支配からアジアを解放することを主な内容としている。もちろん、「アジア」の範囲は一定のものではなく、論者によって想定される地域は広くもなり狭くもなった。そして、それは時代とともに現実の対外政策に反映されることとなり、一九三〇年代以降に激しさを増した日本のアジア侵略に「連帯」と「解放」という名目を与えることになる。その結果、アジア共通の敵と目された欧米諸国との戦争に突き進み、最終的には一九四五年八月の敗戦を迎えることで、アジア主義は戦前・戦時期の思想的役割を終えたのである。その意味では、アジア主義が日本の侵略政策を正当化する役割を果たしたとする評価が、戦後間もなく生じたのは当然のことであった。

それでは、今日においてアジア主義を取り上げ、検討する意義はどこにあるのだろうか。それは端的にいって、今や押し止め難い趨勢であるグローバル化の進展に対抗しつつ、極度のナショナリズムに流れない、新たな思想構築のための手掛かりがそこに存在している可能性があると考えられるからである。ここで、あえて「新たな東アジアの政治秩序の手掛かり」といわないのは、後述するように、筆者はアジア主義がそのような役割を果たす時代は終わったと考えているからである。この意味で、アジア主義を思想的に扱うことは、現在的課題を強く意識したものである。したがって、それは中国の一部の研究者が指摘するような、かつての日中間に存在した「黄金の時期」への「郷愁」であるとか、アジア侵略への弁護であるとするような穿った見方とは全く無縁のものである。むしろ、それは過去のアジア主義を批判し、清算するところから始められなければならないのである。

さらに、歴史的検討を行うに当たっては、一国史レベルでアジア主義を扱うことには限界がある。なぜなら、アジア主義はその歴史の過程で、中国にも波及して独自の内容をもって言説が展開され、さらにはそれが再び日本の側にも照り返すという現象を起こしているからである。本論で見るように、李大釗《りたいしょう》による「新アジア主義」の提示、そして孫文による「大アジア主義」講演がその事例として知られている。特に後者に対しては、満洲事変から日中戦争に至る時期において、日中双方から独自の解釈がなされるようになる。ここからして、アジア主義は日本から発する単方向的な思想ではなく、東アジアの領域内における多方向的な思想として捉え直される必要があるのである。

それでは、アジア主義は思想として見た場合どのように定義できるだろうか。これについての議論はおおむね、戦後日本のアジア主義再評価の先鞭をつけた竹内好《たけうちよしみ》の所説が参照されてきたといってよい。竹内によれば、アジア主義とは多義性を持つものであって、「ある実質内容をそなえた、客観的に限定できる思想ではなくて、一つの傾向性ともいうべきもの」であり、アジア主義としか呼びようがない「心的ムード」であるとされた（「アジア主義の展望」）。すなわち、アジア主義はそれぞれによって千差万別な内容を持ちながらも、それらは一括してアジア主義として扱われるべきだとするのである。

　そのため竹内は、アジア主義の中に侵略的契機があったか否かという問題設定も成り立たないとする。すなわち、従来は玄洋社や黒龍会のように侵略へ向かった国権主義者の思想と、連帯を掲げ続けた民権主義者の思想を分けて考えようという見方があった。これに対して竹内は、アジア主義は膨張主義や侵略主義とは完全に重ならないが、重なり合う部分も存在するというように極めて曖昧な思想と捉えたのである。

　以上のような竹内の見方に対しては、各方面から多くの批判が加えられてきた。朝鮮史を専門とする研究者からは、「〔竹内が〕もっぱら日本的文脈からアジアを理解しようとし、アジア諸地域・諸国家の歴史的内在性においてアジアを捉えることができなかった」とする批判もある（趙《チョ》景達《キョンダル》「日本／朝鮮におけるアジア主義の相克」）。確かに、侵略された側に立って歴史を見るべきだとする批判は、公正さという点では一理ある。しかし、アジア主義を近代日本の原罪とする見方は、歴史的結果を基準とする固定された評価しか生み出さないのではないだろうか。

　また、かつては連帯を語る理念型としてのアジア主義を設定し、そこからの距離の遠近によって思想に評価を下す見方もあった。だが、そのような理解の仕方は、アジア主義の持つ多様性を否定することにしかならないだろう。連帯という主張を掲げながら、結果として侵略に至ってしまうところにアジア主義の思想としての危うさがあり、そしてそうした点にこそ現代におけるアジア観への鑑として、考察されるべき意義が存在しているということができるのである。

さて、明治以降というもの有名・無名を含めて様々なアジア主義の主張が展開されてきた。竹内はこれについて、アジア主義は「それ自体に価値を内在させているものではないから、それだけで完全自足して自立することはできない。かならず他の思想に依拠してあらわれる」として、アジア主義を史的に叙述できるという考えは、歴史主義の毒におかされた偏見だろうと述べている。筆者は、前段については同意できるものの、他の思想に依拠して現れたものですら史的に叙述することは可能だと考えている。なぜなら、いかにアジア主義の心情的側面を重視するとしても、それが歴史の産物である以上は史的叙述が不可能であるはずがないからである。

しかし、当然のことであるが、それらを網羅的に紹介し検討を加えることは不可能といってよい。そこで本書は、日本・中国・朝鮮をめぐる思想的営為と活動を考察の対象に限定することにする。そして、思想の歴史的展開を中心としつつ、そこに同時代のアジア、とりわけ中国からどのような反応があったのかを見ていこうと思う。

筆者は二〇一六年に『アジア主義と近代日中の思想的交錯』（慶應義塾大学出版会）を上梓した。そこでは、近代以降の日本と中国におけるアジア主義が、同床異夢の思想であったことを論じた。現在においてもそうした見方に変わりはないが、本書は前著の内容を大幅に加筆修正しつつ、新たに樽井《たるい》藤吉《とうきち》、近衛《このえ》篤麿《あつまろ》、北一輝《きたいっき》などの思想を書き加え、さらには太平洋戦争終了から今日に至るまでの言説の展開をやや詳しく論じている。

以下、本論においては、第一章ではアジア主義の起源を概観し、第二章で初期日本におけるアジア連帯思想を見ていく。そこで、論壇における動向を一節として取り上げるのは、アジア主義言説の時代的推移を確認しておくためでもあるが、同時代の中国人の反応の素材をあらかじめ提示しておくためでもある。第三章では中国革命の支援者たちの思想的営為を見た上で、第四章では中国人による主張のいくつかの形態を検討する。そこでは、アジア主義の捉え方が日本とは全く違うことが確認されるだろう。第五章では日中戦争開始後に展開された両国の思想の形態を比較・検討し、第六章においては戦後におけるアジア主義の位置、そして現在的問題と将来の可能性について論じていくことにする。

なお、文中の引用については、原文の旧字体は新字体に改めた。また、原文が片仮名混じりのものは、読みやすさを考えて平仮名に改め、必要に応じて濁点や句読点を付した。

第一章
アジア主義の源流

日本人にとってのアジア

アジアとヨーロッパという名称は、一対の概念として生まれた。それは、紀元前八世紀から紀元前七世紀にかけての頃、古代メソポタミアのアッシリア人がエーゲ海の東を**asu**（アス、東＝日の出づる所）、西を**ereb**（エレブ、日の没する所）と呼んだことに始まり、**ereb**が後に**europe**に、**asu**が**asia**に転訛し、さらにギリシアに伝わって**Asia**と**Europa**になったといわれている。

いずれにせよ、アジアという名称は、中近東から地中海にかけての地域に対する西方から与えられた呼称であった。その後、ヨーロッパの文献に現れるアジアの範囲は広がっていく。航海術の発達と東方の香辛料の需要から、ヨーロッパが世界に拡大するのは一五世紀以降のことである。この大航海の過程で、それまでの内陸の遠征とは異なり、海路によって諸地域をめぐることによって、沿海を線で囲む諸大陸の地図が作られるようになり、大陸を総称する用語の概念が発達した。ここに、アジアという名称が具体的な地理的空間を指すようになり、一六世紀以降に作られる世界地図には**Asia**の語が用いられるようになる。

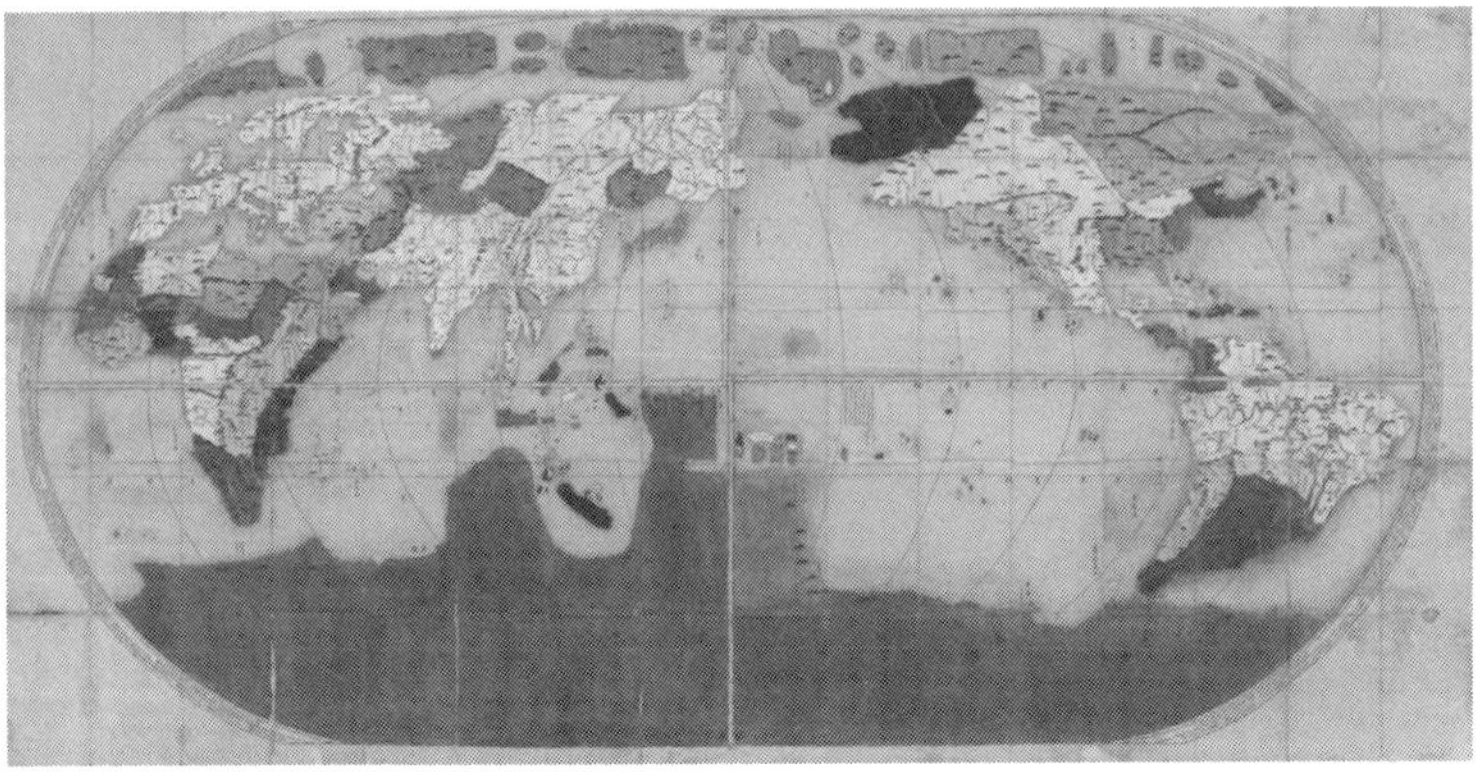

『坤輿万国全図』（横浜市立大学所蔵）

このアジアという名称は、一六〇二年に北京で発行されたマテオ・リッチ（利瑪竇《りまとう》）の『坤輿《こんよ》万国全図』の中では「亜細亜」と漢字表記されていた。これが、一六四五年に、長崎において『万国総図』として刊行され流布し、それまでの本朝・唐土《もろこし》・天竺《てんじく》の三国によって構成されていた中世的世界観を大きく転換させることになった。これによって、日本人は自国および周辺の地域がアジアと呼ばれていることを知ったのである。

その意味で、アジアという名称は外部からの命名、つまり「他称」であって、日本人自らが主体的に一体化すべき対象としてあったわけではなかった。しかし、一九世紀前半からのヨーロッパの力に対する認識の深まり、そしてアヘン戦争に至って生じる中華世界の解体は、日本人にそのような他称性の意識を失わせ、やがて自らがその一員であることを否応なしに認識させられることとなる。

アジアにとって、西洋諸国やロシアが脅威であると日本人が意識するようになるのは一八世紀後半になってからのことである。そのような状況下で書かれたのが林子平《はやししへい》の『海国兵談』（一七八七〜一七九一年）である。同書では「江戸の日本橋より唐《から》、阿蘭陀《オランダ》迄境なしの水路なり」として、日本のような海国には「外寇の来り易きわけ」を説き、海防の必要性を論じていた。子平は同書で、ロシアの勢力がシベリアを越えてカムチャッカにまで及んでいるとして、その脅威を指摘している。そして彼は、ロシアに限らず、西洋の国同士は安定した関係にあって互いに戦争することはなく、もっぱら外の地域を侵略しては自分の支配下に置くことに傾注していることに目を向けるべきだとしている。

しかし、西洋諸国が直接的に日本に侵略して来るかといえば、子平は必ずしもそうは見ていない。むしろ彼によれば、西洋は「遠国を取るには妄《みだ》りに干戈《かんか》を動さず、只利害を説話して、其国人を懐《なつ》けて、然して後に押領す」ることに長けているとされ、そして、今後においては、彼らが中国をそそのかして日本を侵略させる可能性があることを指摘している。これに対抗するためには朝鮮、琉球、蝦夷《えぞ》の三国を領有することが必要であるとされた。こうした例から分かるように、この時期においては、日本の危機を認識しながらも、アジア諸国との連帯を図ろうとする意識はまだ希薄であった。

林子平

近代アジア論の原型

一九世紀になると、近代アジア論の原型ともいうべき言説が現れてくる。以下、そのいくつかの例を示しておこう。

江戸期におけるアジア連帯論は、会沢正志斎《あいざわせいしさい》の『新論』（一八二五年）に始まるといってよい。正志斎は後期水戸学の代表的思想家であるが、同書は日本の国体の優越性を前提とし、攘夷の正当性は日本独自の国のあり方に基づく本質的問題であると主張し、尊王攘夷論の理論的支柱の一つとなる。

『新論』において正志斎は、日本を「中国」と自称し、世界を海西諸国・南海諸島・海東諸国に分け、「亜細亜《アジア》・阿弗利加《アフリカ》・欧羅巴《ヨーロッパ》と曰《い》ふものは、西夷《せいい》の私呼するところにして、宇内《うだい》の公名にあらず、且《か》つ天朝の命ずるところの名にあらず」として、他称としての「アジア」の名称を拒否していた。しかし、そうした姿勢自体が西洋への対抗心の現れであって、逆に自らに強いられたアジア性を強く意識していたことは明らかであった。

正志斎は同書でイスラム教国とロシアの対外侵略の実態を説き、日本と中国の危機を強調するが、彼の見るところによれば、西洋の侵略性の根源はその宗教性にあった。イスラム教やキリスト教といった西方の宗教は、他国を併呑《へいどん》する特徴を持つものと見なされた。そこで彼は、「夫れ未だ嘗て回回《フイフイ》・羅馬《ローマ》の法に沾染《てんせん》せざるものは、すなはち神州の外、独《ひと》り満清あるのみ」との考えから、西洋の侵略に対抗するために日中の提携を主張したのである。

正志斎が西洋から守るべきとしたのは、総体としてのアジアであったのではなく、日本独自の国のあり方である「国体」であった。そして、彼の考えによれば、日本は西洋による社会的・文化的汚染そして政治的侵略を防止するだけではなく、国体の体現たる皇道を世界に及ぼし、人類全体を救済することが必要だとされた。彼は次のようにいう。

夏を以て夷を変じ、天人をして胡羯《こかつ》の誣罔《ぶもう》より免れしむるは、固《もと》より仁人の志にして、文を揆《はか》り武を奮ひ、四表に光被して、以て耿光《けいこう》を覿《あらわ》し大烈を揚《あ》ぐるは、仁人の業なり。

会沢正志斎『新論』

正志斎によれば、夏すなわち中華たる日本にとっては、夷《い》狄《てき》を感化し、天下の人々を西洋人からの謗《そし》りから救い出し、盛徳を遍く広めることが任務だとされるのである。なお、世界の皇化や道義世界の建設という主張は、この後の皇道的アジア主義の源流となるものである。

次に取り上げるべき思想家は佐藤信淵《のぶひろ》である。しかし、彼は最初から連帯論を打ち出したわけではない。一八二三年に著した『混同秘策』は、日本が世界征服を目指すための方途を説いたものであった。同書によれば、日本は「大地の最初

佐藤信淵

に成れる国」として「世界万国の根本」である。そのため、日本には「世界を混同し万国を統一」する使命があり、その第一歩が「支那国を呑併する」ことにあるとされる。混同とは統一の意味であるが、信淵が考える統一の過程とは、まず満洲を奪い、それを足がかりにして中国の衰弱を誘って韃靼《だったん》を取り、最終的には中国・朝鮮を手に入れてアジア全土に君臨するというものであった。

『混同秘策』はユートピア的な世界制覇論であったが、その根底には当時の「西力東漸《せいりきとうぜん》」に対する危機感があったことは間違いない。しかし、それから二六年後の一八四九年に信淵が著した『存華挫狄論《そんかざてきろん》』になると主張は一変する。書名から分かるように、その内容は中華を存続させて夷狄たる西洋を挫くことを目的とするものであった。信淵はアヘン戦争（一八四〇年）における中国の敗北から、列強の帝国主義的欲望の深さ、そして圧倒的な軍事力の強さを痛切に感じることとなったのである。

『存華挫狄論』によれば、「欧羅巴洲人は利を好み欲を縦《ほしいまま》にし、欺き奪ふの念を深くして貪り恈《ぼう》して飽くことなし」とされる。現実に、イギリスはムガール帝国を滅ぼし、この国を支配下に置いてから「国富み兵強きこと中古に十倍し、狡然として東洋を混同し、宇内を括嚢《かつのう》するの志を決し、種々大支那を傾くるの籌策《ちゅうさく》を工夫」し、アヘン戦争を仕掛けたとしている。このような危機を座視するままでは、禍《わざわい》が日本にまで及ぶことは必至と考えられた。

アジアの国際環境の変化からして、日本はもはや中国併呑や世界制覇などといった非現実的な夢を見ている場合ではなかった。むしろ、日本は中国を保全・強化し、提携して西洋諸国のアジア侵略を抑えなければならない。信淵は中国に対して、軍事力を充実させて「英夷を征伐して大に此を打破り悉《ことごと》く侵地を恢復し、厳しく此を逐《お》ひ攘《はら》ひて東洋に遺類なからしめ、永く本邦の西屏《せいへい》たらしめんことを欲す」と論じている。ここでの焦点は、日本の独立をいかにして確保するかにあった。信淵は日本を守るためにこそ、弱体化した中国の再興を求め、日中提携の形で状況を切り開いていこうと考えていたのである。

以上のような佐藤信淵の主張は、原初的アジア主義ということができるだろう。しかし、中国を「西屏」とするという主張からも分かるように、彼の考える「挫狄」の主体は日本であったことが分かる。

欧米とアジアへの対処の仕方

西洋―中国―日本という三極構造の中で、西洋と中国が結んで日本の脅威とならないとは限らない。すでに述べたように、林子平はそうした危険性があることを指摘しており、そのような場合を想定して、日本と中国の間にある地域を領有して藩屏《はんぺい》とする構想が出されていた。そうした考えは、日本と欧米による同盟の結成に発展する可能性を持っている。とりわけ、一八五四年三月に日米和親条約が調印されてからは、列強とアジアにどのように対処するかを、より深刻に考えなければならなくなっていた。

一八五七年、橋本左内は東アジアにおけるイギリスとロシアの対立という状況を前提として、日露同盟によってアジアを制圧しようという構想を打ち出している。左内はいずれロシアが世界の盟主となるだろうと考えている。そうした中で、日本が独立を維持していくには山丹《さんたん》（沿海州）、満洲、朝鮮を併合し、かつアメリカあるいはインド内に領土を持つ必要があるとする。しかるに、インドはイギリスに、山丹はロシアに押さえられており、日本が戦いを挑んで取ることはほとんど不可能であった。

そのため左内は、今のうちにロシアと結んでおくのがよいと考える。なぜなら、「魯《ロシア》は信あり、隣境なり、且魯と我とは唇歯《しんし》之国、我魯に従候はゞ魯我を徳とすべく候。［中略］我孤立にて西洋同盟之諸国に敵対は難致《いたしがたし》。魯之後援有れば、仮令《たとい》敗るゝも皆滅に不至《いたらざる》は了然に候」と見なされたからである。彼は人種が違っていたとしても、日本は近隣の強国に付き従うことで自存を図り、それによって「近国を掠略《りょうりゃく》する事、緊要第一」だと考えていた（「村田氏寿《うじひさ》宛」）。彼にとっては、アジア諸国の生存は考慮の外にあり、将来的には侵略すべき対象と考えられていた。こうした考えは、脱亜論の祖型と見なされている（山室信一「日本外交史とアジア主義の交錯」）。

さて、『新論』から強い影響を受けた人物に平野国臣がいるが、彼もやはり宗教的・文化的均質性から日本と中国の提携を唱えている。彼は『制蛮礎策』（一八六二年）において、「今夫《そ》れ宇内に未だ耶蘇《やそ》を奉ぜざるは我と清とのみ、帝祚世革の相同じからざる有と雖《いえ》ども、地勢連隣、風気粗《ほ》ぼ類す、髪眼異ならず、古来通信し固《もと》より道を同《おなじ》ふするの国なれば、則ち相為に事を謀りて可なり」と論じていた。

しかし、時はすでにアヘン戦争を経て、西洋による軍事的侵略が現実のものとなっていた。したがって、列強に対抗するためには具体策が講じられる必要があった。そこで平野は、急ぎ砲艦を建造する一方、中国に使者を送って「王に謁して理を諭し策を示し、両国相与《とも》に力を合せ、断然夷を払ふて尺地《せきち》も与へず、諸《これ》を洋外に逐《お》」う必要があるとしている。

これと同じ年、勝海舟は、西洋列強に対抗すべく日本と朝鮮・中国の連帯を主張している。文久三年四月二七日（旧暦）の日記には次のように書かれている。この日の朝、彼は桂小五郎（後の木戸孝允）、大島友之允《とものじょう》（対馬藩士、明治維新後は日朝国交回復に努める）と朝鮮問題について論議し、次のように述べたという。「当今亜細亜洲中、欧羅巴人に抵抗する者なし、これ皆規模狭小、彼が遠大の策に及ばざる故なり」。そのため、日本は近隣諸国に積極的に働きかける必要があるとして、次のように記している。

今我が邦より船艦を出だし、弘く亜細亜各国の主に説き、横縦連合、共に海軍を盛大し、有無を通じ、学術を研究せずんば、彼が蹂躙《じゅうりん》を遁《の》がるべからず、先《まず》、最初隣国朝鮮よりこれを説き、後支那に及ばんとすと。（「海舟日記」）

勝海舟の連合説に対して桂、大島は同意したという。また同じ頃、勝は海軍を大いに興し、営所を兵庫、対馬に設け、さらには朝鮮、中国にも置いて、三国合縦連衡して西洋諸国に対抗すべしと献言したといわれる。彼は明治に入った後、後述する興亜会の有力な支援者となるが、その起源はこの三国提携論にあったと見ることができる。

以上のように、江戸末期における思想家の言説の中に近代アジア主義の萌芽があったことが確認された。この後、明治維新を経て、日本はアジアの先覚者としての自負心から、中国を「空談の国」と見なしながらも、同時にそれが西洋列強の侵攻に対抗するための援軍たり得るとも考えていた。こうした意識は、両国が他国から不公正な扱い、あるいは軽侮を加えられた場合には、相互に扶助し友誼《ゆうぎ》を敦《あつ》くすべき旨を明記した日清修好条規（一八七一年）となって現れることになる。

西郷隆盛の位置づけ

ところで、明治初期において、後のアジア主義の展開との関連で見逃すことができないのは西郷隆盛の存在である。かつて竹内好は、「西郷を反革命と見るか、永久革命のシンボルと見るかは、容易に片づかぬ議論のある問題だろう。しかし、この問題と相関的でなくてはアジア主義は定義しがたい」（「アジア主義の展望」）と述べていた。竹内は明らかに西郷を「永久革命」の立場に置こうとしている。だが一方で、西郷はかつては征韓論者として位置づけられていた。それでは、そのような立場の人物の思想がアジア連帯論に結びつくのだろうか。この点は検討が必要なところである。

成立直後の明治政府は、朝鮮に対して新政府発足の通告と国交樹立に向けての交渉を行おうとした。しかし、日本からの文書が以前の形式と異なることから、朝鮮側からは受け取りを拒否された。そして、数回にわたる交渉も難航し、加えて朝鮮に反日の気運が高まると、日本国内において征韓論が沸騰することとなった。当時、政府首脳は「岩倉使節団」として欧米にあり、留守政府の板垣退助参議は朝鮮に出兵して居留民を保護せよと主張していた。しかし当時の政府においては、武力をもって朝鮮を日本に従わせようとする意見ばかりだったわけではなかった。

　時の明治政府の中には、日朝両国が提携しない限り列強への抵抗は不可能だと考え、直接朝鮮に赴き談判すべしとの主張があった。しかし、それはまず交渉を行うことが必要とするものであって、必ずしも武力行使を前提とするものではなかった。西郷隆盛はそうした立場から、自ら全権大使として単独で朝鮮に赴き使命を果たしたいと訴えていたのである。

　しかも、後年の評価によれば、西郷隆盛の関心は朝鮮だけに留まらず、広く東アジアの秩序に関わるものであったとされ、アジア主義の先行者の列に加えられている。例えば、黒龍会による西郷の評価は高く、彼の征韓論は朝鮮問題に限らず、より遠大な東亜経綸策に基づいていたとされる。また昭和・平成の論客であった葦津《あしづ》珍彦《うずひこ》によれば、西郷は日本が西洋型の亜流帝国になることを拒絶し、それとは全く異質な東洋流の王道国として発展すべきだと考えていたとされる（『永遠の維新者』）。

　もちろん、日本が独立を確保するためには近代化の道も必要である。しかし、西洋文明に対して批判的な

西郷隆盛

西郷はそれを選択的に受容すべきだと考え、政治や外交面では「東洋王道主義」を採るべきだと考えていた。葦津は、西郷隆盛のアジア的文明観が対朝鮮外交となって現れたと見ている。その西郷自身も次のような文章を残している。

文明とは、道の普《あまね》く行はるゝを言へるものにして、宮室の荘厳、衣服の美麗、外観の浮華を言ふに非ず。世人の西洋を評する所を聞くに、何をか文明と云ひ、何をか野蛮と云ふや。少しも了解するを得ず。真に文明ならば、未開の国に対しては、慈愛を本とし、懇々説諭して開明に導くべきに、然らずして残忍酷薄を事とし、己を利するは野蛮なりと云ふ可し。(頭山満《とうやまみつる》『大《だい》西郷遺訓』)

葦津はここでいう「道」を東洋的王道と見なし、欧米帝国主義に対決する維新攘夷の精神の大道を示すものとしている。つまり、彼の見方からすれば、西郷隆盛は「王道的インターナショナリズム」の立場から、朝鮮王朝の目を開かせようとしたとされるのである。当時の岩倉具視、大久保利通ら内治優先派が欧化＝覇道を志向し、維新の徹底に反したとする立場からすれば、西郷は永久革命を志向したと見ることができる。

このように見れば、西郷を近代日本のアジア主義のシンボルとして、その起点に置くことはできるだろう。現に、彼の東洋的倫理主義は、頭山満を始めとして多くのアジア主義者の崇拝を受けることになる。ただ、葦津もいっているように、東洋王道主義に基づく連帯の精神は一歩誤ると内政干渉ともなり、侵略・征服となる危険性を持つ。実際、後に見るように、明治から昭和に至るまで、王道を掲げつつ侵略を行う事例は数多く現れることになる。王道は主観的概念であるがゆえに、それはしばしば覇道への転倒を自覚しないまま、アジア侵略の正当化の口実となっていくのである。したがって、この後のアジア主義の特徴は、連帯と侵略の間の微妙さの中に見出されることになる。

第二章
初期のアジア連帯思想と行動

1　アジア連帯運動の開始

アジア主義運動の起点は、一八七八年春に曾根俊虎《としとら》によって結成された振亜社《しんあしゃ》に求められる。曾根は米沢藩出身の海軍軍人であり、中国関係の情報収集の担当を任としており、大久保利通との関係で同会を創設したといわれている。しかし、振亜社の実態についてはほとんど分かっていない。一部の研究者からは、それが語るに値するような内実を持っていなかったのではないかといわれている。同会では、日中双方の言語を学ぶ学校の設立が話し合われたというが、緒に就くことなく終わったといわれる。振亜社の後身組織に当たるのが興亜会《こうあかい》である。

興亜会の成立

興亜会は一八八〇年二月に東京で結成された。同会設立の動機は、七〇年代以降におけるロシ

曽根俊虎

アのアジアへの侵出に対する危機感の増大と、これに備えるために日中提携を中心としたアジア諸国の団結が必要であるとの認識にあった。同会の見るところでは、アジアは欧米列強の侵略の中で極めて困難な状況にある。すなわち、当時のアジアで独立国といえるのは、「唯だ本邦と支那のみ」とされ、朝鮮、安南、シャム（現在のタイ）は、独立の名はあっても論ずるに値せず、ビルマ、インドなどは西洋の直接の支配下の状態にある。興亜会が速やかに設立されなければならない理由は、まさにこうした危機状況にあるとされた。それでは、このような状況において何をなすべきなのか。「興亜会規則」には次のように記されている。

今日に在りての急務は、亜洲諸邦の士を聯《つら》ね、協合共謀し、正道を興して衰頽《すいたい》を拯《すく》うことなり。則ち、先に其の情勢を知らざるべからず。其の情勢を知らんと欲せば、其の言語に通ぜざるべからず。本邦には欧美諸洲の語を能《よ》くする者有りて、支那、朝鮮及び亜細亜諸国の語を能くする者甚だ少なし。何ぞや。校舎の設け、未だ全くは備わざればなり。豈《あ》に遺憾ならずや。

正道を興して衰頽を救うためには、まず相互理解が必要であり、その具体的な事業としては外国語を教える学校を作り相互の情報伝達を可能にすることが求められた。すなわち、興亜会規則

第一条では、「本会は亜細亜諸邦の形勢事情を講究し、并《あわ》せて言語文章の学を習修するを以て其事業の目的とす」とされていた。興亜会の結成は、アジア諸国の連帯を謳い上げた点において画期的である。江戸期以来の思想が、まずは具体的な組織や行動の形で現れた意義は大きいといわなければならない。

興亜会の初代会長は長岡護美《もりよし》（外務省御用掛）、副会長は渡辺洪基《ひろもと》（外務省大書記官）であり、振亜社の創設者であった曾根俊虎は幹事に名を連ねた。創立時の幹部は、非藩閥出身の外務省中国関係者と自由民権論者によって占められていた。中国人では『循環日報』（一八七四年、香港で創刊）社主の王韜《おうとう》、初代駐日公使・何如璋《かじょしょう》、第二代公使・黎庶昌《れいしょしょう》など、朝鮮人では修信使として来日した金玉均《キムオッキュン》、朴泳孝《パクヨンヒョ》、金晩植《キムマンシク》などが入会している。

しかし、何如璋は一八八〇年三月九日の第一回大会に招待されたにもかかわらず、これに欠席して代理人を出席させている。彼が興亜会の趣旨を高く評価していたことは、曾根俊虎との会談の記録（「欽差大臣何公使ト曾根氏ノ談話」）からも明らかであるが、前年四月の「琉球処分」完成の事実を前にして、公使の立場上これに出席するわけにはいかなかったのであろう。王韜もまた、この件から興亜会を批判するようになる。

一八八三年一月、興亜会は亜細亜協会へと名称を変更した。その理由は、中国人会員の中から、日本人が中心となっている組織が「興亜会」と名乗ることへの異議があったためである。「興亜」という積極的な名称から「亜細亜」という中立的な名称に変えたことは、中国人側に配慮したことの現れといえよう。しかし、両会は連続した性格を持っており、アジア諸国の捉え方、善隣教育の必要性の指摘においては基本的に変わっていなかった。

しかし、後述する甲申政変の発生（一八八四年一二月）は亜細亜協会に大きな影響を与えた。協会の会報は、日本軍は朝鮮の要請を受けて出動したのであって、非は中国側にあるという認識を示していた。これによって、日中両国会員の間に不信感が生じることとなった。しかも、日本国内では甲申政変を契機とする反中国気運の高揚の中で、義勇軍志願運動が高まっており、協会内部にはこの運動を支持する者と反対する者との間で分裂が生じるところとなった。こうした矛盾・対立を克服するために、八五年六月に渡辺洪基が演説を行っている。そこでなされた提案は、日中朝三国間の相互不信を除去すべく、亜細亜協会は通商貿易の振興により、利益の相互依存関係を作ることを通して、三国の和平を築こうとするものであった。しかし、協会の活動自体は次第に不活発なものとなっていった。

玄洋社の成立——民権と国権

以上のような興亜会の流れとは別に、アジア連帯運動に重要な役割を果たすことになるのが玄《げん》洋社《ようしゃ》である。玄洋社は福岡出身者を中心とする団体である。福岡藩は尊王攘夷に立ち遅れた勢力であったため、明治政府には位置を占めることができなかった。そのため、福岡藩出身者の間には、維新以後の藩閥政治に対する強い批判があった。そして、その地理的環境からして、当地では他の地域に比べて朝鮮や中国についての関心度が高かったのも当然であったといえる。

玄洋社は一八七九年一二月に設立され、社長には平岡浩太郎が就任した。そして、翌年五月一日に以下のような「玄洋社憲則」が制定された（石瀧豊美『玄洋社』）。

第一条　皇室を敬戴《けいたい》す可《べ》し
第二条　本国を愛重す可し
第三条　人民の主権を固守す可し

第三条は後に、玄洋社自身によって「権利を固守す可し」と改められるが、『玄洋社社史』が記すところでは、これは「当時潮の如くに沸きし民権論より来《きた》る者」であって、それは「皇室敬戴」、「本国愛重」と矛盾するかのように見える。しかし、藩閥政治・有司専制の下では尊皇維新の精神の実は失われたに等しい。そのため、今ここで御誓文を奉じて公議輿論を興し民を政治に参与させることは、皇室を永遠に安固にさせることに繋がり、憲則の三カ条はそれぞれ矛盾するものではない。そのため、「民権を固守するものは即ち皇室に忠なるの所以なり」とされている。

このように、玄洋社は当初、自由民権を唱える緩やかな政治結社であった。彼らは後に、民権を捨て去り国権主義へ転じたと社史の中で述べている。しかし、当時において民権と国権は表裏の関係にあり、これを「転向」として殊更に強調する必要はない。玄洋社はアジアとの連帯を「憲則」に掲げてはいないが、その対外政策の特色がアジア諸国の近代化と独立達成を支援することにあったことは間違いない。そして、民権と国権が不可分一体である中で、三カ条の憲則に基づきアジアに接していったことが、彼らの主張に連帯と侵略の両側面を持たせることになったといえるだろう。しかも、彼らは興亜会などとは違って極めて行動的であった。

　玄洋社が最初に行った行動は、朝鮮独立運動への支援であった。その運動の主役となるのは金玉均であるが、彼の行動は日本のアジア連帯運動の出発点を作り上げたということができる。

金玉均

　金玉均《キムオッキュン》は一八五一年に生まれ、七二年に科挙に合格するという優れた人物であった。彼は明治維新を模範として、日本の助力によって朝鮮を近代化し、真の独立を果たそうと志した。一八八二年二月から七月にかけて日本に留学した際には、福沢諭吉の支援を受け、慶應義塾や興亜会に寄宿した。そして、同年一〇月、壬午《じんご》軍乱後に締結された済物浦《さいもっぽ》条約批准の修信使の顧問として再度日本を訪れ、日本政府からの借款および民間銀行からの融資の取り付けに成功している。

　一八八三年六月、金玉均は国王の委任状を持ち、三〇〇万円の借款を得ようとして三度めの日本訪問を行った。この時、福沢諭吉の紹介で知己となった後藤象二郎《しょうじろう》らが支援するが、閔妃《ミンビ》の妨害や日本政府の非協力によって借款は成功せず、翌年五月に失意のうちに帰国した。帰国後、金玉均は清仏戦争の勃発によって朝鮮に駐在する清（中国）軍の減少を好機と見て、日本公使竹添《たけぞえ》進一郎と協議の上、八四年一二月四日、親中国勢力（事大党）一掃のクーデターを敢行した。

　この事件は甲申政変と呼ばれるが、クーデターは清軍の介入によってあえなく失敗に終わった。金玉均は同志と共に即座に仁川から日本船で脱出した。彼は一八八四年一二月一三日に長崎に着き、同月下旬に東京に向かった。東京では福沢と再会し、彼の別邸に匿われた後、浅草、本郷に一時滞在し、翌年四月には横浜居留地山手に転居した。

金玉均支援運動——樽井藤吉と頭山満

亡命客となった金玉均と最初に接触したアジア主義者は樽井《たるい》藤吉《とうきち》であった。樽井は東洋社会党の創設者、そして後述する『大東合邦論』の著者として歴史に名を残している。彼は現在の奈良県五條市に生まれ、東京に出て国学を学び、後に朝鮮問題に関心を寄せるようになった。一八八二年三月、長崎にいた彼は、金玉均来日の情報を得て面会を果たしている。当時の新聞記事によれば、金は樽井を「是非本国へ連れ帰らんと頻りに懇望」するほど二人は意気投合していたという。金は亡命以前から樽井と面識を得ていたのである。

樽井藤吉

樽井は一八八二年五月、島原で東洋社会党を組織するが、間もなく禁止処分を受け、翌年一月には軽禁錮一年に処せられた。出獄後、八四年五月には福岡で開かれた九州改進党大会に出席し、その場で箱田《はこだ》六輔《ろくすけ》ら玄洋社の人々と会っている。これが樽井と玄洋社との初めての接触であったと見られる。その後、彼は中国に渡って上海・福州の間で活動するが、同年一二月、金玉均が日本に亡命するとの報せを聞いて帰国するに至った。

帰国した樽井は金玉均の居場所を探し当て、彼のもとを訪ねて今後の再起の方法などを質している。それは、おそらく一八五五年初めのことだと思われる。樽井の未公刊の自伝によれば、この時、金が再挙の意志はあるが成案が立たないと述べたのに対して、樽井は「五百名の猛士を汽船に乗せて仁川に到り、不意に京城を襲ひ反対派の大臣を監禁して急転直下、王命を挟んで新政を公布すれば事は直ちに成るであらう」と答えている。すると、金は「兵器は米国が何とかして呉れる筈だ。だが資金は一寸困る」というので、樽井は資金については郷里の富豪である土倉《どくら》庄三郎に頼もうということになった（田中惣五郎『東洋社会党考』）。

樽井がいう「五百名の猛士」の根拠は何なのか。金玉均は「その五百名の猛士は中々得難からう」というのに対し、樽井は「自分には成算がある。その方は大丈夫である」と答えている。あるいは、彼の頭の中には前述した国内の義勇軍志願運動の高まりが、根拠としてイメージされていたのかもしれない。樽井は、故郷に戻って資金工作に取り掛かる前に、玄洋社のメンバーと連絡を取った。当時、社員である来島恒喜《くるしまつねき》、的野《まとの》半介《はんすけ》、久田《ひさだ》全《ぜん》らは東京の芝弁天の一角を拠点として活動しており、樽井は社員ではないものの、そこに頻繁に出入りしていた。

在京の玄洋社の社員たちは、甲申政変の後、日本政府の優柔不断な態度に憤り、この上は民間の志士が結集して朝鮮で事を挙げる以外はないとの意見に一致し、亡命中の金玉均らと連絡を取って彼らの志を遂げさせ、東亜の危急を救おうとの計画を立てていた。そこに樽井の情報がもたらされたのである。彼らは福岡の玄洋社社員を総動員して、義勇軍の中心勢力となし、民間有志の力によって目的を遂げる覚悟が必要であると考え、久田が「趣意書」携え頭山に上京を促すべく福岡に赴いた。「趣意書」には次のように記されていた。

対韓問題は、神功皇后征韓以来の宿題として、明治六年の廟議《びょうぎ》破裂も、明治七年の佐賀の乱も、十年の西南役も、皆此問題に胚胎せり、機を得て再挙事を決するに非ざれば、征韓論は唯是れ内政一種の権力争として、後世の笑を買はんのみ、苟《いやしく》も生を明治の世に受けて、江藤、西郷等の志を知るの徒は、発奮興起、自ら其志を継ぎて、頽瀾《たいらん》を未到に回さゞるべからざるなり、聞くが如くば、朴、金の徒、困厄を脱して現に横浜山手の四番館に蟄居せりと、加かず《〔ママ〕》、其窮鳥懐に入るの逆境を憐んで、他日活動の益友たらしめんには。(『玄洋社社史』)

かくして、久田は福岡で頭山に同志の計画を告げ、熱心に決起を懇請したところ、頭山も計画には敢えて反対せず、とりあえず上京しようということになった。

他方、樽井は資金工作を始めることになる。一八八五年四月、彼は神戸の有馬温泉に滞在していた金玉均に、資金援助を得るために土倉庄三郎のもとに同行することを求めた。しかし、金はすでに他の筋からある程度の資金を得ていたこともあってこれを断った。そのため、樽井が単身吉野に赴き土倉に事の次第を告げたが、手元不如意を理由にあっさりと断られてしまった。

この時、樽井はどうしても金玉均の信頼を得たかったのであろう。功を焦った彼は、地元の有力者である桜井徳太郎を訪ね、金玉均に約束した資金借入れに失敗したことを打ち明け、樽井に代わって桜井が資金を用意すると金にいってくれるように頼みこんだのである。二人は有馬温泉に行って金玉均と面会し、茶番を演じることでどうにかその場をしのいだ。（「大阪事件・桜井徳太郎予審調書」）。しかし結果として、樽井は不誠実さを露呈し面目を潰すこととなった。樽井としては、この失策から立ち直れるかが課題となる。

それでは、玄洋社の動きはどうであったろうか。久田の要請を受けた頭山は上京の途中、金玉均が神戸に滞在しているとの情報を得て、同地に立ち寄って彼と面会することになる。この時の面会について、頭山は次のように回想している。

［前略］話してゐる中に彼が非常な才物であるといふこと、野放図（横着）な所もあるが珍しい豪の者であるといふことを見抜いた。そこで俺は宜しい一臂《いっぴ》の労を取らうと決心した。その時彼も非常に困つてゐるやうだつたから持合せの旅金五百円を全部遣つてしまつた。（『頭山満翁正伝』）

この文章からは、頭山が瞬時にして金玉均の人格と才能に優れたものを見出したことが分かる。そして、この時からアジア主義は新しい局面に入ったと見ることができる。玄洋社のリーダーである頭山が、本格的にアジア問題に関心を抱き、行動に移す基点が誕生したといえるからである（中島岳志『アジア主義』）。この後、玄洋社はアジア主義的傾向を濃厚にしていくことになる。

金玉均と面会した後、頭山は再び福岡に戻って資金調達に取り掛かった。しかし成果は挙がらなかったと見える。やがて上京してみると、血気に走る玄洋社の社員たちは、頭山に一日も早く朝鮮に渡って目的を遂げようと迫った。だが、頭山は上京の途中で京阪方面で大井憲太郎らの計画が露見しつつあるとの情報を得ており、今計画を進めても成功はおぼつかないとして軽挙を戒め、「妄動して名を汚すは真に国家の為に図る者に非ず、宜しく自重すべし」と慎重論を唱えた。ここに、金玉均再起のための玄洋社のクーデター計画は消滅したのである。

大阪に滞在していた樽井は、上京途中の頭山満に勧められて福岡に移っており、すでに金玉均支援の活動から離れていた。彼はこの年、『大東合邦論』の原型となった文章を書いたといわれる。現在それは失われて見ることはできないが、それは征韓論以来の単一方向的な対朝鮮政策の反省の上に立ったものと推察される。有効な策を講ずるには、朝鮮人の中の反日ナショナリズムを融和させる何らかの方法が考え出されなければならなかったからである。金玉均への支援活動が失敗に終わったことは、あるいはそうした傾向を強めたのかもしれない。

他方、頭山は直接的な行動に代えて、外国語学校の創設による人材の養成を考えていた。彼の構想では、釜山に日本語・中国語・朝鮮語を教える学校を作り、大陸問題に志ある学生たちに平素は外国語を教え、一旦事あればこの学校を根拠地として決起させるというものであった。

頭山の計画には中江兆民、前田下学《かがく》らが賛成し、来島恒喜、的野半介らも加わって麻布の龍源寺を秘密の相談所として定め、金玉均も時々会合に加わって計画を進めていた。設立趣意書は兆民が執筆し、校名も善隣館と定めていたが、大阪事件の余波を受けて頓挫を来すことになる。そして、金玉均は日本政府によって事実上の軟禁状態に置かれた後、一八九四年に上海で暗殺される結果となり、玄洋社によるアジア独立運動支援の第一幕はここに終焉することとなった。

2　論壇におけるアジア主義言説の展開

本書ではこれまで「アジア主義」という言葉を使ってきたが、それは今日の一般的概念としてのものであって、これが特定の名称として使われるようになるのは、二〇世紀に入ってからのことである。ただし、それに類する言説が早くからあったことはいうまでもない。ここでは、それが一九一〇年代後半までの日本の言論界で、どのような形で論じられ、展開していったのかを見ていくことにする。

「主義」としてのアジア

アジア主義的言説の初期の事例としては、一八九〇年に雑誌『日本人』に掲載された「亜細亜経綸策」が挙げられる。この無署名の論説では、西洋諸国は長年にわたってアジアを侵略してきたが、彼らはアジアの運命を左右する資格を備えていないとする。他方、停滞する中国に開明の精神をにわかに育てることが期待できない現状において、その資格を持つのは、「文明の精神と野蛮の身体」という東西の優れた点を兼ね備えた日本でしかない。日本は黄色人種を「積弱陵夷の極」より振起して、一大新国を創設し、西洋文化を導入して殖産興業の策を講じ、東洋革命の余勢を駆って西に向かって運動を起こせば、世界を統一して支配下に置くことができるとされている。

一八九二年二月には、雑誌『亜細亜』に「亜細亜旨義とは何んぞ」と題する論説が掲載されている。この論説によれば、世界の全ての有色人種は西洋の白人種によって滅ぼされつつある。アフリカの黒人種を始め、アメリカ、オーストラリアの先住民族の運命はすべて風前の灯であり、今やアジアもまた危険な状態にある。西洋の圧迫・侵入に対抗するには、黄色人種とアジアに住む白人種の分派が団結しなければならない。この西洋に対抗する思想こそが「亜細亜旨義」だというのである。そして、論説の最後の部分において次のように述べる。

亜細亜の東海に位し、亜細亜諸国に先《さきだ》ちて其の文物を完美にす、是れ其の亜細亜諸国に於ける、自から先覚として後覚を開導するの任極めて重く、其の国家を為す所以、学術を講する所以に於て、天の明命を知りて、之を畏《かしこ》み、之に循《したが》ふ、亦最も夙《はや》く省悟せずんばあるべからざる所にあらずや。

ここには明確な形で、アジアの先覚者としての日本の指導性が強調されている。以上の二つの論説から窺えるように、初期アジア主義は人種競争的国際政治観と日本の指導性という要素をもって始まったということができる。

アジア・モンロー主義

一八九四年になると、朝鮮での東学党の反乱を契機として、日本と中国は軍事的緊張状態に入ることになる。こうした事態の打開のために、中国は列強の介入を求めていた。それに反発して唱えられたのが、アメリカの外交政策を手本とした「アジア・モンロー主義」であった。例えば、この年、自由党の森本駿《しゅん》は「清の暴状を制して朝鮮の独立を全ふし、且つ欧米の国をして之に喙《くちばし》を容る、の余地あらざらしむるは実に我邦の任なり」とする立場から、「朝鮮の独立を全ふするの時に及びて、亜細亜にモンロー主義の実行を宣言すべし」と述べている。ただし、森本の主張は欧米への抵抗とアジアの連帯は説かれておらず、アジア主義とは距離を置くものであった。

日清戦争における日本の勝利は、東アジアの宗藩《そうはん》秩序を解体し、西欧型の主権国家原理による再編を進める一方で、アジアにおける日本の盟主意識を強めた点で画期的意義を持つものであった。それと同時に、人種論的な言説もさらに顕著になっていく。

この時期の人種論の代表的イデオローグの一人として高山樗牛《ちょぎゅう》が挙げられる。彼は一八九七年頃から、しきりに人種間の競争という問題を取り上げるようになっていた。九八年一月に書かれた「人種競争として見たる極東問題」では、次のように述べている。

支那は吾人と同人種に属する唯一の帝国に非ずや。ツラン人種の国家は、極東以外に於て全くアールヤ人種の為に勦滅《そうめつ》せられたり。吾人の日本と支那帝国とは、世界に於ける最後のツラン人種の国家として、相抱擁し、相提撕《ていせい》〔助け合うの意〕して其の運命を共にすべきことを誓ふべきに非ずや。

樗牛によれば、日本と中国とは同じ「ツラン人種」としてアーリア民族と運命を決すべき、最後の大格闘を行わなければならない。「ツラン」とは今日でいうトゥーラン（あるいはチュラニアン）を指すが、ここでは西洋に対抗するアジアの総称として用いられており、当面の敵として闘うべき相手としてはロシアが想定されていた。

高山樗牛と同様に、黄色人種と白人種の闘いが必然であるとの立場から、東アジアの連帯の必要性を訴えた人物に田岡嶺雲《れいうん》がいる。彼は一八九八年一一月に「東亜の大同盟」を著し、二〇世紀以後の世界は黄色人種と白人種の角逐の時代に入るだろうと予測している。彼の考えるところでは、この二つの人種は利害を同じくすることは全くあり得ず、白人種は「我を以て好餌とせんとするのみ」である。したがって、異人種との同盟は「事大的の卑劣なる根性に本《もと》づく愚論」であると考えられた。日本が同盟すべき対象は「同文の国」である中国であり、その後に朝鮮を加えて三国同盟とし、最終的にアジアの地から白人の勢力を追放すべきだとされ、これを実現させることは東洋の先覚者である日本の天職だとされたのである。

高山樗牛

以上のような田岡嶺雲の考えを、さらに進めた形でアジア・モンロー主義を唱えたのが近衛篤麿《あつまろ》であった。一八九八年一月に発表された「同人種同盟附支那問題研究の必要」では、アジアの将来が人種競争の舞台となることを免れることはできず、その最終段階では黄白人種の戦いへと収斂していくだろうと予測し、同人種同盟の結成が必要であると論じた。そして、同年一一月に亡命中の康有為《こうゆうい》と会談した際には、「東洋は東洋の東洋なり。東洋人独り東洋問題を決するの権利なかるべからず。〔中略〕東洋に於て亜細亜のモンロー主義を実行するの義務、実にかゝりて貴我両邦人の肩にあり」として日中提携の必要性を述べている（『近衛篤麿日記』二）。ここに、アジア・モンロー主義は先に述べた森本駿の事例とは違って、ほとんどアジア主義と内容を同じくするものになったということができる。

日露戦争後のアジア論

日露戦争における日本の勝利は、アジアの民族主義を喚起するものであった。二〇年後に、孫文が神戸での「大アジア主義」講演において、それがアジア人の間に希望を生み出したと述べていることは象徴的である。そして同時に、それは日本において人種論と日本盟主論のいっそうの高まりを生じさせる契機となった。

すでに、ゴビノーやチェンバレンの著作によって、「人種」という概念は政治・国際関係の分野にまで用いられるようになり、欧米列強の帝国主義支配を正当化する重要な要素となっていた。日本では、森鷗外が一九〇三年六月に「人種哲学梗概」という講演でゴビノーの紹介と批判を行っており、それが黄禍論という形で西洋におけるアジア人への偏見の要素となっていることは社会的に広く知れ渡っていた。当時、日本政府はそれを打ち消そうと躍起になっていたのであるが、民間ではむしろ対抗言説として「人種闘争論」が流布する傾向にあった。その結果、日本は白人種と対立するアジアの盟主たるべきとする主張が多くなり、日本人は有色人種の側に立つ以外にないという認識もいっそう強くなっていった。

日本盟主論は朝鮮や中国に対する優越感を前提とするものであるが、こうした考えはもはや自明の事柄として日本の民衆の感覚の中にまで浸透し、蓄積されていったように見える。田中守平《もりへい》の論説はその事例として挙げられるだろう。

田中は思想界に名を残した人物ではない。むしろ、後に霊術師として知られるようになるが、彼は一九歳の時（一九〇三年）に対ロシア強硬論を天皇に直訴して逮捕された経験を持っている。そして、日露戦争が開始すると雑誌『日本人』に「東亜聯邦論」を七回にわたって連載している。田中はこの論説で、白人種への対抗意識から東アジアの連邦形成を主張していた。彼は欧米での黄禍論蔓延の状況を次のように述べる。「白人諸種、殊に我同盟国たる英国に於てさへ、黄患の叫ばる、あるの今日、将来、日本民族が世界に歓迎さる、事は到底望むべくもあらざる也」。そのため、日本は中国・朝鮮と連邦を形成してこれに対抗しなければならないというのである。

田中によれば、これら三国は全くの同一人種ではないが、過去三千年にわたり離れられない関係にあった。ここにおいて、日本の使命は東アジア諸国の土地と人民を開発、啓導し、あくまで人道の擁護者と平和の担保者となって東西文明を一丸となし、歴史の新たな時代を開かせることにあるとされる。しかも、中国と朝鮮は独立を勝ち取る能力を欠いており、ロシアに侵略される危険性すらある。その際には、日本は軍事介入しなければならないが、それが却って混乱を招く場合もあるため、今こそ一気呵成に東亜連邦を形成すべきだと述べるのである。そして、彼は白人種に対抗するためには日本を盟主とすべきことを次のように述べている。

我が陛下を推して聯邦の首長と仰ぎ奉る、則ち鶏林八道〔朝鮮を指す〕の地は固より支那四億の民亦た均しく我慈仁陛下の恩沢に浴するを得べく且つ我邦が東洋の先覚者たる天職を以て渠《かれ》等清韓民を啓発誘導して其蒙を覚らしむる〔ので〕ある。（「東亜聯邦論」六）

以上のように天皇を元首に据えた日本中心のアジア主義は、後に見る頭山満の「皇《すめら》アジア主義」に通じるものがある。

ところで、浮田《うきた》和民《かずたみ》は日露戦争以前にはアジア・モンロー主義を時代遅れだと批判していたが、この時期になると、対外的に国権確立の必要性を説き、日本の利益は「朝鮮の独立と支那の保全とを確実にし、併せて支那朝鮮の改革及び教育を啓発する」ことにあると主張している（『倫理的帝国主義』）。彼自身は他国への侵略を否定してはいるが、「支那保全論」の文言からも分かるように、彼の主張にはアジア・モンロー主義と重なり合う部分も多くなっている。

これまで見てきたように、日本の論壇においては「アジア・モンロー主義」という言葉は頻繁に使われてきた。「アジア主義」という用語も、当時すでに使われていた可能性はかなり高い。現在において確認できる最初の事例は、一九一三年六月二八日付けの『大阪朝日新聞』の記事

「日本民族の同化性」においてである。しかしここでは、この用語は肯定的な使われ方をしていなかった。すなわち、この記事はアメリカにおける日本人移民の排斥を批判する内容のものであったが、そこでは日本人は人種的執着心は薄いため、アジア主義を掲げて西洋に対抗する意志はないとされていたのである。

「アジア主義」が肯定的な意味に使われるのは、一九一三年一二月に大住舜《おおすみしゅん》の『新思想論』が出版された頃からのことである。大住は民族の興亡という観点から、これまでの主勢力がラテンからゲルマン、アングロサクソンへと推移し、現在はスラブ全盛期にあるとしている。そして、次代の主潮は「全亜細亜主義」であるという。しかし、アジアには民族的繋がりを見出すことは難しく、黄色人種であることを紐帯とすることは非科学的であるとされる。そのため、「全亜細亜主義」を創出するためには、アジア人の中に「心理的連鎖」を強める以外にはなく、その主導的役割は日本にあるとされたのである。

第一次世界大戦時期のアジア主義

第一次世界大戦勃発後、日本の論壇ではアジア・モンロー主義がさらなる高まりを見せる。その背景には列強のアジアへの干渉の希薄化があった。また、アメリカでの排日運動の高まりもあって、人種対立の構図が以前にも増して強調されることになる。

人種主義を強烈な形で論じたのは徳富蘇峰《そほう》である。彼は一九一六年に『大正の青年と帝国の前途』を著し、日本の使命は世界における黄白人種の均衡を回復することであると論じている。し

徳富蘇峰

かし、日本を除いたアジアが白人勢力の支配下にある現状において、人種的均衡の回復を即座に実行することは困難だと考えられた。しかも、中国は常に白人種に頼って生存を図るばかりである。こうした現状から判断して、日本は断固としてアジア・モンロー主義を遂行しなければならないのである。彼は次のように述べる。

亜細亜モンロー主義とは、亜細亜の事は、亜細亜人によりて、之を処理するの主義也。亜細亜人と云ふも、日本国民以外には、差寄《さしよ》り此の任務に膺《あた》るべき資格なしとせば、亜細亜モンロー主義は、即ち日本人によりて、亜細亜を処理するの主義也。

徳富はアジア・モンロー主義の目的が、「白閥の跋扈《ばっこ》を蕩掃する」ことであると述べている。この言葉は、彼の人種対立論を強く印象づけるものといえる。しかしそこでは、「白閥」と闘うためのアジアの「黄人」の連帯を求める傾向は見られない。それは、上記引用部分に明示されているように、日本人がアジアを処理する主義であって、他のアジア人と同一地平に立つことを求めるものではなかったのである。

徳富の著書は当時の言論界に大きな影響を与えたが、これに最も好意的に反応したのは大谷光《こう》瑞《ずい》であった。彼は一九一七年に「帝国之危機」と題する論説を発表し、「亜細亜人の平和と福祉を増進せしめ、他国の来て亜細亜を侵凌暴虐をなさんとするを禦《ふせ》ぐ」ためには、アジア主義の遂行が必要だと唱えていた。

大谷が見るところでは、主要国家のうちで日本に禍をもたらす危険性を持つ国はアメリカと中国であった。アメリカは近年急速に海軍力を増大させている点で脅威であり、また近年に至って日本人移民を排斥していることは全く不当なことだとする。他方、中国は大国でありながら自存することが出来ず、「夷を以って夷を制す」の術によって列強を利用しようとしながら、逆に彼らから蚕食《さんしょく》されている状態にある。しかも、絶え間ない国内の騒乱は東洋の平和を乱すばかりだとする。大谷の考えでは、このような状態にある中国に自覚を与え奮励させることが日本の務めであり、この上に立って初めて両国の親善が成り立ち得ると考えられた。

大谷光瑞のアジア主義は、日本の主導下の「日支親善」を基礎に、アメリカに対抗しようとする点で特徴的であった。これを強く意識して書かれたものに若宮卯之《わかみやゆうの》助《すけ》の「大亜細亜主義とは何ぞや」がある。若宮によれば、アジア主義とは「欧米勢力を亜細亜に拒絶して、亜細亜人の亜細亜を建立せんとする、一の新なる理想」とされる。

上　大谷光端
下　若宮卯之助

しかし大谷とは違って、若宮の考えでは日本を含むアジアの

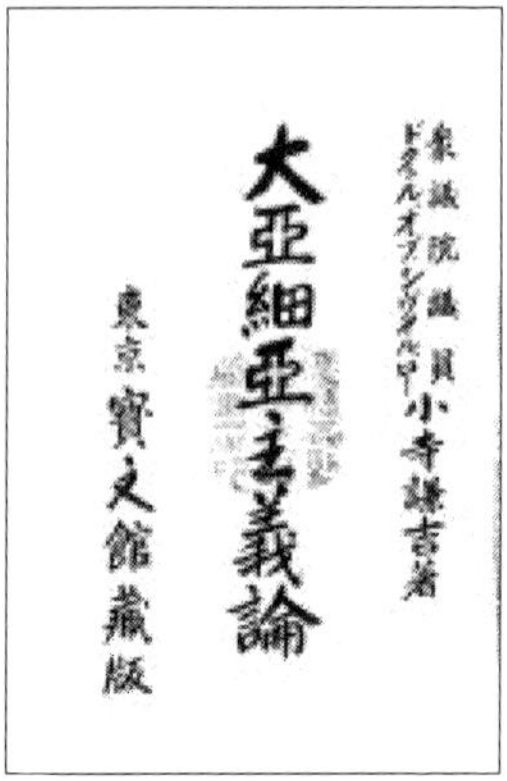

小寺謙吉『大亜細亜主義論』

主たる敵はアメリカではなくイギリスであった。彼によれば、日本はかつてアジアにおけるイギリス外交の門番のようなものであったが、日露戦争後のアジアでは日英両国に共通する利害はないとされた。ここには日英同盟への不信感が現れている。むしろ、イギリスは「日支離間の常習的陰謀者」と見なされ、これをアジアから追放することによって強固な日中提携が可能となるとされた。彼の「大亜細亜主義」はイギリス主敵論と日中提携を骨子としていたのである。

徳富蘇峰をはじめ大谷光瑞、若宮卯之助に至るまで、程度の差はあるにせよ、彼らは白人種による黄色人種に対する排斥の事実に憤りつつも、しかし同人種である中国の頽廃という現実から、日本の圧倒的な主導権の行使が必要であるとする点では一致していた。

小寺謙吉の『大亜細亜主義論』もやはり同様の立場に立つ。小寺によれば、昨今の西洋人による「攻勢的・積極的・征服的」なる黄禍論に対抗するには、「防禦的・消極的・平和的」をもって特徴とする大アジア主義の採用が必要だとされる。小寺の考えでは、黄色人種の中の最強国である日本と、最大国である中国が大アジア主義の中心となるとされるが、日本は中国を「指導し扶護して、以て其の独立を維持」せしめる役割を負うものと想定されており、この点において彼は他の多くのアジア・モンロー主義者と変わりはなかった。

今井嘉幸と浮田和民について

次に、普選運動家であり法律家でもあった今井嘉幸《よしゆき》について触れておこう。今井は一九一六年に出版した『建国後策』において、アジアにとって欧米白人勢力が脅威であることを論じている。今井は、彼らが欧州大戦の中で疲弊すれば、互いに戦うことを止めて本来の攻撃目標であるアジアを再び狙うようになるだろうという。そして、最も恐るべきことは、彼らが勢力を合同して「新十字軍」として来襲することだとし、それに備える必要があるとしている。

さらに、今井が重視するのは中国における列強の租借地の問題である。彼によれば、租借地は実質的に領土割譲と変わるところはない。そのため、裁判や徴税、鉄道敷設、鉱山開発、河川航行などに関わる白人の利権によって、中国の主権は大きく制限されてしまっていると指摘している。今井は、こうした中国の現状を憂えた上で、その克服に向けて日中両国が協力すべきことを訴えている。

今井嘉幸

今井は、一九一七年に第一三回衆議院議員選挙に立候補する際に、政見要旨で「外政を刷新し殊に対支外交は大亜細亜主義に基く親善連盟を計るべし。［中略］且つ支那問題の解決は実に我帝国興廃の繋る所たり」と訴えていた。そして、同じ年に発表された論文「人種的争闘を背景としての日支提携」では、黄白人種闘争は必然的

浮田和民

に到来する事実問題であるとし、それに向けて「支那と日本とが結合して白人の襲来に備へるのは、軈《やが》て是れ大亜細亜主義の真諦である」と述べている。

最後に浮田和民の主張について見ていくことにしよう。浮田は日露戦争以前においては、アジア・モンロー主義に懐疑的であったが、戦後になると立場を大きく変え、一九一五年に出版された『世界の一回転』では、「極東の諸国は、先づ日本を中心として一大団結を為すのが、将来必至の大勢といふものである」と述べ、日本盟主論を明確に打ち出すことになる。しかし彼の場合、日米対決よりは協調に力点が置かれており、この点では徳富らとは大きな距離があった。このような傾向は、一八年に書かれた「新亜細亜主義（東洋モンロー主義の新解釈）」にも受け継がれる。

浮田は、徳富蘇峰のアジア・モンロー主義を人種主義に基礎を置いた感情的外交政策だとして批判的に見ている。しかし浮田にとっても、「亜細亜モンロー主義の中堅となるのは実際日本であり、又た此の主義は日本なくして成立するものでない」という前提に変わりはなかった。彼は「新亜細亜主義」とは「東洋亜細亜主義」だとして、次のように述べる。

東洋の事は東洋人が之を処理するの主義である。併《しか》し乍《なが》ら其の所謂亜細亜人若くは東洋人とは単に白人に非ざる亜細亜人若くは東洋人なりとする解釈を否定するのである。吾人は亜細亜に定住する凡ての民族を人種の異同に拘らず亜細亜人なりと解釈するものである。

浮田はアジアの問題は日本を中心とするアジア人が処理するというが、しかしそれは決して独占的・排他的な指導を意味するものではなかった。日本人のみならず、全てのアジア人の利害を考慮に入れなければならないというのである。そのためには、諸外国の承認を受けておく必要があり、具体的には日英同盟の外に「日支同盟」を作る必要があり、これら二つの同盟が融合して三国同盟となることが望ましいとされた。そして、これに日仏・日露協約を加えれば東洋の平和と日本の安全は保障されるとする。

浮田は「新亜細亜主義」の第一原則が現状維持であるとする。そして、その延長線上において、アジア諸国は完全な自治独立を保持しつつ、外交面では「亜細亜全体の正義と平和とを確保するに足る一種の協同を成立せしむること」が必要だとしている。それは、アメリカ大陸連合、ヨーロッパ連合の成立に対応するアジア連合であって、この三つの連合の並立によって世界平和が確実になると考えられた。

そして浮田は、アジアの連合の中で日本のあるべき姿勢は、政治的権力を求めることではなく、経済上の利益を全うすることだとする。すなわち、日本は政治的には東洋の保護者の責任を全うし、経済的には相互主義を取れば日本と中国との間の経済的同盟も可能になるとされた。日中提携に基づく彼のアジア連合の構想は、欧米との協調を目指すものであったことは事実である。しかし後に見るように、彼の主張は中国側から激しい反発を受けることになるのである。

3　樽井藤吉と『大東合邦論』

第一節では樽井藤吉の金玉均支援活動について述べた。ここでは樽井の代表的著作である『大東合邦論』を素材に、彼のアジア連帯構想を述べていくことにする。なお、同書刊行の時点では、彼は森本姓を名乗っていたが、ここでは「樽井」で統一する。

樽井藤吉（一八五〇〜一九二二）は一八九二年に地元の有力者である土倉庄三郎の支援を得て衆議院議員となり、翌九三年八月には『大東合邦論』を刊行した。同書は日本の初期アジア主義の文献として知られている。その基本的立場は、西力東漸の状況の中で、アジア諸国は連帯すべきであり、そのためにはまず日本と朝鮮が対等な関係で合同して一体となり、いずれの国にも偏しないように「大東国」という新たな名称の国を建て、中国と合縦《がっしょう》して西洋列強の侵略を防ごうというものである。

『大東合邦論』は全一六章で漢文で書かれている。構成は以下の通りである。序言／国号釈義／人世大勢（上・下）／世態変遷（上・下）／万国情況／俄国情況／漢土情況／朝鮮情況／日本情況／日韓古今之交渉／国政本原／合同利害／聯合方法／論清国宜与東国合縦。以下において、『大東合邦論』の内容を紹介し、中国での同書への評価、さらには韓国併合の過程での樽井の行動について見ていくことにする。

日朝合同の原理

日本と朝鮮の結合の根拠となるものは何か。樽井は「序言」において、日本は和を貴び朝鮮は仁を重んじており、このことが両国親密の要素となると述べている。しかし、それ以上に彼が結合の根拠として考えていたのは「親和」という概念であった。彼はこれを集団形成の根本と考えている。彼は次のように述べている。

社会は人人の同気相求め、同類相依り、以て協力・分労有るの謂なり。同気相求め、同類相依るは、自ずから親和の性有りて然り。蓋し、親和なる者は万物通有の性にして、其の本原は天に出ずる者なり。(「人世大勢・上」)

『大東合邦論』

樽井の考えでは「親和は天賦の性」と見なされる。そして、その親和なるものは、己を愛することから始まるものであって、己を愛するがゆえに気質を同じくする者が互いに求め合い、ここから同類が頼り合うことになる。そして、同類が頼り合い助け合うことによって、その希望を達成することができるのであって、「苟《いやしく》も親和の力無くんば、則ち無機・有機両界の諸物は悉《ことごと》く皆分離崩散するのみ」というものであった（同前）。ここでは、親和は物と物、人と人、集団と集団を結びつける概念として捉えられている。

しかし、歴史の過程において進化・競争は普遍の真理である。歴史は未開から開明へと進むのであるが、その過程は競争によって成り立っているとされる。樽井によれば、親和と競争は陰陽のような関係にあり、社会は親和を本体とし、競争を作用として成立しているとされる。このような「競争による進化」という発想は、スペンサーの進化論の影響によるものといわれる。それでは、世界の進化はいかなる方向に向かっていくのか。それは分散から統一への道である。

そのような歴史の大勢の中で西洋とアジアを対比させてみると、全欧の土地と人口は中国一国の人口にも及ばず、二十数カ国が分立している状態である。しかし、彼らが合わせて一国となり、協力して東に向かったとしたら、アジアを席巻して天下を手に入れることは困難なことではない。西洋は内には分立するものの、外の異人種の国に向かえば団結するものだからである。そのような事態に備えるために、アジア諸国は団結・統一しなければならないとされるのである。

しかも、樽井の考えでは、競争は今や国家間を越えて人種間のものとなっている。しかし、同人種の者はその国情にも必ず近いものがある。それゆえ、同人種の人は切磋琢磨して異人種に対抗すべき方策を講じなければならない。白人種の攻勢の前に黄色人種は団結しなければならず、その手始めとして行うべきことは日朝の合同であった。

しかし樽井の見るところでは、朝鮮は「小且つ貧」であり、危機は間近に迫っている。彼は、その原因を「自主の気象（＝気性）」の欠如にあるとする。それは古来、朝鮮が日本に親しまず、中国を宗主国としていたことの弊害であった。しかし彼は、それが近年に至って大きく変化したという。それは、一八七五年の江華島《こうかとう》事件に際して、万国公法に基づいて日朝修好条規を締結したことによって生じた。これによって、朝鮮は「自主の気象」を失う原因であった中国との宗藩関係から自主権を回復する契機を得たとされる。

上に述べたように、樽井の考えによれば、日本と朝鮮は和と仁を重んじ、親和を基礎とすることによって、古来親密性を保ち続けてきた。そして彼は多くのアジア主義者と同様に、両者が「同文同種」の関係にあると説く。すなわち、彼は「大東両国の人、其の毛髪皮膚及び骨格は皆同じうし、其の同種たるは疑い無きなり」といい、また、同文であることについて、樽井は「両国言語同じからずと雖も、其の綴辞の法の全く相同じき者も亦た人種同一の証なり」と述べている（「日韓古今之交渉」）。

しかし、樽井は仁・和・親和というアジア的価値を強調しながらも、西洋的近代を否定していたわけではなかった。彼によれば、「堯《ぎょう》・舜《しゅん》・周公《しゅうこう》の道は、今日欧米に行われて、東亜に行われず。欧洲昔日の野蛮は、化して今日の富強開明と為る。而して、東亜の諸国は萎靡《いび》して振るわず」とされているのである（「国政本原」）。このことは、富強をもたらした競争の政治が、停滞を持続させる親和の政治より優れていることを承認していることにほかならない。

確かに、日本は近隣のアジア諸国より先んじて近代化を達成した。樽井によれば、日本は民度や国力の面で未だ不十分な点はあるとしながらも、今なお君主専制政治のもとにあって国力がさらに微弱な朝鮮が、すでに立憲政体となっている日本と合邦すれば、積弊は自ずと除かれることとなり、飛躍的な発展が遂げられるだろうとされるのである。
樽井は以上のような考えから朝鮮との合邦を説いたのであるが、それは同時に、かつての征韓論の反省を踏まえたものであったことに注意しておかなければならない。彼は次のように合邦論の正当性を主張する。

国人に嘗て征韓論を唱うる者有り。夫れ、戦いて之を取らば、則ち必ず国力を疲靡《ひび》し、以て其の怨を買わん。論者之を知りて、猶《なお》之を取らんと欲するは、外人の此の地に拠るを恐るればなり。今、協議し以て之と合するは、其れ大幸たる、果たして如何《いかん》。(「合同利害」)

武力によって朝鮮を併合しようとすれば、両者に禍根を残すことは当然予想されるところであった。そのため、「大公を持し、以て之と合すれば、則ち我は兵を用いずして朝鮮を取るなり。朝鮮も亦た、兵を用いずして日本を取るなり」とされ、非武力的な合邦は両者にとって利益があるとされる。ここでは征韓論が否定されているかに見えるが、実際にはそれが趣向を変えた征韓論以外の何物でもないことは明らかであった。
以前、樽井は金玉均の支援を行ったが、それは朝鮮の内政改革に期待をかけたためであった。しかし、『大東合邦論』にはそうした姿勢は見られない。それは、かつての朝鮮の改革運動が予想以上に中国の介入を招き、その影響力を拡大させたためだと考えられる。そのため、この時期の樽井は、朝鮮王朝をそのまま存続させつつ中華世界の宗藩秩序から離脱させ、その上で日朝の合邦を目指した。朝鮮王朝が今後とも末永く続こうと願うのなら、日本と合邦した上で、天皇と兄弟の誼《よしみ》を結び互いに並立すれば、その王統は日本国民も擁護するところとなるものと考えられたのである。

中国に対する見方

樽井は大東合邦の理論で、日本と朝鮮とは大東国を作って一体になる一方、新たに結成される大東国と中国とは合縦の関係であるべきだと論じている。彼は中国に対して、朝鮮と同様に富強開明の実現を望んでいたのであるが、なぜ中国は大東国の一員となることができないのか。

当時の中国は、朝鮮の内政に介入し、その改革運動を徹底的に壊滅させたため、日本の一部の知識人からは守旧の象徴として批判の対象となっていた。その典型的人物として常に挙げられるのが福沢諭吉である。彼は一八八五年三月に「脱亜論」を発表し、「我れは心に於て亜細亜東方の悪友を謝絶するものなり」と宣言していた。樽井は『大東合邦論』を出版する以前に日本語で草稿を書いているが、それが「脱亜論」と同じ年であったことは極めて興味深いものがある。

樽井は「漢土情況」の章の冒頭で「友に益者あり、損者あり」とし、「我を益さざる者は、慎みて之を避

福沢諭吉

くるのみ」とはするが、「其の情誼より避くべからざる者」もまたあるとして、「其の避くべからざる者に不善有らば、則ち宜しく勧誘して之を救正すべし」とも述べている。そして、中国はアジアの文明国であって、昔から日本の「益友」であるとしている。

確かに、中国は近代に至って弱体性を露呈し、伝統に固執するばかりで近代化を速やかに実現できない状態にあったことは事実である。樽井の目にもそう映ったことは間違いない。しかし、中国の危機は日本の危機でもある。しかもこの時期は、「同種人の相党し、以て異種人を排斥する」時代であって、アジアの黄色人種の国は白人種に対抗するために、互いに提携しなければならないと考えられた。そこで彼は福沢のように「東方の悪友を謝絶する」のではなく、「同種の兄弟に不善有らば、則ち宜しく之を善に進めて相与《とも》に切磋琢磨し、以て共同の利を図」る道を選んだのである。

それでは、中国は「益友」であるにもかかわらず、なぜ合邦ではなく合縦しかできないのか。そのことは、『大東合邦論』の最終章である「清国は宜しく東国と合縦すべきを論ず」で詳述されている。まず、樽井の考えるところでは、合邦が可能となるには、その国が自主を全うし、国民を政治に参加させていることが条件となる。日朝の合邦はそれを前提にしていたことからすれば、中国にも同じことが求められるであろう。中国の場合は「自主」は問題とはならないが、大きな障害となるのは国内の異民族の処遇であった。

樽井の考えでは、日本と朝鮮はそれぞれが単一民族国家と見なされたため、合邦には問題がないと考えられていた。しかし、中国はその内部に多くの民族を抱えている点において、日本や朝鮮と国家の形態を全く異にするものであった。もし、中国を大東国の中に組み込んだなら、原則として被支配民族たる漢族、タタール族、モンゴル族、チベット族などをも政治に参加させざるを得なくなるであろう。満洲族を中心とする清朝政府がこれを許せばよいが、許さなかった場合は非常に大きな不公平が生じる可能性がある。そうなれば、不満が高まり民の中に反乱の念が深まることになる可能性がある。このように、日本および朝鮮とは違って、中国は複数の民族からなる帝国であるという現状から、合邦に支障を来すと考えられたのである。

宗藩関係という問題

しかし、何よりも問題となるのは中国と朝鮮の間にある宗藩関係の存在であった。日朝合邦は、それに替わる新たな東アジアの国際秩序の提示であったといえる。樽井は大東国創設の過程で、中国と朝鮮の宗藩関係の有名無実化を企図していた。彼は次のように述べている。日朝両国は自主の国である。自主の国が互いに協議締盟して和合を図ることは、「公通の条理、正明の大典」に拠るものであって、中国が容喙《ようかい》すべきことではないのである。

樽井の考えでは、日本と朝鮮との合邦は万国公法に違反することではなく、むしろ「公通の条理」として認められるべきものであって、日本と朝鮮を保全するためにも、また西洋の白人に対抗するためにも採るべき唯一の方法であった。また、朝鮮国王は今なお中国に臣下と称しているが、それは合邦の妨げとはならないという。なぜなら、各国の例によれば、往々にして国家と君主は別物であって、「君主一身の故を以て其の合邦を害する」ことはないと考えられたからである。

以上のように、樽井は中国と朝鮮の宗藩関係を朝鮮国王との関係に限定し、朝鮮を自主の国とすることによって中国から実質的に分離させる考えを提示した。それは、中国の宗主権の形骸化であり、合邦という名目をもって朝鮮を日本の属国とすることの承認を迫るものであった。中国が大東国の一員となることは、当初から樽井の想定するところではなかったのである。

大東国と中国との合縦は、北方の脅威に対向する上でも有益だと考えられた。列強の中で、東アジアにとって最も危険な国はロシアである。樽井はそのことを「俄国情況」の章で詳しく論じている。しかも、彼の国が脅威だという点では中国にも共通している。しかし、もし大東国が樹立され中国と合縦すれば、ロシア海軍は対馬海峡から東シナ海に入ることができなくなる。その場合、中国軍がイリ、パミール方面に出撃してロシア軍の東西交通路を遮断し、日朝の陸海軍がロシアの東海岸を攻撃すれば、中国は黒龍江の地を回復できるだけでなく、国境線を今よりも北上させることができ、満洲地域の守りは鉄壁なものとなるだろう。かくして、中国はイギリスに頼ることなく安全保障上の問題も解決できるとされた。

『大東合邦論』には中国に対する侵略の意図は見られない。むしろ樽井は、合邦・合縦によってロシアからの脅威を減少できたなら、中国は「図南《となん》の大計」を立てるべきだとして、南方への発展を勧めるという興味深い案を提示している。それは、国内で圧倒的多数の人口を持ちながら、満洲族によって支配されている漢族の謀反の感情を発散させるためにも、清朝政府は彼らに国外への発展の道を求めさせるべきだという考えに基づいていたのである。

その過程で、中国はベトナムを援助してフランスから独立させ、さらにシャム、ビルマを連合させてマレー半島を西洋の白人の手から解放し、鉄道を敷設して中国とインド間の交通を開き、現地民を助けてイギリス勢力を挫き、アジア人の苦しみを解いてやったなら、中国は南方各民族から慕われることは間違いないという。そして、日朝による大東国の指導によって、将来は「亜細亜黄人国の一大聯邦」が実現されるとしている(「論清国宜与東国合縦」)。

以上のように、大東国の創出は、中国の朝鮮に対する宗主権を形骸化させ、東アジアにおける日本の指導的役割を高め得るものと考えられていた。中国を南方に導き出して、白人種との対決を経て黄色人種の復権を図るという構想は、ほとんど夢物語に近いといわなければならないが、これがアジア主義の先駆的位置を占める言説であることは確かである。しかし、それが漢族のナショナリズムのはけ口として論じられていることは、その思想的屈折性を示すものといえるだろう。

中国における『大東合邦論』

樽井の『大東合邦論』は、出版から五年後の中国でにわかに注目を浴びるに至った。時代は日清戦争敗北後の体制内改革運動、すなわち戊戌《ぼじゅつ》変法の開始時期に当たり、同書はその指導者である康有為を始めとする人々の目に止まったのである。同書は梁啓超《りょうけいちょう》の序文を付した下で、『大東合邦新義』として上海の大同訳書局より出版された。一八九八年春のことである。しかし恐らく、樽井にとってこのことは想定外のことであったろう。なぜなら、中国は合邦の対象ではなく、合

梁啓超

縦すべき相手であったからである。
『大東合邦新義』は出版に際して、樽井の原書を書き改めた部分がかなり見られる。この問題については、台湾の研究者である雷家聖の研究が両者の異同を綿密に分析しているので、今はこれを参考にする。
それによれば、書き換えの第一の事例は、「支那」や「漢土」などのような中国人にとって好ましくない語彙が修正されていることである。しかし、これは同書の本質に関わる問題ではない。第二は内容の意図的な書き換えがされていることである。『大東合邦論』の出版年を、明治二六（一八九三）年から明治三〇（一八九七）年に変えたことはその一例である。これは、同書が日清戦争の前年に出版されたことにすると、あたかも同書の唱える合邦が侵略と同義と受け取られ兼ねないことに配慮したためであった。
第三は全文削除の事例である。「日韓古今之交渉」にある豊臣秀吉の文禄・慶長の役に関する部分がそれに当たる。樽井が原書において、朝鮮が災禍を被ったのは「明に代わりて我を拒むに由る」ものであったとし、秀吉の目的は明の征服にあって朝鮮ではなかったと述べ、「漢土は自ずから漢土にして、朝鮮は自ずから朝鮮なり」として両国の宗藩関係を否定する旨を記している部分がそれである。また、最終章においては、漢民族の謀反の感情を逸らせるために南下を図るべきだと論じる段落も全て削除され、代わりにキリスト教を排斥して孔教を広めるべきことが書き加えられている。これは満漢の民族対立の側面を覆い隠し、変法の要点の一つである孔教の宣揚を目的としたものであった。

以上のように、『大東合邦新義』刊行に当っては、内容が変法運動の主旨に合致するように書き改められた。それでは、康有為は本気で両国の合邦を考えていたのだろうか。この点については、康は著作で「合邦」という語を広範な形態を含むものとして用いているため、彼が果たしてどのようなレベルまでの合邦を考えていたかは不明である。少なくとも、康が日中両国の合邦を孔教の普及による大同世界への一歩と考え、それが同書の刊行に繋がったと見ることはできるだろう（藤谷浩悦『戊戌政変の衝撃と日本』）。

戊戌変法は一八九八年六月から始まるが、僅か三カ月にして守旧派による政変が発生し、変法運動は失敗に終わる。この変法運動の中で、合邦及び合縦問題がどのように論じられたかは判然としない。ただ、翌年六月の雑誌『太陽』の記事には、岸上操が「清国広東の某氏」からの書簡として一文を紹介しているが、その中には次のような一節がある。「聞説《きくな》らく康氏曾《かつ》て森本丹芳著す所の大東合邦新義一書を光緒帝《こうしょてい》に追呈す。光緒帝之を見て大に悦ぶ」。「森本」は樽井の一時の姓、「丹芳」は彼の号である。樽井の著作は一部改作されたとはいえ、光緒帝の手許に届いていたことが分かる。樽井が関知しないところで、そして意図するところとは異なって、彼の著作は変法運動の過程の中で議論の対象となっていたのである。

韓国併合に向けて

樽井は一八九三年一二月に衆議院議員の職を離れた後、九七年には社会問題研究会に参加するなどしたが、その後の社会的活動の足跡はほとんど辿ることはできない。彼が再び朝鮮問題を論じ、合邦を唱えるようになるのは一九〇七年になってからのことである。

『大東合邦論』は出版当時、朝鮮では好評を得ていたが、一九〇七年の時点でも朝鮮で同書が読まれていたことが確認されている。また、樽井は同年一月に『日韓聯邦条規私案草稿』という冊子を著した（桝谷祐一「李容九の『大東合邦論』の受容について」）。当時、輿論の一部には朝鮮を保護国の状態から属国にすべきだとの意見があったが、同書はそうした政策は国際的信義を失うとして連邦論の採用を主張していたのである。樽井は同年三月、同書を携えて漢城に渡り各方面に撒布したといわれる。しかし、彼の行動は統監府の嫌うところとなり、著作は没収され本人は日本に送還されることとなった。

その後の日本の朝鮮政策は、一九〇九年四月における伊藤博文統監の方針変更もあって、保護国論から併合論へと大きく舵を切ることになる。そのような情況の中で、樽井は翌年七月『再版大東合邦論』を出版した。初版とは違ってこの再版においては、両国の連合の約が成ったとしても朝鮮の国民は合成国の政治に参加できないという立場が示された。なぜなら、朝鮮は第二次日韓協約で保護国となってからは、日本から「毎歳一千余万金の補助」を受けていたからであった。彼は「再刊要旨」に次のように記す。

苟《いやしく》も、其の政費を分担すること能《あた》わざる者をして、其の大政に参与せしめば、則ち我自ら我が国権を損なうのみならず、或いは不測の弊習を遺《のこ》すを免れず。

従って、朝鮮は保護期間中は富力充実に努力し、政費を分担する日を待たなければならないという。政費負担を理由とする参政権の拒絶は、明らかに樽井の考えの後退であった。ここに合邦の非対等性は明瞭になったのである。

初版から再版までの一七年間という期間を取ってみれば、樽井の変化は国際環境の変動に対応したものであったと見ることができる。すなわち、初版が出版された一八九三年においては、日本にはまだ周辺諸国に侵出する力が不十分であり、また列強のアジアへの介入の中でそのような契機も抑えられていた。そうした状況の中では、周辺諸国と連携して列強支配に対抗しようとする考えが出て来るのは当然であり、樽井も当初は同様の考えから合邦と合縦を志向したものといえる。

しかし、日清・日露の戦いに勝利し、朝鮮に対する独占的支配権を確立すると、将来の中国大陸への侵出を見据える上でも、合邦の形態に変化が生じるのは当然であった。参政権という問題に現れた変化は、実は彼の思想の大きな変化の一端であった。

一九一〇年八月二九日、日本は「韓国併合ニ関スル条約」に基づいて大韓帝国を併合した。樽井は「大東合邦論再版附言」において、自らを「日韓合邦首唱者」と称しており、併合を歓迎したのは当然のことであった。彼の主張はアジア解放を掲げながらも、実際は征韓論の延長線上にあった。その意味では、彼の思想は一貫していた。樽井の著作は、アジア主義が連帯と侵略の両側面を備えた思想であることを示す事例の一つといえるだろう。

4　近衛篤麿と清末の中国

東亜同文会は、一八九八年一一月、東亜会（一八九七年四月結成）と同文会（一八九八年六月結成）の合同によって成立したアジア主義団体である。綱領は、「支那を保全す、支那および朝鮮の改善を助成す、支那および朝鮮の時事を討究し実効を期す、国論を喚起す」であった。「保全」とはもちろん「分割」の対語であるが、実際には両者共に中国の主権に対する優越的立場からする政策であったことには違いはない。つまり、保全する主体は日本であり、中国と朝鮮は客体であることが明確化されたのである。こうした点から、東亜同文会の綱領はアジア連帯の政治化を強く示すものであったといえる。本節では、同会の初代会長であった近衛篤麿《あつまろ》（一八六三～一九〇四）の思想と行動について見ていくことにする。

近衛篤麿のアジア認識

近衛篤麿の初期のアジア認識の特徴は、民族的同質性に基づいた連帯の可能性を説いたことである。現存する資料を見る限りでは、近衛が初めて人種問題を論じたのは、「日本人種論」という文章においてである。近衛はこの文章で、古来東アジアの地では人々の行き来が容易であったため、移住者の中で優れた者はその土地の指導者となって、民衆を統治・教育し、風俗を改良したと考え、日本においては蝦夷の民も「終には華夷混同して同一種の人の如くなれりしなるべし」と述べている。近衛は東アジア民族の歴史的混合説を認め、同一人種説の立場を示していたのである。近衛が東アジアを一体とする見方の起源は、ここにあったといえるであろう。

近衛がアジアの危機状況を強く認識するのは、一八八五年の欧州留学の途次、澎湖《ほうこ》島に立ち寄った際のことである。彼は清仏戦争後の当地の状況を見て、次のように記している。

> 已に仏国旗の所々に翻へるを見る。已に碧眼の占むる所となりしや知る可し。愍《あわ》れむべき哉。然れども我国も隣国の地漸次に西人の蚕食する所となる、何ぞ之を対岸の火視して抛却して可ならんや。唇亡歯《しんぼうし》寒《かん》の喩鑑みるべき也。（「航西紀行」）

近衛篤麿

ここには、未だ情緒の域を出ないものの、彼の中に西洋対アジアという考えが生じていたことを知ることができる。しかし一方では、現実の中国人の生活の不衛生さに辟易する思いを綴り、シンガポールでは金銭をせびる子供たちに船上から小銭を投じて「船中の慰み」とする姿勢からは、先進国日本のエリートという高みからするアジアへの眼差しが感じ取られる。

留学先での近衛は、西洋でのアジア人に対する偏見を実感する一方で、長崎事件（一八八六年八月）の報せに際しては、日中間の些細な争いが列強の介入の口実となることを危惧する旨を述べていた。彼は日本と中国との連帯が必要であると思い始めていたのである。そうした考えはさらに強められていく。それは、中国の外交官である曾紀沢《そうきたく》の英文の著作に触れたことによってであったと考えられる。その著作の末尾には次のようにある。

今日東洋諸国に就て、余輩が最も憂ふる所は、各々些細の猜忌《さいき》のために分裂して相好からず、東洋国同士の間柄よりも寧ろ其の西洋国に対する間柄の方をして、較《や》や相近からしむるが如き迹《あと》あるは何ぞや。東洋国同士は宜しく一致連合して、其西洋国との交通関係をば戦敗より余義なく生ぜるものにあらずして、彼我対等の条約より自から好《このみ》て造りたる者となし度《たき》ものにあらずや。（「曾紀沢支那論」）

ここでは、一種の東洋連合論が提唱されており、後の近衛の日中提携論の基礎となったと見ることができる。

一八九〇年九月に帰国した近衛は貴族院議員となり、翌年一月からは同院議長に就任する。その一方で、彼は学習院の院長をも務めることになる。彼が中国問題について語るようになるのは九八年からのことである。同年一月に発表された近衛の「同人種同盟　附支那問題研究の必要」

が、内外の話題を呼んだことはすでに述べたところである。それは、かねてからの人種対立観の延長線上にあったということができる。

近衛の主張は、一部の改良派中国人にも知られるところとなった。一八九八年二月、康有為の門下であり、横浜大同学校の校長となる徐勤が近衛のもとを訪れ、日中提携の可能性を話し合っているのは、その現れといえる。ただ、この年の四月になって、彼の友人でドイツ在住の中村進《しん》午《ご》から、近衛の主張が当地では白人種敵視論として紹介されているため言論には慎重を期すようにとの忠告もあったため、この後この種の見解はほとんど表明されることはなくなる。そのため、同人種同盟論はこの後の対中国政策に反映されることはない。

一八九八年六月になると、中国本土で活動していた様々な人士、すなわち大陸浪人と呼ばれる人々が近衛と接触を図るようになる。それらには、かねてからの知己である白岩龍平《しらいわりゅうへい》を始め、中西正樹、井手三郎らといった人々が含まれていた。彼らは、中国在住の従軍民間人の親睦組織である乙未会《いつびかい》の会員であり、かつての日中提携論の主導者であった荒尾精《せい》（一八九六年没）を継ぐ人物を探していたといわれる。彼らは六月一三日に近衛と面談しているが、同文会の結成はこの時の接触の成果であったと見られる。

このように近衛は、素朴な民族意識からアジアの団結を考えるに至り、短期間ながら同人種同盟論を唱えるようになり、このことが彼のアジア主義者としてのイメージを高め、活動家たちが周囲に集まるようになったのである。しかし、彼は思想家ではなく政治家である。そのため、彼は理想主義を前面に出すことはなく、より合理的な判断をすることは容易に想定されるところである。以下において、その具体的事例を見ていくことにする。

戊戌政変後の近衛篤麿

一八九八年九月二一日、中国で戊戌政変が発生し、西太后が再び権力を握ることとなり改革運動は挫折した。そして、改革運動の指導者である康有為は香港を経由して日本に亡命する運びとなった。

康有為が東京に到着したのは一〇月二五日であった。そして翌月二日に東亜同文会が成立したが、同会としては康一派をどう処遇するかが問題となった。すなわち、東亜会系の人々は彼らを会員とするよう求めた一方、同文会系の会員は慎重な姿勢を採ったのであるが、結局は「会友」とすることで決着が図られることとなった。

近衛篤麿が康有為と面談したのは一一月一二日のことであった。この時、近衛はアジア・モンロー主義の持論を述べる一方で、「今春来の改革の急劇なる、実に余等をして甚だ危険の念を起さしめたり」として、改革の拙速さを批判している（『近衛篤麿日記』二）。これに対して、康は今回の政変が改革に起因するものではなく、守旧派の暗躍によるものであることを強調している。康は革命派との繋がりをも否定して日本の支援を求めたが、近衛は決して言質を与えることはなかった。それは、近衛が康の力量を読みきれなかったことにもよるであろうが、政変以前から中国国内での康の不評を伝える情報が彼のもとに寄せられていたためでもあろう。

一二月に入ると、近衛の周囲からは康有為の日本滞在が好ましくないとの意見が寄せられるようになる。とりわけ、上海滞在中の実業家である白岩龍平からは、康らによる国内向け宣伝活動が常軌を逸したものであること、そしてそれが劉坤一《りゅうこんいつ》、張之洞《ちょうしどう》といった地方官僚に対日不信感を与えている旨が伝えられると、近衛は「康有為等保護の我国に不利なる事我意を得たり」と考えるに至った。そして、一八九九年一月一九日には梁啓超と面談し、康の日本滞在は日中関係の妨げになる上、本人の希望も達せられないだろうとして、日本を離れ欧米に渡ることを勧めた。結局、康はこの申し出を受け三月二二日に離日することになるが、決して近衛との連携を諦めたわけではなく、彼への期待感は依然として高いものがあった。

それでは、なぜ近衛は康有為らとの連携を拒否したのか。その理由の第一としては、同人種同盟論の実質的破棄と支那保全論の確定が挙げられる。彼は、中国革命論と清朝擁護論を包括する概念として、支那保全論を東亜同文会の綱領として確定させたのであるが、これは諸勢力角逐の場である中国において、西洋対アジアという単純な枠組みではなく、日本が中国での利権獲得の一員としての地位を占め得るように、清朝政権を維持しつつ各国の勢力均衡を保とうとする考えであった。この意味において、近衛の日中同盟論から支那保全論への転換は、白人種を駆逐

上　康有為
下　張之洞

劉坤一

する意味は持たないものの、アジア・モンロー主義の基本線を維持するものであった。

　第二の要因としては、中国の南方指導者への関心の高まりが挙げられる。東亜同文会はもともと中国の南方を中心として活動しており、華中の政治家との結びつきを重視することは当然のことであった。すでに、湖広総督張之洞、両江総督劉坤一らは一八九七年末の日本陸軍の神尾光臣、宇都宮太郎の熱心な誘いによって親日派に転じており、彼らと提携することも選択肢として浮かび上がっていたのである。

　近衛周辺の人物で、張之洞と最初に接触したのは上海総領事代理の職にあった小田切万寿之助《おだぎりますのすけ》であった。彼は一八九八年冬に張のもとを訪れ、孫の張厚琨《ちょうこうこん》を学習院に留学させる運びとなったのである（同前）。これがきっかけとなって、近衛は南方の指導者との関係を深めて行くことになる。しかし、そうした主体的な動機に加えて、近衛の選択は外務省の意向に沿おうとするものでもあった。すなわち、九八年一二月初頭から張之洞は外交ルートを通じて康有為らの追放を求めており、外務省は可能なかぎりの努力をする旨を回答していたのである（「張之洞ニ対スル回答振ニ関スル件」）。近衛の動きも、恐らくこれと無縁ではなかったと考えられる。

　康有為問題に決着を付けると、近衛は一八九九年四月から欧州経由で七カ月余りの外遊に出かける。それは、彼にとっての新たな人脈形成の旅でもあった。一〇月以降、中国に入ると、革命派と保皇派の人物が彼との接触を図ったが、自身の影響力を他人に利用されたくないという考えから近衛はこれを拒否している。

近衛が目指す相手は劉坤一と張之洞でしかなかった。一〇月二九日、近衛は南京で劉坤一と、一一月四日には漢口で張之洞と面談した。両者とも、近衛の提携の呼びかけには積極的に応じる姿勢を見せた。特に、劉坤一は「到底日清は協同して事を為さゞる可からず」と応じたが、それは反露親日の意志を示すものであった（『近衛篤麿日記』二）。これに近衛が好感を抱いたことは疑いない。他方、劉も近衛との会談に好印象を持ったと思われる。すなわち、劉は翌年一月の書簡で近衛を「亜東の偉人」と称え、東亜同文会の趣旨にも賛同する意思を示していたのである（「同文会主意書書後」）。

近衛はこの度の外遊において、中国南方の指導者との関係作りという最大の成果を得ることとなった。そして彼は、この時できた人的関係を資産として、義和団事件、東南互保に当たることになる。

中国政治への対応

義和団事件が本格化すると、東亜同文会では積極介入派と慎重派に意見が分かれたが、近衛篤麿は当初後者の立場を採っていた。当時、会員の中には、義和団の混乱に乗じて南方の革命派に参加する者も見られたが、近衛は彼らの行動に批判的であった。そのような行動は、ただ外国人に容喙の口実を与えるに過ぎず、「日本人にして、殊に同文会員中、これを煽動せんとするものありとせば、百方これを止むるの策を講ぜざる可らず」とされたのである（『近衛篤麿日記』三）。そして東亜同文会幹事会は、一九〇〇年六月二三日に以下のような決議を発表した。

（一）此際に於て支那保全主義を益々鮮明ならしむると同時に、人心収攬に努むる事。

（二）若し南部に起りたる匪徒の攘夷主義なるときは、新聞其他の方法を以て之を非攘夷的に導き、直ちに兵力を加ふる事を避くべき事。

（三）今日までの場合に於ては先づ右二項の方針を以て持重の態度を執り、若し今後形勢の変態を来たすときには本部は臨時応急の方針を示す事。

しかし、六月下旬から近衛の姿勢は大きく変化し、積極的な介入を主張するようになる。それは、劉坤一、張之洞らが盛宣懐《せいせんかい》の主張に沿って「東南互保」の方針を採るようになったためである。

東南互保とは義和団事件の際に、南方諸省が北京政府の意に背いて、列強諸国との妥協を優先し開戦を拒んだ事件をいう。近衛は劉坤一らの動向を見ながら、南方諸省による連邦構想への関与を強めていった。彼は根津一《はじめ》（東亜同文会幹事長）が提示した計画案の中から、「連邦保全策」を支持する旨を表明した。それは、劉坤一、張之洞、李鴻章らを合縦させ、その支配地域で「南部諸省連邦」を形成し、そこを隠然と日本の保護下に置き、次第に中西部をこれに加え、他日時機を見てこれを一体として、日本の保護国とするというものであった。結果として、劉坤一の不同意によって連邦形成は失敗に終わるが、近衛はこの後も南方指導者との関係の維持に努めていくことになる。

一九〇〇年七月以降、ロシアが満洲占領に乗り出したことを契機に、東亜同文会の関心は北方問題へと移っていった。九月、近衛はロシア問題についての国論喚起に向けて国民同盟会を組織した。同盟会は中国の政治家にも同会の趣旨を説明し賛同を求めている。李鴻章からは拒絶されたが、汪康年《おうこうねん》のように趣旨を理解し支援を求めてきた例もあった。

近衛はこれより前から、満洲問題の解決に向けて同地域の開放を主張していた。彼は一九〇一年四月に国民同盟会の機関誌『東洋』に「所謂満洲問題」を発表し、ロシアによる満洲占領に対抗するために、そこを中国に返還した上で列国に開放し、列国の相互牽制の下で平和維持を図るべきだと唱えていた。そうした考えに立って、近衛は同年五月、長岡護美を介して、劉坤一と張之洞に満洲開放を進言する書簡を送っている。それは、「今日の事唯々門戸を開放し、領土を保全するに在るのみ。門戸を開放すれば則ち列国違はず。領土を保全すれば則ち金甌《きんおう》欠けず。而して露国南下の患《うれい》亦長く阻むものあらん」とするものであった（東亜同文会編『対支回顧録』下）。

これに対して劉坤一は返書を送り、満洲開放の件は英米と協議のうえ実現すべきだと回答した。また、張之洞も近衛の意見に同意し既に朝廷に上奏し採択された旨の書簡を寄せたが、彼は同時に上層部の有力者の理解不足を理由に、実現の可能性について悲観的見解を示していた。劉と張がいかに実力を持っていたとしても、彼らが政策決定に関与するには限界があったのである。そして、一九〇一年七月から八月にかけて、近衛は中国に渡り四〇日余り北方と朝鮮を訪問した。

この間、彼は中央の政治家や皇族と面識を持つことができた。しかし、この時、近衛が彼らと政治問題を論じた記録は残されていない。

帰国後の一一月六日、近衛は張之洞宛ての長文の書簡を送っている。それは、中国の変法自強の必要性を説き、ロシアのこれまでの欺瞞的外交を批判して、それへの対抗策として満洲開放策を採るべきことを論じたものであり、従来の彼の主張を繰り返したものであった（『近衛篤麿日記』四）。ただ、この書簡は同時に劉坤一、袁世凱《えんせいがい》、栄禄《えいろく》、王文韶《おうぶんしょう》にも宛てていることから分かるように、清朝政権全体を対象にしたものであった。近衛はすでに、南方政治家と北京の実力者の間に矛盾がないことを認識しており、彼らが一体となってロシアと対決するように求めていたのである。

これに応じて、劉坤一は張之洞との連名で西安に上奏し、近衛の意見を採用するよう求めた。一一月二六日の白岩龍平の書簡によれば、劉は「何分北方有力者の異見強く、急に実行に至らざるは遺憾千万也」と述べ、悲観的姿勢を見せていたが、上奏が西安において嘉納されたことは確実であった（同前）。現に、西太后らと共に西安に在った王文韶と瞿鴻禨《くこうき》は、近衛に宛てた書簡において、彼の満洲開放策を「誠に立法の指南、時を拯《すく》うの良策なり」と評価していたのである（『近衛篤麿日記』付属文書）。

このことは、近衛の主張が非公式ながら西太后側近の人物から認められたことを意味するものといえる。そして、一九〇二年一月四日に西太后らが西安の行宮から北京に帰還した後、近衛は「清国変法事宜」を起草し有力者に送っている。これは、光緒新政に資する目的で書かれたものといわれる。そうであるとすれば、彼は清朝の再建を図りつつ、この後もロシアに対抗すべく「支那保全」論の貫徹を図ったということができる。

一九〇二年四月に中国とロシアの間で満洲還付条約が調印されると、同月二七日、国民同盟会は一応の目的を果たしたとして解散した。しかし、ロシアの撤兵不履行が明らかになると翌一九〇三年八月に対露同志会が組織された。だが、病を得た近衛はこの組織に積極的に関わることはなかった。彼の政治的影響力は、この時点では実質的に失われていたのである。

以上のように、近衛が中国政治に関わったのは一八九八年から一九〇二年までの僅か四年間に過ぎない。この間の中国の政治変動への対応の仕方を見ると、彼は理想主義に流れたことはなく、一貫して現実主義的であったことが理解される。そのことは、戊戌政変後の康有為らへの対応に如実に現れていた。近衛はアジア・モンロー主義の必要性を述べながらも、急進的な改革には批判的であり、彼らと結ぶことは日本の国家的利益を損なう危険に繋がると感じていたのである。むしろ、彼が有効な手段と考えたのは、中国南方の指導者との関係を構築し、それを通して自らの考えるアジア政策を広めることであった。

第三章

中国革命の支援者たち

1　頭山満の皇アジア主義

頭山満（一八五五〜一九四四）のアジア連帯活動は一八八五年の金玉均支援として始まった。当時、頭山は「日韓同胞論」を説き、両国は互いに提携すべきと論じていた。しかし、朝鮮の改革運動が失敗に終わると、朝鮮を連携対象とする姿勢は次第に後退し、中国問題に関心を寄せるようになる。本節においては、頭山の思想傾向を概観した上で、一九二〇年代半ばまでの中国とどう関わっていったのかについて見ていくことにする。

天皇道とアジア

頭山の思想的基礎はいかなるものであろうか。伝記によれば、頭山の「思想系統は儒教で、これに神仏を取り入れて渾然たる日本精神を玉成し」たものであり、さらにそこには禅と陽明学が

頭山満

幾分加味されているとしている（『頭山満翁正伝』）。頭山は幼少の頃に儒教的教養を身に付けているので、これが根幹となったことは間違いないであろう。また、陽明学に関しては、彼が若い頃に読んだ大塩平八郎の『洗心洞箚記《さつき》』を通して知識を得たものと思われる。しかし、現在残されている記録では、彼が儒教を体系的に論じたものはない。

ただ、儒教のいくつかの徳目の中で、頭山がとりわけ「忠孝」を強調している点には注目しておきたい。すなわち、彼によれば、日本人は身を忘れて人や国家に尽くすという「忠孝」の精神を絶対に失ってはならないと指摘されているのである。

ところが、頭山の言説においては、日本文明の根幹となったとされる儒教よりも、むしろそれを基礎として形成されたとされる「日本精神」の方が、強烈な印象をもって現れる。頭山の考えでは、今日にあっては、武士道は治者・被治者双方を貫く日本国民全体の精神でなければならない。そして、それによって維持されるべき国家は天皇道を特徴としている。ここで頭山がいう「天皇道」とは神格化された天皇制イデオロギーを意味しているが、彼はそれについて次のように述べている。

日本は魂立国の国じゃ。君民一如、皇道楽土の国柄だ。日本の天皇道位尊くまた洪大無辺なものはない。

日本の天皇道は只に日本国土を治め大和民族を統べ給ふのみならず、実に全世界を救ひ大宇宙を統ぶるものだ。而かも日月の普きが如く、偏視なく偏愛なく所謂一視同仁じや。（吉田鞆明『巨人頭山満翁は語る』）

そして、頭山の考えるところでは、天皇道はあらゆる教えの究極に位置するものとされる。すなわち、「孔子の曰ふ祭政一致、宇宙一貫の道理も、釈迦の欣求《ごんぐ》浄土も、クリストの愛も、畢竟《ひつきよう》するに天皇道の一部だ」というのである。

頭山は、儒教はもとより、武士道や天皇道についても深く掘り下げて論じているわけではない。むしろ、それらは感覚的に捉えられていたといえる。そして、具体的な根拠を示すこともないまま天皇道に最高の価値が付与される。すなわち、儒教には日本精神の根本をなすものという位置づけがなされているが、他方、天皇道は普遍的価値を有するものとして認識されていた。それゆえ、天皇道は日本を越えてアジアに、そして世界へと拡大されるべきものと考えられているのである。彼は次のように述べている。「実に日本の天皇陛下に依つて、皇道を世界に布くことが、神意であると信じて居る。其処に世界民族も亦その堵《と》に安《やす》んじ、所謂世界を挙げて、皇道楽土が招来されるのである」（同前）。これこそ、頭山の皇《すめら》アジア主義の原理となるものであった。

それでは、頭山は西洋文化に対してどのような考えを持っていたのだろうか。一九一五年九月の『ジャパン・アドヴァタイザー』紙による頭山へのインタビューから、当時の彼の姿勢を窺うことができる。

頭山はここで、「東洋が泰西文化に接触して以来、日本国民の犯したる最大の過誤は、唯だ無鉄砲な態度を以て西洋の物質的教訓を採用した事である」と欧化の傾向に批判的姿勢を示す。しかしその後、多くの思慮ある人々はこの過ちを自覚するに至り、その取り入れた西洋思想を国民精神を基礎として矯正すべきと考えるようになっている。だが、西洋の文化の中にはすでに日本の中に深く入り込んでいるものもあり、今となっては捨て難いものもある。そこで、頭山が示したのは、「孔子の教ふる忠孝の根本義を紊《みだ》るが如き外来思想は堅く之を防止しなければならぬ」というものであった（藤本尚則『巨人頭山満翁』）。ここからして、西洋文化に対する頭山の姿勢は、忠孝の精神を最低限の防御線とするものであって、決して無差別的な排欧主義ではなかったことが理解されるであろう。

皇アジアから皇世界へ

頭山の対外観は玄洋社のそれをそのまま体現したかのように、西郷隆盛の征韓論を原点とするものであった。すでに述べたように、西郷の対朝鮮政策は決して「征伐」の如き荒療治を主張するものではなく、平和裡にアジアを結束させて西洋の侵略を阻止するという政策であった。頭山は、「明治初年すでに大東亜の建設を志し韓清と親善して露国の南下を抑へやうとしたのが南洲一派だ」として、西郷を高く評価している（『頭山満翁正伝』）。そして頭山は、国家のあり方としては「強国にして正義」が理想だとする。彼は西郷の遺訓に対する講評で次のように述べている。

強国にして正義、即ち南洲翁がいはれたやうに、広く弱小国を憫れんで、それぐ文化を進めしむるのが、之が国を為すの理想といふものではないか。たゞ人の国を征伐して、之を掠奪し、苛斂誅求《かれんちゆうきゆう》して他の弱小国民を苦しめる丈ならば、何も国を作つて居る必要はないのぢや。（『大西郷遺訓』）

さらに頭山は、日本が世界の「道義の大本」とならなければならないとし、これこそ日本の国家たる使命だという。そして、近いところでは中国、インドと提携して、仁義道徳の理想国を作るべきであると述べている。頭山は、この両国を道義によって感化し、「見事に日本の片棒を担ぐ様にさせた時、始めて東亜の建設が出来る」と考えていた（鈴木善一『興亜運動と頭山満翁』）。

頭山の考えでは、日本と中国は一心同体の関係であって初めて、列強諸国のアジア侵略に対処し、彼らをアジアから放逐することができるとされた。その前提としては、中国が弱小国の状態から脱することが是非とも必要であった。彼の表現によれば、中国はあたかも檻の中にいる獅子や虎のようなものであって、実力を発揮することができない状態にある。中国と提携するためには、彼らをまず檻の中から解放してやる必要がある。そして、両国が本当に一緒になって事に当ることができるようになれば、イギリスとアメリカからはいずれアジアから撤退せざるを得なくなるというのである。それでは、中国を檻から出してやるのは誰かといえば、その役割を担うのは日本であった。ここからして、日本が中国に対して指導的立場にあることは明らかであった。

先に述べたように、頭山は日本・中国・インドが中心となってアジア解放に立ち上がるべきだと考えていた。彼は、東洋から西洋人を駆逐するのは人類を救うためであるとし、「東洋の独立に依つて人類の真の文明を作つて、従来の獣の文明から人類を救済する」のだと述べている（中野刀水『頭山満翁の話』）。ここでいう「人類の真の文明」とは、彼の言説の全体から推して天皇道以外には考えられないが、その実現のためには「攘夷」が必要であった。頭山は次のように述べている。

日本だけでなしに、今度は亜細亜が一体になって攘夷をするのぢや。攘夷と同時に皇道を世界に布く大建設ぢや。攘夷はその必須大前提、これが亜細亜の大維新ぢや。（『興亜運動と頭山満翁』）

ここからは、アジア諸国による攘夷によって西洋諸国がアジアから駆逐され、その空間に日本の統治イデオロギーが充塡されるという構図が浮かび上がってくる。しかし、そこでは天皇道イデオロギーの普遍性あるいは正当性の検証がなされた形跡は全くない。彼の考えでは、天皇道は無条件的に真理とされていたのである。

このように、頭山はアジア諸国の連帯を説くのであるが、それは日中関係のあり方からも想像されるように、決して対等の関係に立ってのものではなかった。西洋諸国に対抗するためにはアジア諸国は団結すべきであるが、そのためには日本がアジアの盟主とならなければならないと考えられていたのである。

頭山周辺の人物によれば、彼の大陸政策は一貫しており、その理想は「吾が日本が東洋の盟主として隣邦と互助聯環東亜全体を日本の皇道に化せしむること。東洋を打って一丸とせる皇道楽土を建設しやうと」いうことであった（『巨人頭山満翁は語る』）。すなわち、頭山の考えでは、日本の指導の下で「皇亜細亜《すめら》」を建設し、さらに進んで「皇世界」の建設が求められていた。頭山の脳中には、「皇室敬戴」と「国権拡張」という二つの観念が深く刻み込まれていたが、これらこそ彼の皇アジア主義を支える要素であった。彼の中国革命への関与は、以上のような対外思想に基づいていたのである。

辛亥革命と頭山満

頭山が孫文と最初に出会ったのは一八九七年のことである。孫文はイギリスでの亡命生活を終え、カナダを経由して日本に渡っていたが、この年の九月初旬、滞在中の横浜で宮崎滔天《とうてん》と会っていた。頭山もこの年、滔天を介して孫文と相知ることとなるが、頭山はたちまち孫文に傾倒し、以後、中国革命派の中では彼を特別視するようになったといわれている（『頭山満翁正伝』）。

当時、日本のアジア主義者たちは中国の反政府勢力の結集に熱心で、後述するように、滔天は戊戌変法失敗後の康有為らが日本に亡命した後、彼らを孫文と共闘させようとする。また、一九〇五年の孫文の訪日に際しては、彼と黄興《こうこう》とを結びつけることに尽力し、この時は八月の中国同盟会の結成に至らせることができた。また、大陸浪人の中には、直接中国に渡り革命派の活動に参加した者も少なからずいた。しかし、頭山はそうした試みや活動に加わることはなかった。

犬養毅

頭山が中国革命に本格的に関与するようになるのは、一九一一年の武昌蜂起《ぶしょう》勃発後のことである。当時、志士浪人たちは相継いで革命軍の支援に出かけ、国内の一般輿論も革命軍に同情的な姿勢を示していたが、日本政府の態度は混沌としており、変動する中国情勢には対処しきれない状態であった。何よりも、山縣有朋を中心とする元老たちが、隣国に共和政体が実現することを好まず、むしろ革命鎮圧論をもって西園寺内閣を牽制したためであった。このような風潮の中で、頭山は「お隣の支那が共和国になつたからとて、我が国体に影響を及ぼすなどと心配するのは自ら我が国を侮るやうなもの」だとして、中国革命を積極的に支援する姿勢を示した（藤本尚則編著『頭山満翁写真伝』）。

武昌蜂起勃発後、日本では大陸浪人を中心とする様々な団体が結成されると、頭山はそれに積極的に関わっていく。一〇月一七日には、彼をはじめ内田良平、三浦梧楼《ごろう》ら三〇〇余名が集まって「浪人会」が開かれ、政府に厳正中立政策を採るよう申し入れることを決定した。一一月上旬には、内田、小川平吉、古島《こじま》一雄らと共に「有隣会」を組織し、革命派支援の運動方針を確定した。また、一二月下旬には東亜同文会の根津一らが中心となって「善隣同志会」が組織されると、頭山もこれに名を連ねた。同会が採択した決議は、革命軍の行動に干渉しないように列強諸国と日本政府に呼びかけ、中国革命を支援する立場を表明していた。

漢陽が陥落する三日前、当地に在った萱野長知《かやのながとも》はアメリカ滞在中の孫文に帰国を促す電報を打った。「早く帰つて収拾してくれぬと黄〔興〕と黎〔元洪〕だけではいけぬ、大将来《きた》れ、統帥なければ大事の成就に妨げあり」という内容の電報であったという。萱野は同時に、頭山や犬養毅に「天下を取つても後の方法がつかぬから誰か来てくれ」という主旨の電報を打ち、米援を要請した(『東亜先覚志士記伝』中)。

しかも当時、中国の動乱に乗じて、日本の不良浪人が革命援助を名目に多数入り込み、中国の革命派だけでなく日本の心ある志士たちも遺憾に思っていた。そこで、大陸浪人中の不良分子を押し鎮めることと、孫文らに忠告を与える必要性から、三浦梧楼の薦めもあって頭山と犬養が中国に派遣されることとなった。そして、彼らのもとに「渡清団」が作られ、一一月には犬養らが、十二月九日には頭山らが上海に向かった。頭山が一行を連れて上海に到着すると、「大小の浪人連、頭山の名に恐れ皆慴伏《しょうふく》して、完《まつた》く其影を南清より消す」ことになったといわれている(『玄洋社社史』)。

革命失敗の中での孫文支援活動

一九一二年一月、中華民国臨時政府が成立するが、それと同時に南北妥協の空気が醸成されていった。しかも、孫文は二月一三日に参議院に大総統の辞表を提出し、後任に袁世凱を推す旨を表明し、自らも袁の招請に応じて北上するとしていた。中国に渡って間もない頭山もそのことを知り、即座に南北妥協反対の態度を示し、孫文の北上に対しては、「それは以ての外である。「中略」決して行ってはならぬ。反対に袁を南京に呼び寄せるがよい」と述べ、孫文との会見を求めて宮崎滔天、萱野長知と共に南京に向かった（『巨人頭山満翁』）。そして、当地にいた寺尾亨《とおる》を交えて孫文と面会し、北上反対の意見を表明した。

頭山の発言の主旨は、孫文らが「革命の主人公」であるという地位を決して譲ってはならないというものであった。結果として孫文は北上することはなかったが、袁世凱も北京での兵変を口実に南下することはなかった。その後、頭山と犬養は武昌に黎元洪《れいげんこう》を訪ねて妥協反対を説いた。

頭山が孫文と袁世凱との妥協に反対だった理由は、中国が孫文の下に統一されてこそ日中提携の可能性が高まると考えたからにほかならない。頭山は、かつての金玉均暗殺以来、袁世凱には強い不信感を抱いていた。袁は朝鮮駐《ちゅうさつ》劄時に日本勢力の排除に努めたことがあり、そのような人物に権力を譲り渡すことは、日本にとって得策ではないと考えたことは当然であった。むしろ、親日的姿勢を採る孫文の下に革命が貫徹され、統一国家が樹立される方が、今後の日本の大陸政策に有利なものと考えられたのである。

最終的に中国の南北講和は成立し、頭山らの望むところとはならなかった。さしたる収穫のないまま帰国した頭山は、日比谷松本楼で開かれた歓迎会で辛亥革命について聞かれた際、「支那の今度の革命は膏薬療治ぢや。本当の切開手術をしないから、今に見ろ、また諸処に吹出物がするよ」と述べた（『東亜先覚志士記伝』中）。彼の予言はすぐに現実のものとなった。すなわち、臨時大総統の地位を手にした袁世凱は、一九一三年三月の宋教仁《そうきょうじん》暗殺を始めとして、国民党を様々な形で挑発し、第二革命の発生を見たものの、即座にこれを鎮圧し、独裁体制への道を歩み始めたのである。そのような状況の中で、戦いに敗れた孫文は再度亡命先を日本に求めることになる。

一九一三年八月九日、孫文は福州から台湾、門司を経て神戸に到着した。しかし、時の日本政府（山本権兵衛内閣）は、袁世凱政権に配慮して孫文の上陸を許可しない方針を採った。孫文は船中から萱野長知に電報を打って救援を依頼した。萱野はこれを受けて、犬養と頭山に相談したところ、頭山は救援を約束し、古島一雄に神戸に行って孫文の上陸を実現するよう依頼した。この時の頭山は、「今は袁の世の中であっても、将来は孫の時代が来る」ことを確信していたのである（『頭山満直話集』）。

結果として、孫文は萱野、古島の尽力によって上陸を果たし、入国許可はその後の犬養毅と政府との交渉によって下りた。孫文は、直ちに東京に向かい、頭山邸の隣家（海妻《かいづま》猪《い》勇《さ》彦《ひこ》宅）に約半年間隠れ住むことになる。以後、一九一六年五月に日本を去るまでの第二次亡命生活は、以上のような頭山の援助によって可能になったのである。

中国のナショナリズムへの姿勢

一九二一年一一月、ワシントン会議が招集された。当時、頭山はこの会議を「国難」と捉え、日中関係の悪化をもたらす可能性を持つものと考えていた。頭山はこの会議の目的が日本と中国を引き離すことにあると見なした。彼は次のように述べている。

今度の会議の目的も期する所も畢竟日本と支那とを引き離さうとするに在る。元来アメリカの日本に恐る、所は、日本が支那から豊富なる物資を得ることにある。これ故日本を支那から切り離すことが彼等としての急務である。その上でユックリと両者を別々に料理をしようと云ふのがアメリカの肚ぢや。（藤本尚則『巨人頭山満翁』）

頭山の見るところでは、アメリカの巧みな懐柔策によって、今や中国の人心は日本を離れ英米に頼ろうとしている。これに加えて、日本も中国に対して拙劣な外交を展開してきたとする。山東の利権などはすぐに中国に返還しておけば良かったし、資本も十分につぎ込んでおけば良かったのである。ところが、「日本人の吝《けち》な料見を疑はれて山東問題は変にこぢれて来るし、アメリカの投資には負けて、如何ともする事の出来ぬ破目に陥つて了《しま》つた」とし、この期に及んで山東半島の利権を返還することになれば、それは中国とアメリカにもぎ取られることも同然であると考えられた。

事実、会議が開催されると、中国では山東利権の回収の気運が高まってくることになる。その結果、一九二三年三月には駐日代理公使が「二一カ条」の廃棄を通告するまでに至る。こうした対日ナショナリズムの高まりの中で、頭山は同月二八日に開かれた「対支有志大会」において、「日本国民は大正四年の日支条約に対し今後支那が如何なる態度に出づるも断じて其の廃棄を許さず」との意見を表明し、その後排日運動が続き長沙《ちょうさ》事件が発生すると、七月一六日には「対支聯合会」を開き、中国側の反省を促すと共に、「帝国は自衛の為め適宜の処置をとるべき旨を申し合せた」のである（同前）。

頭山は日本外交の失策については認めるものの、ここからは中国のナショナリズムを理解しようとする姿勢は全く見て取ることはできない。これは頭山の最大の問題点であったというべきだろう。こうした姿勢の延長線上に、一九二四年一一月における孫文との会談があったのである。

一九二四年一一月、孫文は北上の途中、上海から日本に向かった。孫文は船中から頭山宛てに「此度弊国時局収拾の為、特に神戸を経て北京に向ふ、東亜の大局につき御相談したし、神戸迄御来駕あらば幸甚、尚ほ朝野諸賢に御伝声を乞ふ」という電報を送った（同前）。孫文らを乗せた船が一一月二四日に神戸に着くと、内田良平は頭山に来神を促す電報を送り、それを受けた頭山は東京から神戸へ向かうこととなった。

この時、孫文が頭山に不平等条約廃棄の主張への支持を求めていたことは確実だと見られる。当時、頭山の態度いかんによっては、政界の動向が変化を来すことも十分予想されるところであった。しかし、国権派アジア主義者の間では満洲問題の処理の仕方が懸念されていた。そこで、黒龍会の内田良平は事前に頭山に対して、「満州問題については、確《しっか》りと一本釘を打ってもらいたい」（葦津珍彦『大アジア主義と頭山満』）と熱心に勧告していたのである。

孫文との会談――交錯する思惑

頭山と孫文の会談は、一一月二五、二六日に神戸のオリエンタルホテルで行われた。会談の場には孫文の側から李烈鈞《りれつきん》、戴季陶《たいきとう》のほかに山田純三郎がおり、日本側では犬養毅の使者としての

神戸での会談（後列左から山田純三郎、戴季陶、李烈鈞、前列中央孫文、右隣頭山満）

古島一雄、頭山門下の藤本尚則《なおのり》（東京朝日新聞記者）等がいた。二五日の会談で、孫文はアジア諸国の提携の必要性を述べつつ、中国がかつて列強との間に結んだ条約を全て撤廃すべきことを力説した。

恐らく孫文の発言は、頭山が想定したものであったろう。そこで頭山は、満洲における特殊権益は中国の国情が大いに改善され、他国の侵害を受ける懸念のなくなった場合は還付されるべきだが、「目下オイソレと還附の要求に応ずるが如きは、我が国民の大多数が之を承知しないであらう」と述べたのである（『巨人頭山満翁』）。翌日の会談では、藤本尚則が満蒙の既得権益、具体的には旅順・大連回収問題についての孫文の考えを質した。孫文はこれに答えて、「旅順大連の回収権といふ所までは考へてはゐない」とし、この問題が「現在出来上がつて居る以上に、更に其勢力が拡大する場合は問題になるが、今の通りの勢力が維持される以上、問題の起ることはない」と述べ、現状維持の姿勢を示した。

会談に同席した藤本尚則は、「動《やや》もすれば日支間の重大危機を孕まんとした旅大問題は斯《か》くて両雄の談笑裡に無事平穏なるを得た」と記している。そして、「その代り孫氏は〔頭山〕翁に望むに治外法権の撤廃と関税自主権の回復に於て日本が支那のため列国に率先して斡旋されんことを以てし、翁は其の要望を至当なりとし、能《あた》う限りの尽力を為すべき旨を答へた」としている（『頭山満翁写真伝』）。

この会談の時の頭山の発言が、孫文の不平等条約撤廃の内容を治外法権の撤廃と関税自主権のみに限定させる効果があったことはほぼ確実だといえる。現に孫文は、一一月二八日に行われた「大アジア主義」講演の中では、満蒙の日本の権益問題については全く言及しなかったのである。しかし当時、孫文は学生たちの利権回収運動を抑制してでも日本との関係をつなぎとめようとしていた。こうしたことを考え合わせれば、孫文の側からすれば、頭山との会談で日本の輿論の瀬踏みを行い、以前から設定していた最大限の譲歩ラインを確認したものといえるかもしれない。

孫文との会談での頭山の姿勢、そして以前からの彼の言説の端々から、多くの論者は頭山の「侵略的野望」を強調する傾向にある。しかし、当の孫文が以前は満洲放棄の意志があったことは、様々な史料から明らかである。だが、国内でのナショナリズムの高まりの中で、孫文が革命的指導者であろうとするなら、そのような姿勢を維持し続けることはできなかった。彼は国内の事情から、以前からの立場を変えざるを得なかったのである。

こうした事情を知る日本の国権主義者は、孫文にあらかじめ「釘を打つ」ことを当然のことと考えていたものと推察される。これに対して、何よりも日本の支持の獲得を求める孫文にとって、それは妥協できない要求ではなかったであろう。それゆえ、孫文が会談の際、頭山にソ連への理解を求めつつ、日本と中国が一体となってインドを独立させ、アジアからイギリスの勢力を駆逐するには、「日本の陸海軍を強大にしてもらひ、それでやるよりほかはありません」（田中稔『頭山満翁語録』）と述べたことは、あながち政治的な意図を込めた言葉とは思えないのである。

皇アジア・皇世界の実現を求める頭山にとっては、中国ナショナリズムの昂揚に理解を示すことは不可能であった。それを知った孫文は、日本の支持の獲得による中国革命実現に向けて、利権回収という民族的課題を一時的に棚上げして、日本の国権主義者との妥協を図ったものと考えられるのである。

2　宮崎滔天とアジア革命

宮崎滔天《とうてん》（本名は虎蔵《とらぞう》、通称は寅蔵、一八七一〜一九二二）は、近代における日本と中国の革命的連帯を象徴する人物として高く評価されてきた。それは、彼が民権派アジア主義者であって、国利国権的思考とは全く無縁な人物と見なされてきたことによる。確かに、彼の思想は近代日本のアジア主義の流れの中では、他者との対等性を前提とする点で異彩を放っているといってよい。

支那革命主義

宮崎滔天の自伝である『三十三年之夢』によれば、彼は幼少の頃から自由民権を唱えて憚ることがなかったという。その彼にアジア問題への関心を抱かせたのは兄の宮崎彌藏《やぞう》であった。彌藏の主張は簡単にいえば、白人種が黄色人種を抑圧する状況の下で、帝国主義列強に対処するためには、まず中国で革命を実現し、そこを根拠地としてアジアひいては世界の被抑圧民衆の人権と自由を回復しようというものである。当初、滔天はこれを受け入れることはなかった。しかし、一八九一年夏、彌藏は滔天に向かって次のように説いた。

言論畢竟世に効なし、願くば共に一生を賭して支那内地に進入し、思想を百世紀にし心を支那人にして、英雄を収攬《しゅうらん》して以て継天立極の基を定めん、若し支那にして復興して義に頼て立たんか、印度興すべく、暹羅《シャム》安南振起すべく、非律賓《フィリピン》、埃及《エジプト》以て救ふべきなり、［中略］思ふに遍く人権を恢復して、宇宙に新紀元を建立するの方策、この以外に求む可らざるなり。（『三十三年之夢』）

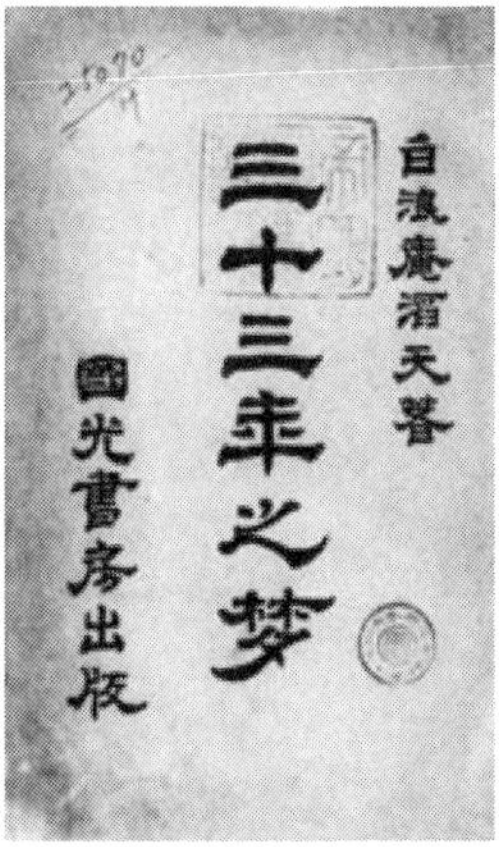

上　宮崎滔天
下　『三十三年之夢』（国会図書館）

この時、滔天は彌蔵の説に完全に同意した。彼はこの時のことを、「余は之を聞いて起て舞へり、余が宿昔の疑問茲《ここ》に破れたればなり」と記している。この後の滔天の「支那革命主義」は、彌蔵の構想を基礎として、彼の個性と経験が肉付けされて形成されていくことになる。

当時の日本においては、アジア連帯の気運は徐々に高まりつつあった。だが、革命的変革によって西洋に立ち向かい、既存の国際システムを変革しようとする主張は、おそらくこれが初めてのものだった。そこには人種闘争説の構図も見えるが、人権や自由といった普遍的価値の強調はそれを後景に追いやり、彼らの革命論を際立たせたといえる。そして、「三代の治や実に政治の極則にして、吾等の思想に近きものなり」というように、彼らの説く人権や民権は多分に儒教的知識との関連で認識されていた点に特徴があった。

滔天が中国に初めて渡ったのは一八九二年五月のことであった。中国の言語風俗を知る必要があると考えたためであった。しかし、知人の裏切りに遭い、上海には到着したものの資金不足のため、一カ月半で帰国を余儀なくされた。この時、彼は友人を介して上海の日清貿易研究所の荒尾精を頼ることは可能であった。しかし、滔天は荒尾を「支那占領主義者」として、自らの思想と対極に立つものと見なし、彼を頼ることを潔しとしなかった。彼は国利国権を優先するアジア主義者から、自らの立場を区別していたのである。

一八九四年春、滔天は再び中国渡航を企てて金策に走ったことがある。彼は、当時日本滞在中の金玉均を訪ね、彼が中国に渡る予定があることを知って同行を願い出たのである（「金玉均先生を懐ふ」)。金からは婉曲に断られたが、この時の彼が朝鮮を「牛後の国で、積極的活動の根拠地でない」と見なしていたことは、当時の彼の革命論の持つ問題の一端を示している。彼の考えでは、朝鮮は少なくとも大国に付する国であって、来るべきアジア革命において重要性を持つ国とは認識されてはいなかったのである。

その後、滔天はシャム(現在のタイ)に渡り、当地での体験から中国人の民族的強さを認識するようになる。彼によれば、中国人はイギリス人やロシア人よりも強靭な国民であり、彼らは将来の世界においては絶対的な権力者になるだろうとされるのである(「暹羅に於ける支那人」)。しかし、他方において滔天のシャム国民に対する評価は低い。滔天の目には彼らは無知蒙昧の蛮民であって、国民として自立する資格を欠いた人々と映った。彼らは朝鮮人に比べても柔弱な民とされる。なぜなら、朝鮮人には国政を改革しようと志す謀反人が存在するが、シャム人にはそのような気概を持ち合わせた人はいないからである。朝鮮については、金玉均と会った際の姿勢に現れていたように、アジア革命の周辺国でしかないと見なされていた。結局、これら周辺国は大国である中国での革命を経てから救済されるべき国家でしかなかった。滔天の支那革命主義は中国中心のアジア革命論であったのである。

中国革命運動と宮崎滔天

滔天が中国革命運動の情報を得るのは、一八九六年一月のことであった。彌蔵が横浜で中国革命派の陳少白《ちんしょうはく》と面会した旨を、シャムから一時帰国していた滔天に手紙で知らせたことによるものであった。しかし、この時の滔天は積極的な対応を取らなかった。同年六月のシャムからの帰国直後、彼は彌蔵の死に接するが、これと前後して彼は自らの支那革命主義の実行手段の大転換を行った。

それまで滔天は、「清国を以て根拠となし、以て東洋問題より、世界問題、社会問題を一時に決せんと」求めていた。そのようにして初めて人権を全うし、天下の窮民を救済し得ると考えていたのである。しかし彼は、「尋常平凡の士」にはこのような主張を容れる識見が欠けていると考えるに至った。そこで彼は、「従来の方法を一変して、俗に入つて正に帰し、虚を衝ひて実を出《いだ》すの道」を採ることにしたのである。これは、「一人の力以て大業の礎を成す能はざるを知」ったためであり、彼は「爾来《じらい》権門に出入し、政治家に交《まじわり》を締《てい》して、心にもなき政論を云々し、東方問題を云々して、彼等の意を迎へ、敢て其意を損せざらんことを努め」るようになったのである（「宮崎槌子宛」一八九七年六月二二日）。

多分に自虐性を込めた語り方であるが、それは中国人となって世界革命の根拠地を建設するという、当初の革命方式を放棄するものであった。これより滔天は、政治家や経済人との関係の中で、世俗的浪人として中国の革命運動に関わっていくことになるのである。

滔天と中国革命派人士との接触は、一八九七年五月に横浜で陳少白と面談した時に始まる。この時、滔天が自らの革命の志を告げると、陳は彼に孫文の著作である ***Kidnapped in London***（『倫敦被難記』）を与えた。彼はこれによって、孫文の革命的経験を知ることができた。そして同年九月、彼は横浜の陳の寓居で孫文に初めて会うことになる。彼の前に現れた孫文は小柄な西洋紳士然とした人物であって、滔天の抱いていた革命家のイメージを全く覆すものであった。この時、孫文は滔天に向かって次のように説いた。

抑《そもそ》も共和なるものは、我国治世の神髄にして先哲の遺業なり、則ち我国民の古を思ふ所以のものは、偏へに三代の治を慕ふに因る、而して三代の治なるものは、実に能く共和の神髄を捉へ得たるものなり、謂ふことなかれ我国民に理想の資なしと、謂ふことなかれ我国民に進取の気なしと、則ち古を慕ふ所以、正に是れ大なる理想を有する証的《しょうてき》にあらずや。(『三十三年之夢』)

ここで孫文が言及した「三代の治」とは、中国古代にあったといわれる理想社会のことであり、以前から滔天が彌蔵と共に抱き続けてきたイメージであった。そして、「支那四億万の蒼生を救ひ、亜東黄種の屈辱を雪《すす》ぎ、宇内の人道を恢復し擁護するの道、唯我国の革命を成就するにあり」とする孫文の主張は、滔天のアジア革命論と完全に重なるものであった。ここに彼は、自らの支那革命主義の実践者を見出したのである。その後、彼は孫文を犬養毅に面会させて東京での生活を保障させ、生活費は玄洋社から捻出させた。そして彼自身は、一八九八年五月から*Kidnapped in London*を「清国革命党領袖孫逸仙　幽囚録」と題して新聞に翻訳・掲載し、孫文の存在の宣伝に努めたのである。

しかし、滔天は孫文だけでなく中国の変法派にも関心を向けていた。戊戌変法の進行のさなか、滔天は中国に赴き動向の分析に努めていた。守旧派による政変によって変法運動は挫折し、康有為は北京から天津を経て香港に逃れるが、滔天はここで康と連絡を取り、日本亡命の援助をすることになる。

香港で康有為と面会した滔天は、光緒帝との行き掛かりが解消されれば変法派と革命派との合流も可能だと考えていた。日本到着後、滔天は革命派と変法派の合同を図るべく、孫文と康有為の会談の場を設けようとした。列強の力が迫る中、中国の時局を救うには彼らの合同以外に道はなく、日本政府もこれを支援しなければならないというのがその理由であった。しかし、康の頑なな姿勢のため両者は接触することすら叶わず、滔天による孫康提携計画は失敗に終わったのである。

革命運動の挫折と思想的転換

一九〇〇年一〇月の孫文の恵州蜂起に際し、滔天はこれに呼応すべく準備にかかった。しかし、衆議院議員である中村彌六《やろく》による武器売却という裏切りもあり蜂起は為す術もなく敗れた。この後、滔天は桃中軒雲右衛門の下に弟子入りし、浪曲師として革命の宣伝と同志の糾合に努めた。

この頃から滔天は思想面で新たな傾向を見せ始める。それは一九〇三年から翌年にかけて書かれた「明治国性爺《こくせんや》」に現れている。これは新浪花節と銘打たれた愛国少年の冒険譚であるが、同時に登場人物の言葉を借りた滔天自身の思想的信条の発露の場となっている。彼はこの物語で、政治体制の如何よりも国家を超越した状態を理想としていた。彼は登場人物の一人に次のように語らせている。「国家なる名称は、泥棒なる君主が世界の一部を占領した贓品《ぞうひん》の呼称で、決して正当合理の名称でない」。「是を破壊し撃砕すべき責任こそあれ、忠勤を励むの馬鹿者たるべきものでない」。

これは明らかにアナキストの言葉だといえる。国家を超越するような立場に立てば、「支那の復興をして打撃を欧洲に加へんとするは所謂る防禦的進撃で、識らず知らず泥棒的根性に魔せられて居る」のであって、そのような考えは「泥棒の提灯持か国家の帮間」に導きかねないものだとされるのである。ここに滔天は、自らの支那革命主義に対して疑問を抱くに至ったということができる。

一九〇五年八月、東京で中国同盟会が結成されると滔天も会員に列せられた。翌年九月、彼は同盟会の運動を側面援助すべく『革命評論』を創刊し、ここに数篇の記事を執筆している。しかし、そこではアジア主義的傾向は後退している。むしろ彼は、民族や人種を超えた「四海兄弟、自然自由の境」を理想社会として考えていた。それは、社会主義などという既存の名称で括ることができるものではない。

滔天は、社会の進化がいかなる進化を見せるかは予想がつかないものの、将来においては「敵視せる人類が兄弟となり、不自然なる自由を脱して自然の自由郷に到達すべきを信ずるのみ」(「革命問答」)と述べている。そのような状況に至れば、人々は君主を戴くも、大統領を戴くも、いかなる政体を選ぼうとも良いのだと説いている。このように、辛亥革命に至る過程での滔天は、現実の政治運動とは別に、思想的にはアジア主義を超える地点にあったと見ることができる。

しかし、滔天の思想がアジア主義を超える境地にあったとしても、理想とする社会の実現のための第一歩が、アジアの変革であることには変わりはなかった。例えば、一九一二年一〇月に中国から帰国した際に、家人に向かって「さあ、今度は印度だぞ!」と述べたことは、当時の彼が中国革命を次の革命への助走だと考えていたことを示している。また、第二革命の敗北が目前となった状況の下で、彼は黄興を日本に行かせ、孫文と共に朝野の間に遊説させて真の「日支同盟」を作る必要性を述べていた。滔天は中国革命運動の再建のために、アジア主義のやり直しを考えていたのである。

第二革命敗北後の滔天のアジア主義は、日本の中国政策に対する批判という形で現れる。そのことを示すものに、一九一五年三月に行われた衆議院議員選挙への立候補の際の主張がある。彼が見るところでは、第一次世界大戦終結後のヨーロッパでは帝国主義と非帝国主義の衝突が続き、帝国主義は餌食を求めて東アジアに向かってくることは必至とされた。そのため、日本は「対支問題を根本的に解決し、以て大亜細亜主義の根底を確立する」ことが必要だとされた(「立候補宣言」)。具体的にいえば、それは日本政府に袁世凱政権支持をやめさせ、孫文らの革命派を支持せよというものであって、従来からの姿勢の延長線上にあった。

さて、一九一八年一月に出されたウィルソンの一四カ条の平和原則は、第一次世界大戦の講和原則、ひいては大戦後に実現されるべき国際秩序の構想を全世界に提唱するものであったが、これは滔天の思想に大きな影響を与えることとなった。彼によれば、過去アジアでは「白人禍」に対抗する戦いがあったが、舞台が一転し、新たに世界人道の幕が開かれるとしたら、日本は進んで大戦後の世界の大勢に従うべきだとされる。世界の大勢とは、ウィルソンの主張に現れているように、「世界的立場」に立脚して世界改造の事業に参画することである。その中心となるのが国際連盟であった。滔天は次のように述べる。

ウヰルソンの国際聯盟世界改造なる語は、今日に於て当を得たり。但し如何んか聯盟し、如何んか改造せんとする、是れ今日以後の見物也。願はくは総てをして徹底的ならしめよ。国家的に偏せずして人道的に徹底せしめ、人種的に偏せずして、人類的に徹底せしめよ。（「東京より」一九一八年一二月九日）

おそらく滔天は国際連盟が、「明治国姓爺」で提示したような、国家を超越する世界に近づく一歩となるものと考えたのだろう。

だが、以上のような立場とアジア主義は両立が難しいことは明らかである。むしろ、それに対する評価は厳しいものとならざるを得ない。滔天は、孫文がアジア主義を標榜する機関誌を発行する計画があるとの情報に接すると、「実に結構なる企て也」としつつも、「されど試みに之をレニン〔レーニン〕君に問はんか、亜細亜とは誰がつけし名称ぞやと笑はん。更に之を日本人に語れば、叉しても孫の空想かと嘲らん」と記している（同前、一二月四日）。また彼は、「汎亜細亜主義に偏して継子根性を発揮するは愚の極也」(同前、一二月一九日)とも述べており、ここからは「アジア」の強調が負のイメージをもって理解されていることが見て取れる。

そうした考えは、西洋の侵略主義が後退したとする認識と対になっていた。滔天は第一次世界大戦後の世界の変化によって、欧米諸国が中国革命を積極的に支援するようになるのではないかと見ていた。なぜなら、これまで欧米諸国は中国を劣等視してきたため、中国の革命派は人種的近接性を理由に日本を頼りとしてきたが、今や日本が革命の妨害者として現れたため、今後は中国が欧米との価値観の共通性を認識する可能性があると考えられたからである。滔天はアジア主義は存立し得ないのではないかと考えていた。ここに、彼はアジア主義から一時的に離脱したということができる。

人種的差別撤廃についての姿勢

さて、滔天にとっては、世界的立場か否かに関わりなく、中国人に対する日本人の差別的態度は許し難いものであった。彼によれば、日本人は白人に対しては陰では「毛唐《けとう》」などといいながら、面と向かえば彼らに諂《へつら》い歓心を買うことに努める一方で、中国人に対しては奴婢《ぬひ》に接するように、二言目には「チャンコロ」と罵るのが通例であった。そのような差別主義的体質を持った日本が、パリ講和会議の場において「人種的差別撤廃提案」を提出したことは、滔天からすれば矛盾した行為であって、許されるものではなかった。

そもそも、日本が講和会議で人種的差別に反対しておきながら、南洋のトラック(現・チューク）諸島を委任統治領として求めることは「病人が囈言《うわごと》」にも似たものであり、正義人道の主張に悖《もと》るものであった。そして、滔天は次のように述べる。

人種案の如き、問題としては好箇の問題也。唯我が言ふ所の人種案なるものが、甚だ不徹底なるを憾みとす。若し我に於て、朝鮮を解放し、台湾を解放するの決意を以て絶叫し、提案し、遊説し、努力せば、彼等の看板たる人道正義の手前、多少の反響を与へたるや論なし。（同前、一九一九年四月九日）

人種的差別撤廃の主張は、日本の植民地支配を終わらせるほどの覚悟がなければ、何ら説得力を持つものではなかったのである。

しかし、国際連盟やウィルソンに対する滔天の期待は長くは続かなかった。すでに一九一九年二月に彼は、「彼等の国際聯盟は、一面軍国主義に対する予防にして、其半面は正義人道主義に対する防禦也。即ち正義人道の仮面を被れる泥棒也」（同前、一九一九年二月一三日）と述べていた。また、ウィルソンに対しては、彼がアメリカの国際連盟参加を見送ったこと、そして四月の人種的差別撤廃提案の採決の最終段階で反対派に妥協したことをもって、「腹黒き政治家」と断罪するに至る（同前、一九一九年四月二五日）。このような政治家によって唱えられる正義人道なるものは、実現の可能性を全く欠いたものであった。ここに、世界の大勢たる世界的立場が正義人道に繋がるものではないと認識されるに至ったのである。

ポール・リシャール夫妻と田中智学（国柱会）

それでは、日本の採るべき方向はいかなる道か。滔天によれば、それは列国と協調を保ちつつ、「徹底せる人道主義を基礎とせる亜細亜聯盟の主唱者となり、朝鮮を解放し台湾を解放し、更に支那に対する外交を一変して親善の実を挙げ、爾余の諸弱国を助けて平等組織の下に聯邦を組織し以て白人に対抗すべし」（同前、一九一九年四月二五日）というものであった。「亜細亜聯盟」は彼の言葉としては初めて登場するものであるが、これは一九一九年三月二三日に開かれた第二回人種的差別撤廃期成大会におけるフランス人であるポール・リシャールの発言を受けてのものであった。リシャールはこの時、日本が人種的差別撤廃を主張するよりも、アジアの統一と独立を図るべきだとして次のように述べていた。

亜細亜民族の間には人種的差別無きや、諸君は亜細亜の一部に対し人種的差別を与へ居らざるや如何、故に予は此の機会に於て諸君が亜細亜民族の間に、先づ以て人種的差別を撤廃し、精神的に亜細亜聯邦若くは統一ある独立組織の同盟を画策されんことを望む。（同前、一九一九年三月二四日）

滔天は第一次世界大戦後の世界的立場の虚構に気づき、リシャールの刺激を受けて再びアジア主義に回帰することとなった。そして、その新たなアジア主義は先にも示したように朝鮮と台湾の解放を伴うものであった。しかし、この後の中国や朝鮮における排日や独立運動についての滔天の見解は、必ずしも整合性をもって論じられるのではなく、しばしば矛盾した言説を伴いながら展開されることになる。

悲観の中のアジア主義

一九一九年に発生した五四運動に対する滔天の反応は複雑であった。当初、彼は中国における排日感情の原因が、日本人の持つ差別感情や商人たちの利益至上主義にあると認識していた。そのため、事件発生直後の滔天は、山東の利権獲得が必ずしも日本の利益となるものではないことを指摘し、むしろこの度の利権獲得によって、中国の民心を敵に回して全国的な排日運動に繋がることを危惧していた。彼はこの時点では事態を冷静に見ていたといえる。

しかし、五月八日に発せられた中国国民党員である張継《ちょうけい》らによる「日本国民に告げる書簡」に接すると、滔天はこれに強い反発を示し、「物先づ腐って虫之《これ》に生ず、我が軍閥外交の行はる、は、之を誘引するに足るべき腐敗物の存在するが為めならずとせんや。腐敗物とは何ぞや、支那の軍閥官僚は即ち是也」（同前、一九一九年五月一三日）として、排日運動発生の原因が中国側にあると論じた。さらに彼は、この運動が山東問題に名を借りての鬱憤晴らしだとし、山東における日本の働きをも無視して利権の還付を求めることは、余りにも日本を侮辱した振る舞いだと批判している。

こうした主張は、一歩間違えば日本擁護と受け取られかねないものであるが、滔天にしてみれば、帝国主義を前にして日本と中国は内輪もめしている場合ではないとの思いがあった。しかも、日貨のボイコットは時代遅れの手段だと考えられていた。そのため、一九一九年一二月には、学生たちのボイコットの噂を聞いて「聊《いささ》かウンザリせざるを得ず」との感想を漏らし、排日運動は「万一日本に打勝ち得たりするとも、門前犬を防いで後門更に虎を迎ゆる」に等しい行いだと述べている（「旅中漫録」）。

ここでは、再び世界の大勢としての世界的立場から中国の排日運動に批判が加えられている。しかし、それが欧米列強に対抗するアジア主義の正当化のためのものであったことは、この時期の滔天のアジア主義がナショナリズムの超克の上にあるべきものと考えられていたことを示唆している。

滔天は一九一八年以来、自らを「悲観病」と称していた。そのため、彼のアジア主義の新たな提示には強い悲観主義が現れている。彼はその過程で、自らの中国革命との関わりを極めて醒めた目で振り返り、かつての支那革命主義についての自己批判を行い、それとの決別を宣言していた。彼は一九一九年に書いた「炬燵《こたつ》の中より」において、かつて『三十三年之夢』で説いた理想を、ウィルソンの主張に仮託したことの誤りを認め、これまで中国革命に費やした努力を、なぜ日本の改善に向けなかったのかと自問する。

これに対して滔天は次のように自答する。日本には世界を動かす力はない以上、中国を理想の国にすれば世界を変革することができると考えて、「自己の誇大妄想的径路を辿つて来た結果が即ち今の我身の上」なのだと。そして、彼は今となっては支那革命主義は誇大妄想だとして、「今や私は此の妄想より醒むべき時機に到達しました」と述べる。そもそも、日本は中国のために何もしてやれなかったのだ。日本の頑迷政治家は、中国の革命派ばかりか守旧派までも突き放して、欧米人の手に渡そうとしている。そのような日本は、もはや「支那に於て無用の長物」だと見なされるに至ったのである。

最終的な理想社会

それでは、このように自らの中国への関わり、そして日本の姿勢を悲観的に論じる中で、滔天は将来の理想社会をいかなるものと考えていただろうか。そのことを、一九二〇年前後の文章から見てみよう。彼は自らを社会主義者として自覚していたが、「それは過激主義でもなく、共産主義でもなく、又無政府主義でも国家社会主義でもない一種の社会主義であつて、〔中略〕至極温和な社会観」であった（「久方ぶりの記」一九一九年一〇月）。しかし、共産主義には批判的だった。共産社会は個人の自由を奪い取るものであって、「人間幸福の上より之を見れば、浅間敷くも窮屈なる社会なるべし」とされている（「出鱈目日記」一九二〇年五月二四日）。

滔天は自由を強調し、将来に無権力社会を求めていたが、それは西洋に起源を持つものではなかった。むしろ彼は、そうした思想にはほとんど価値を置いていなかった。彼は、今後はアジア固有の文化が全世界を照らす日が来ると考えていた。それでは、西洋的近代をモデルとした日本はどうかといえば、西洋文明にかぶれ過ぎたため多少の反動は免れない点もあるという。しかし中国はほとんど無垢に近い。そのため滔天は、「支那の先覚者が、徒らに新しがらず、支那をして文明の余毒を受けしめず、支那固有の社会政策を根拠として新社会を打開せんことを望む」ことになるのである（「久方ぶりの記」一九一九年一〇月）。

それでは「支那固有の社会政策」に基づく新社会とはいかなるものか。それは、「三代の治」をモデルとする、農業を中心とした人民の自治社会であった。滔天は次のようにいう、「人間の智慧は遠の昔に行詰れり。三代の作は文化の極致と知らずや」（「出鱈目日記」一九二〇年一一月二一日）。顧みれば、「三代の治」は滔天が兄の彌蔵と共に支那革命主義を唱え始めた頃からの理想の社会であった。中国根拠地論としての支那革命主義は放棄されて久しいものの、理想としての「三代の治」は彼の中に一貫して存在していたことが確認されるのである。

滔天は一九二一年二月から一カ月ほど広東を訪問する。この当時、彼は大宇宙教という新興宗教に精神的な救いを求めていた。しかし、彼の中国の革命運動への関心は持続していた。彼は広東での革命運動の高まりを、清末時期と軌を一にするものだと感じていた。彼は、この時も日本の態度いかんが中国革命の成否の鍵を握ると考えていた。しかし、日本は最後まで彼の期待に応えることはなかった。

一九二二年一二月、滔天は五一歳で病死する。その二年後、国共合作を成立させた孫文は、日本を訪問して「大アジア主義」講演を行った。仮に滔天がこれを聞くことができたなら、どのような感想を持っただろうか。自由なき共産主義を嫌いつつも、王道を説くアジア革命の大義からこれを好意的に受け入れた可能性はあるといえよう。

3　北一輝と中国革命

北一輝（本名は輝次郎《てるじろう》、一八八三〜一九三七）は国家社会主義者で、一九三六年の二・二六事件において、その理論的指導者の一人として逮捕され、処刑された人物として知られる。他方、彼は早くから中国問題に関心を寄せ、革命運動に積極的に関わっていった。そして、中華民国成立後は実地見聞を基に『支那革命外史』を著し、アジアから西洋列強を駆逐することによって西洋中心的世界秩序の転換を説くに至る。本節では、初期における北のアジア観と社会主義論を概観した上で、中国革命運動への関わり、そして中華民国再生とアジア革命についての考え方を見ていくことにする。

アジア主義の萌芽

北の著作活動は一八九八年に始まるが、政治について論じるようになるのは一九〇三年に入ってのことである。この年の六月、彼は「国民対皇室の歴史的観察（所謂国体論の打破）」と題する論説を発表した。彼はここで明治政府の国体イデオロギーを批判しているが、それは「三千年の

北一輝

歴史に対して黄人種を代表して世界に立てる国家の面目と前途とに対して、実に慚愧《ざんき》恐惧《きょうく》に堪へざればなり」という思いがあったためである。北がここで「黄人種を代表して」と記していることは、彼が当時から人種対立の観点から西洋列強との対決を意識していたことを示唆している。

当時において、列強の中で日本と最も緊張関係にあったのはロシアであった。一九〇三年、北は日露戦争に関する論説を三篇発表している。「日本国の将来と日露開戦」（七月）、「日本国の将来と日露開戦（再び）」（九月）、「咄、非開戦を云ふ者」（一〇～一一月）がそれである。北はここでロシアとの開戦を主張するのであるが、それは以下の二つの理由によるものであった。

第一は、日本領土の狭小さと人口の稠密のためである。北によれば、領土の広狭は列強に対抗するための大きな要素であり、現在のままでは彼らの植民地になってしまいかねないとされた。彼は戦争は罪悪であるとするが、現在が帝国主義の時代であり、帝国主義の第一要件が領土の拡大にある以上は、戦争はやむを得ないものとして許容される。そのため、満洲・朝鮮そしてシベリアの東南部は、日本が「大陸に於ける足台」として領有しなければならないのである。そして、日本人が列島内に居続けることは早晩の滅亡を意味するとして、経済的戦争の前段階として領土の拡張が必要だとされた。

第二は、ロシアとの戦争が日本の運命に関わるだけでなく、アジア諸民族の運命にも関わるためである。北は次のように説く。

今日に於て一たび露に下らむか、清韓四億の黄人種は永遠に奴隷の境遇より脱する能はざらむ。満洲問題にあらず、竜巌浦《りゆうがんぽ》問題にあらず、日本帝国の問題にあらず、実は黄白人種競争の決勝点なり。(「日本国の将来と日露開戦(再び)」)

ここでも人種論的立場は明瞭に示されている。北の国際認識では、日本は欧米列強の包囲攻撃の中央に立たされている。そのような状況にある日本は「清韓四億の黄人種」を白人種から守る責務を負っているというのである。しかし、日本はかつて、日清戦争という形で黄色人種の同胞に打撃を与えた不都合な過去を持っている。そのため彼は、「吾人は其の罪滅ぼしとして其の打撃を進で露に下さゞるべからざるに非らずや」といわなければならなかった。

だが、ロシアとの戦争は本当にアジアの解放につながるのか。北は自らを社会主義者にして帝国主義者とするが、それは「国家の当然の権利――正義の主張」である点で列強の帝国主義とは異なるとする。そして、狭い国土から溢れ出る国民が外国政府によって蹂躪されないようにするためにも、日本は国家の正義において彼らの権利と自由とを保護する必要があると述べる。さらに日露戦争勝利の暁には、「〔日本人が〕一葦帯水の満韓に移りて其の粟を求むる」ことはやむを得ないことだとし、それは「『土地公有』の真理より謂へば当然の権利なり」とされたのである。

以上の北の主張からすれば、黄白人種闘争の現れと見なされるロシアとの戦争は、実際は日本の領土拡大を求めるためのものであって、他国の土地を「公有」の名の下に日本領土にせよとするものであり、中国・朝鮮の立場を考慮に入れたものではなかったことが理解される。この時点での北の主張は、自国利益優先とアジアの「解放」という矛盾する内容を抱えたものであったといえよう。

一九〇六年五月、北は『国体論及び純正社会主義』を出版した。同書は将来における社会主義の実現と、それを妨害する「家長国」的国体論の批判を主な内容としている。「家長国」とは、個人または一部の勢力によって恣意的に支配される国をいう。したがって、同書はアジア主義を主張することを目的としたものではない。しかし、萩原稔の研究によれば、北の社会主義観の中にはそれに通じるものが示されているとされる（『北一輝の「革命」と「アジア」』）。以下、それを参考にしながら北の考えを追っていくことにする。

北の考えによれば、社会主義の実現は進化論によって保証されていた。すなわち、「社会主義とは人類と云ふ一種族の生物社会の進化を理想として主義を樹つる者」と見なされているのである。しかも、今日においては、国家をもって永久に生存競争の単位とする考えは誤りとされる。そして、北の考える社会主義は一国家を越えた広がりを持つものであり、日本以外でも社会主義革命が実現されることが期待され、それらが将来において連携していくことが想定されていた。それは最終的に世界連邦へとつながるものであった。彼は同書において、次のように述べている。

社会主義の世界聯邦国は国家人種の分化的発達の上に世界的同化作用を為さんとする者なり。

故に自国の独立を脅かす者を排除すると共に、他の国家の上に自家の同化作用を強力によりて行はんとする侵略を許容せず。

日露戦争以前の北は、日本の生存のためには近隣国家への侵略もやむなしと考えていたが、この時点においては、そのような考えは否定されていた。

北の考えによれば、将来において階級闘争が消滅すれば、「人類一国の黄金郷」の状態に至ることが想定される。しかし、一国が社会主義を実現させても即座に世界連邦を形成させることは不可能である。まずは、近接する地域の連合体の形成から始めるのが道理である。北は同書において、そのことを具体的に論じてはいないが、それは東アジア（日本・中国・朝鮮）の連合体以外には考えられないものである。

北が考える東アジアの地域秩序とは、社会主義革命の後、日本と中国・朝鮮との間で各国相互の自由を承認しつつ、列強の侵略からそれぞれの独立を守るために連帯を深めていくというものであった。このような連合が形成された後、一時的には西洋諸国との対立が生じる可能性もあるが、西洋諸国でも社会主義が実現すればアジアとの協調も可能となり、世界連邦の実現に至ると考えられた。

このように見れば、北の社会主義論の延長線上にはアジアとの連帯が構想されていたということになる。彼自身は明言していないが、それはアジア主義に通じるものであったといえる。しかも、それは人種的対立を前提としたものではなく、高次における統一を目指す協調型のものであった点に特徴がある。

中国革命運動への関与

『国体論及び純正社会主義』は出版後、内務省によって直ちに発売禁止処分を受け、北は要注意人物として警察の監視対象となった。しかし、北は宮崎滔天らと交わることによって、中国革命運動に身を投じることになる。彼の活動や革命に対する見方は、後に書かれる『支那革命外史』に記されている。以下、それを基にこの間の動向を見ていこう。

一九〇六年九月、中国同盟会を支援すべく滔天らによって革命評論社が結成されると、間もなく同社から北に『革命評論』一冊とともに「是非一度御来訪を乞ひたい」旨の手紙が届き、彼は一一月に同社に加入することになる。

北に加入を勧めたのは弟の北昤吉《れいきち》であった。彼は兄に代わって革命評論社を下見に訪れた後、次のように記している。「『革命評論』社の連中は、頭が聊か古く、二十年前の自由民権説を奉じてゐるやうだが、意気は旺んである。兄貴が這入つて新思想を吹き込んだなら、仕事は出来るかも知れない」(『思想と生活』)。革命評論社の方でも、北に対する期待度は高かったことはいうまでもない。

革命評論社は中国同盟会の別働隊であったため、北も滔天の推薦によって同盟会に加入した。加盟から一カ月後の一九〇六年一二月二日、同盟会の機関誌である『民報』の創刊一周年記念大会が神田錦旗館《きんきかん》で行われた。当日、北は「外柔」の名前で以下のような演説を行っている。

革命評論社の人々は同一の宗旨を持っており、ゆえに民報の主義にも絶対的に賛成であります。〔中略〕東洋各国の君主専制政体は、数千年を経ても未だかつて一変したものはありません。今諸君がこの志を持っていることを僕は希望してやみません。僕はただ世界革命を願っております。ゆえに、まず支那に望みをかけなければならないのであります。（「民報一一月二日本報紀元節慶祝大会事及演説辞」）

北は前年の『国体論及び純正社会主義』において、日本および各国の社会主義革命の達成によって世界連邦の実現を望んでいたが、日本での革命の可能性が保証されていない状況の下で、眼前に進展しつつある中国の革命運動は、世界革命に向けての第一歩だと考えられたのである。演説での「まず支那に望みをかけなければならない」という言葉は、北が中国革命への転進を宣言したものであったといえよう。

北が中国革命運動に加わった当時、同盟会は内訌の状態にあった。元来、同盟会自体が異質な革命団体の寄り合い所帯であったため、結成当初から摩擦や齟齬が絶えなかったが、一九〇七年三月に孫文が日本を退去する際に、その引き換えとして日本政府から五〇〇〇円の餞別を受け取っていたことが判明すると、内部対立はさらに高まることとなった。

同盟会の内訌で北は反孫文派に与した。『支那革命外史』の記述によれば、当初、北は孫文の信頼に努めていたことが窺われる。また彼は、孫文は中国人にありがちな陰謀を企てることもなく、全ての言動が公明正大であることを保証するとまで述べている。しかし、それはあくまでも人物についての評価であって、北は孫文の政治理論を全く評価しなかった。彼によれば、「孫君の理想は傾向の最初より錯誤し、支那の要求する所は孫君の与へんとする所と全く別種の者」と見なされたのである。

北は中国革命の進むべき道は、その本義である「国家民族主義」を徹底させることであると考えたが、それは中国の独立と統一を守るという「国家主義」と、排満興漢の「民族主義」を合わせたものであった。孫文はそのような思想を持ち合わせていないと見なされた。北によれば、孫の思想は世界主義的傾向にあり、その共和主義なるものは全くの「米国的翻訳」でしかなかったのである。

北一輝と宋教仁

他方、北の考えでは、宋教仁は国家民族主義を体現した人物だった。北は『支那革命外史』の中で宋を高く評価し、「組織的頭脳」と「蘇張的才幹」すなわち雄弁さを備えた「冷頭不惑の国家主義者にして生れ乍《なが》らに有する立法的素質」と最大級の賛辞を送っている。

しかるに、同盟会の内訌に関しては、北は宋教仁を直接的に支持するという形で干渉を行ったわけではなかった。なぜなら、宋は一九〇七年三月に同盟会庶務幹事を辞任した後、東京を離れて満洲に渡っており、現場には不在だったからである。それでは、北は誰を介して内訌に干渉しようとしたのか。それは、後にアナキストとなる張継と劉師培《りゅうしばい》であった。張継は孫文を総理から解任せよと主張する章炳麟《しょうへいりん》を支持し、庶務幹事の劉揆一《りゅうきいつ》と激しく対立したといわれる。また、劉師培は同盟会改組を提案しているが、これは北、和田三郎と組んでのものであった（馮自由『中華民国開国前革命史』一）。

北が内訌に深く絡んでいたことは間違いなく、友人からもその責任を問われていたという。しかし、北を同盟会に導き入れた滔天にとっては、孫文は無二の親友であって、孫文を解任せよという主張などは容れられるはずはなかった。北と滔天の間にも亀裂が生じたことであろう。すでに『革命評論』は内訌の本格化前に、第一〇号（一九〇七年三月二五日）をもって休刊しており、革命評論社自体の存立も危うくなっていた。

一九〇七年九月、孫文は滞在先のハノイから滔天に書簡を送り、北、平山周、和田三郎らの改組運動が故意に団体を破壊するものだと非難し、この三人を不信任として同盟会の全権を滔天に委ねるとした。しかし、孫文からの絶縁宣言は北にとっては望むところであった。北は「合せ物は終に離れざるべからず」として、分裂を歓迎したのである。彼の考えによれば、分裂は大同団結的気勢を削いだ点では遺憾であっても、各自の思想に基づく自由な運動となったことは好ましいものとされた。

宋教仁は一九〇七年夏に日本に戻ってきた。その後、孫文が運動の拠点を南方に移したため、宋教仁らは独自の革命戦略の新たな構築に乗り出すこととなった。それは長江一帯に革命拠点を立て、軍隊工作を蜂起に結びつけようとするものであった。北が宋らの革命路線策定に関わった形跡はないが、彼の方針を支持していたことは間違いない。

革命は一九一一年一〇月の武昌蜂起から始まったが、北はこれを中部同盟会の長江革命路線の延長線上にあるものと見ていた。すなわち、革命の勃発は「革命党領袖等の軍隊運動は広州の戒を機として明白に孫系と分離し」、長江流域の各省において軍隊への工作を行った結果だとされている。「広州の戒」とは、孫文の指示に基づく同年四月の黄花崗《こうかこう》蜂起の失敗を指している。辺境や広東での蜂起に固執して犠牲を重ねた孫文に対する、北の強い批判を見て取ることができる。

中華民国の成立の中で

宋教仁から黒龍会の内田良平のもとへ、「北君何時《いつ》立ツカ」との電報が届いたのは一九一一年一〇月一九日のことであった。一週間後、北は黒龍会『内外時事月函』通信員として上海に赴き、宋と行動を共にした。

北は革命の現場から、宋教仁の指導者としての能力を絶賛する書簡を送っている。彼は、「宋兄の大局を見るの明と事々実際的なる、到底生等の及ぶ所にあらず、十年の討究熟慮茲《ここ》に彼の遠謀を見るを得たる、快と云へば快、只々敬服の至りに候」と記している。他方、孫文については、「徒らに米国の遠きに在て無用な騒ぎを為」すばかりで、「時代の大濤より投げ出されつゝあるを知らず」と厳しい評価を下している（「北輝次郎発清藤幸七郎宛」一九一一年一一月一四日）。北の言葉からは、革命の現場にいない指導者に対する軽蔑の念すら窺える。

南北和議交渉において、革命派は清朝皇帝の退位と共和政の実施を条件として袁世凱と妥協した。そして、一九一二年三月一〇日には袁が北京で臨時大総統に就任した。こうした結果に対して、頭山満を始め日本のアジア主義者・大陸浪人は、露骨に不満を表していた。しかし、北は独自の立場から南北妥協を肯定的に評価した。彼は、「袁と妥協したるが故に革命の資格なき国民」として指導部を批判する意見を斥け、明治維新における勝海舟と西郷隆盛の妥協のように、それを列強諸国の干渉を未然に防ぐための大局的行動として評価すべきだと述べている。

袁世凱の臨時大総統就任後は、いかにして共和体制を実現していくかが中華民国の課題となった。北は、革命派が袁に権力を移譲したことをやむを得ない選択だったとしたが、そのことは彼が袁に好意的であったことを意味するものではない。むしろ、北にとって袁は稀に見る劣悪なる存在であった。北は、「彼は世評の如き奸雄《かんゆう》の器に非ずして堕弱なる俗吏なりき」、「彼は中分なき亡国階級の典型的人物なりき」と酷評している。一時的には妥協したものの、この亡国階級の代表を打倒しなければ真の共和制が実現し得ないことは明らかであった。

宋教仁が袁世凱打倒の手段として考えたのは議会革命であった。彼はもともと議院内閣制を主張しており、同盟会の穏健分子が中心となって一九一二年八月に結成された国民党の実質的リーダーとなる。そして、一三年二月に行われた衆議院議員選挙では、国民党が第一党の地位を得た。宋の議会主義的活動について、北が関わった形跡はほとんど見当たらない。このことに関して、宋らの政治活動が中国人同士の政党活動に移行しているため、「すでに日本人=革命支援者の立ち入る局面ではなくなっている」（松本健一『評伝　北一輝』）とする説は、的確なものといえるかもしれない。

一九一三年三月二〇日、宋教仁は上海駅頭で狙撃され、二二日に死亡した。暗殺の背後には袁世凱がいた。ところが、北は陳其美《ちんきび》主犯、孫文従犯説を吹聴して回った。これは、全くの推測に基づくものであったが、根本的には孫文嫌いという感情に起因するものであった。北の執拗な主張のため、彼は中国革命派の人々にも敬遠されるようになり、また彼の言動を嫌った日本領事館によって四月八日、三年間の国外退去処分を受けることとなった。

中華民国の革命的再生に向けて

北は帰国後、一九一五年一一月から『支那革命外史』の執筆を開始した。それは袁世凱が帝制復活を着々と進めていた時期に当たる。同書は翌年一二月までに書き上げられた前半部（第一章～第八章）と、一六年四月から五月にかけて書かれた後半部（第九章～第一〇章）に分けられるが、これまでの研究で指摘されているように、前半部と後半部とでは内容に大きな断絶がある。

北は中華民国の採用すべき政治体制を「東洋的共和政」という言葉で表現している。それは当初、「中華民国臨時約法」で規定された責任内閣制を指すものであった。彼は次のように述べている。

中華民国憲法〔臨時約法〕に現はれたる理想は全然彼〔孫文〕の米国的迷想を払拭し除却して一個厳然たる東洋的共和政体を樹立したるものなり。則ち大総統は米国の責任制と反し自ら政治を為さず内閣をして責を負はしめ単に栄誉の国柱として立つ事と、米国的聯邦に非ずして統一的中央集権制なるべしと云ふ二大原則の下に編纂されたる、寧ろ仏国の其れに近き支那自らの共和政体なり。

臨時大総統は、「全国を統治するの権」を持つとされていた「中華民国臨時政府組織大綱」とは異なり、ここでは「栄誉の国柱」として祭り上げられたものと見なされた。ここからは、北が孫文の「米国的翻訳」である連邦的共和政の排除を多分に歓迎していたことが理解される。

ところが、『支那革命外史』後半部に入ると北の主張は大きな変化を見せることになる。とりわけ、「東洋的共和政」の内容は著しい変貌を遂げる。彼は次のように述べる。「支那は固より君主政体たり得べし」、「支那は亦固より共和政体たり得べし」、「不肖は断言す。袁に依らざる君主政体と孫に導かれざる共和政体とは共に両《ふた》つながら支那に於て真理なりと」。ここから、袁世凱という亡国階級と「米国的翻訳」政治を行う孫文を排した上で、君主制と共和制が統一的に実現された政体が望ましいとされた。それが彼の新しい「東洋的共和政」であった。そのような新たなる政体を樹立することによって、中国国民は自由を獲得し、昔年の大総統である窩闊台汗《オゴタイハン》を選挙して、退潮しつつある白人種を蹂躙しなければならないとされたのである。

オゴタイ・ハンとはチンギス・ハンの第三子でモンゴル帝国の第二代ハンであるが、なぜ北はここでモンゴル族の王に指導者のモデルを求めたのだろうか。それは、彼が武断的かつ共和的統一者の伝統が中国にはなく、モンゴルにのみ存在したと考えたためだと推察される。オゴタイ・ハンはカリスマ的独裁者と想定されている。すなわち、「『東洋的共和政』とは［中略］諸汗《ハン》より選挙されし窩闊台汗が明白に終身大総統たりし如く、天の命を享けし元首に統治せらるゝ共和政体なり」とされているのである。

大総統は革命の元勲等によって補佐される。彼らは議会の上院を構成するが、その地位は選挙によるものではない。下院は中世的階級＝亡国階級一掃の後いずれ組織されるであろうが、さしあたりは大総統と上院だけで十分だとされている。これは完全な革命独裁というべきもので、前半部で書かれた「東洋的共和政」とは全く異質なものであることが分かる。このような政体を持った中華民国は、内に対して武断政策を取ると同時に、外に向かっての国是は軍国主義であるべきであった。

まず何よりも、中国は統一された集権国家とならなければならない。当時は、袁世凱による帝制は廃止されてはいたが、国内は再び混乱状態にあった。そのため北は、オゴタイ・ハンと上院の諸汗《ハン》とが武断政策をもって各省を打って一丸とし、唐代の郡県制度を近代化した形で大統一をすべきだと主張する。それは文人の空論によっては不可能で、武力によってなされるべきものであった。

次いで、軍国主義を国是とする政権はイギリス、ロシアと戦わざるを得ない。すなわち、中国の革命政府は、亡国階級と結んで自己の利権を保持しようとするイギリスの駆逐を優先課題の一つとしなければならないのである。そして他方においては、ロシアを撃破できるかどうかが、中国の分割か保全かを決定する最大の岐路になるものと考えられていた。ロシアの北アジア侵略は前門の虎であって、イギリスの南アジア経営は後門の狼であると見なされ、中国と両国との対決は不可避であると考えられたのである。

戦闘的なアジア主義へ

北によれば、日本は中国と連携してイギリス、ロシアに当たる必要がある。そのためには、日本は従来の外交方針を大転換させなければならない。日本はこれまで、「天啓的使命を忘れて英国の走狗《そうく》たりしのみならず、更に露西亜の従卒たらんと」していた。これはアジアに敵対する外交であった。今やこれを一変する「外交革命」が求められており、これによって、日本も広大な領土を獲得することができるとされる。すなわち、北は次のように述べるのである。

窩濶台汗の共和軍が英人を駆逐し蒙古討伐を名として対露一戦を断行するの時、日本は北の方浦港《ウラジオストク》より黒龍沿海の諸州に進出し、南の方香港を掠し、シンガポールを奪ひ、――あゝ仏領印度を領して印度救済の立脚地を築き、――更に長鞭一揮赤道を跨ぎて黄金の大陸濠洲を占め以て英国の東洋経略を覆へすべきは論なし。太平洋の英国は大西洋の其を相続せざる可らず。支那は先づ存立せんが為に、日本は小日本より大日本に転ぜんが為に、古今両国一致の安危を感ずる斯くの如きの者あらんや。

北の考えでは、イギリス、ロシア打倒の彼方にはアジアの解放が見据えられていた。だが、そこにはすでにかつて『国体論及び純正社会主義』の中で示されたような世界連邦の構想につながるものは存在しない。この段階では、アジアと列強との共存はあり得なかったのである。それでは、このように極端な北の思想的変化の原因は何であったのか。それは、執筆中断時期における法華経との出会いであった。彼の入信の動機はよくわかっていないが、法華経との出会いは偶然の要素が強かったのではないかといわれている。

東洋的共和政をめぐる議論の中で、北は中国の衰亡の原因は儒教にあると述べていた。儒教は中国を文弱に導いただけであった。そのため彼は、中国革命を指導する原理は仏教以外にないと考えていた。すなわち、中国革命のためには「利剣を持てる如来の降下」が必要であるとし、指導者たるオゴタイ・ハンは「救済の仏心と折伏の利剣」を持つ存在であるとされていた。そして、法華経こそが仏教の中心であったのである。

北によれば、「妙法蓮華経に非らずんば支那は永遠の暗黒なり。印度終に独立せず。日本亦滅亡せん。国家の正邪を賞罰する者は妙法蓮華経八巻なり」とされる。彼はそれが世界的普遍性を持った思想とは考えていなかったと思われる。それは日本・中国・インドに限られるものであり、これら三国が列強諸国を「賞罰」する存在としての連合体を形成するものとなっていた。彼の思想は戦闘的な宗教を基礎にした対決型アジア主義と変貌していたのである。

それと同時に、北が「日出づるの国の太陽旗は今や将に全世界の暗を照らさんとす」という時、彼のアジア主義は日本盟主論の様相を見せることとなった。しかし、他方において北は「窩濶台汗の共和国は一年にして其の基を築き十年に至らずして日本に代りて日本を保全し得べし」と述べ、中国が将来に強国となることを予想していた。この点において、彼は単純な日本盟主論者とは異なっていたということができるであろう。

第四章
中国人によるアジア主義の主張

第一章で述べたように、「アジア」という名称は、一七世紀に北京で発行された『坤輿万国全図』の中で「亜細亜」と漢字表記されていたことに由来するものであった。その意味では、中国でも「亜細亜」が他称であったことは日本と同様であった。しかし近代中国の思想に現れる「アジア」性に着目する時、日本の場合とは異なり、前近代思想の中にアジア主義ないし興亜論の起源を求めることは難しい。

もちろん、中華世界が解体を余儀なくされる過程において、中国の知識人の中には自らが欧米列強に抑圧を受けるアジアの一員として、独立した強国である日本に連帯を求めた事例もある。第二章で紹介した興亜会に加入した王韜、何如璋らがそれに当たる。また、一八九八年四月下旬には、駐上海総領事・小田切万寿之助の呼びかけによって、上海亜細亜協会が創立された。同会の「創辦大旨」には、「本会は同洲の連結、民智の開通、学術の研究を以て主と為す」とある。しかし、呼びかけに応じたのは鄭観応《ていかんおう》、張謇《ちょうけん》、鄭孝胥《ていこうしょ》ら当時の中国の代表的な伝統的知識人に限られていた。

確かに、中国から日中提携論や東亜の大同盟という議論が出てきたことの意義は大きい。しかし、この組織がほとんど何の実績をあげないまま戊戌政変を迎えて姿を消したことに加え、その運営もサロン活動に終止したとの見方もあり、本書でいう「アジア主義」に通じるものではなかったと考えられる。そうした傾向を乗り越えるものとして登場したのは、むしろ中国の革命派知識人たちであった。その事例として、まず孫文の初期の思想と行動を見ていくことにしよう。

1　初期の孫文とアジア

中国の革命派において、孫文はアジア主義を論じた人物として想起される人物の一人であろう。それは、一九二四年一一月の神戸での「大アジア主義」講演のイメージに由来しているといってよい。しかし、孫文は本来的にアジア主義者であったのであろうか。ここでは、一九二〇年に至るまでの彼の言説を追っていくことにする。

清末の孫文とアジア

孫文のアジア主義言説の最初の事例は、一八九七年九月、横浜で宮崎滔天と初めて会った際の発言に求められることが多い。この時、孫文は次のように語っている。

余は固く信ず、支那蒼生の為め、亜洲黄種の為め、又世界人道の為めに、必ず天の吾党を祐助するあらんことを。君等の来りて吾党に交《まじわり》を締《てい》せんとするは、則是なり。〔中略〕支那四億万の蒼生を救ひ、亜東黄種の屈辱を雪ぎ、宇内の人道を恢復し擁護するの道、唯我国の革命を成就するにあり。（宮崎滔天『三十三年之夢』）

ここには、人種論と日中提携論の二つの要素を明瞭に見て取ることができる。当時は、日本でアジア主義の言説がまとまった形で登場する時期に該当するのであるが、おそらく孫文の語った内容はそれらからの影響は受けていない。むしろ、そこには根本的な質の違いが存在しているように見える。それは、「宇内の人道を恢復」するという言葉から分かるように、孫文の主張の中に「世界主義」的な傾向があったことである。孫文は、列強の侵略に抗するために「人種」を持ち出しながらも、それはさらに高い次元への階梯として位置づけられていたと見ることができる。但し、それは飽くまでも理念上のことであって、革命の戦略や戦術に直接反映されるか否かは別問題である。

翌一八九八年六月、孫文は来日中のフィリピン独立運動の志士マリアーノ・ポンセと会談した後、宮崎滔天らと協力して日本から武器・弾薬の援助を得て、これをフィリピンに送ろうと計画した。結局、この計画は失敗に終わったが、この時の孫文の意図は、フィリピン独立運動を援助してその成功が得られれば、次は独立国家としてのフィリピンからの援助によって中国革命を一気呵成に成功させることにあり、その行動は上述した彼のアジア主義の反映であったといわれている。

以上の計画が事実であるとすれば、孫文のアジア連帯の姿勢の基盤には、自国の革命達成が優先課題として据えられていたことが推察されるであろう。同じように、孫文は中国革命に対する支援を獲得することを前提に日本のアジア主義者に接近していった。大陸浪人といわれる人々との接触がそれである。

しかし、孫文は清末以来、日中提携を述べることはあっても、それを「アジア」という地域との関連で論じる傾向はほとんどなかった。清末の彼は、日本の「支那保全論者」の説に対して、「国勢について論ずれば保全すべき道理はない」(「中国の保全・分割を合せ論ず」)と述べて、その趣旨に批判を加えている。しかし、他方において孫文は、日本の大陸政策を容認する形で日中提携を推進しようとする姿勢も示していた。例えば、孫文は一九一〇年六月の日本訪問の目的が、日本の満洲政策に反発する中国の青年たちの主張を容認する意志のない旨を日本の在野の人士に説明し、両国野党が交わりを結び、共に東亜の進歩を図ろうとする考えに基づいたものであったと記している(「宗方小太郎あて」)。

アジア主義への言及

中華民国成立以後、孫文は公然とアジア主義に言及するようになる。一九一三年二月から三月にかけて、孫文は日本を公式訪問した。この度の訪日は、彼が英米への援助要請に失敗したことを受けて、日本の財閥が中国での影響力拡大を図って計画したものであった。孫文はこの時、二つの目的を持って日本に向かった。すなわち、第一には国家建設のために日本からの援助を獲得することであり、第二には連日・反ロシアないしはアジア同盟によって欧米列強に対抗することであった。以下、この間の孫文の発言を見ていくことにしよう。

孫文は一九一三年二月一五日に開催された東亜同文会の歓迎会に出席している。革命前には強く反発していた「支那保全論」を宗旨とする団体の招きに応じたことは、政治的潔癖さにこだわらない孫文の性格を示すものといえるだろう。ここで孫文は、「日本は真に第二の故郷」であるとして、日中両国の友好協力の必要性を訴えた。そして彼は、日本を頼りとすることで中国革命の達成が可能であったといい、今後の国家建設においても同様であると述べている。しかも、こうした日中の協力関係が、「アジア」という高次の概念の中で語られていることは印象的である。孫文は次のように述べる。

> 畢竟するに亜細亜は亜細亜人の亜細亜である、日支両国の人は相交る上に猜疑があつてはならぬ、のみならず妄りに他邦人の説を軽信して他を誣《し》ゆるが如きは断じて避けなければならぬのであります、亜細亜の平和は亜細亜人が保たなければならぬ義務があります、殊に日支両国は相提携して行かなければなりません。（「東亜に於ける日支両国の関係を論ず」）

そもそも、「アジアはアジア人のアジアである」とは、当時のアジア・モンロー主義者の常套文句といってもよく、東亜同文会の会長であった近衛篤麿にも同様の発言があったことは前にも触れた。孫文の発言はそうしたことを踏まえたものであったといえるであろう。この後、小寺謙吉が孫文の発言を「純然たる大亜細亜主義論」と評価した理由はここにあったといえよう（『大亜細亜主義論』）。

日本訪問中の孫文は、各地での講演会や歓迎会での発言で、西洋の帝国主義に対抗しアジアの平和を維持するためには日中両国の提携が必要だと繰り返し論じた。中国人留学生への講演では、「アジア大局の維持の責任は我々黄人にある。日本と中国は唇歯輔車の国であると同時に、同文同種であり、東亜の大局を維持するためには、必ずや助け合って進んで行くことができる」とし、かつての日本の侵略政策は本心から出たものではなく、やむなく行ったものであると述べていた（「在東京中国留学生歓迎会的演説」）。

そして、いつの頃からか、孫文は日中提携による西洋列強への対抗という政策を、「アジア主義」という言葉で表すようになる。その最初の事例は不明であるが、三月一一日に行われた大阪の青年会館での講演では、「亜細亜人をして亜細亜を治めしめよ、吾が大亜細亜主義の達せらるゝ一々青年会の力に負う処多かるべし」と述べていた（「在阪の孫逸仙《そんいっせん》氏」）。それはおそらく、日本におけるアジア主義やアジア・モンロー主義といった言説の流布を踏まえたものであったと考えられる。

孫文の日本に対する過剰ともいえる期待は、西洋列強への不信感と表裏をなしていたと考えられる。そして、日本の政界の中には孫文の主張に対して共鳴する意見を表明する人物もいた。当時、政権の座を降りたばかりの桂太郎はその代表例である。

孫文と桂太郎は二月二〇日と三月二日に会談しており、その時の様子は後に書かれる戴季陶の

『日本論』（一九二八年）に記されている。それによれば、桂はこの時、日露戦争の結果、日英同盟の役割は完全に終わり、今や太平洋における日英両国は完全に敵対関係にあるという前提のもとに次のように述べた。

> 日英同盟にかえるに日独同盟をもってし、対露作戦にかえるに対英作戦をもってして、是が非でもイギリスの覇権を打ち倒さねばならない。かくてこそ東方は安泰となり、日本も生命を保つことができる。日本の生命のみではない。ダーダネルス海峡［中略］から太平洋までの全東方民族の運命が、この計画の成否にかかっている。

そして桂は、今後、日中両国が提携すれば東半球の平和が保持できるとして、中国、日本、トルコ、ドイツ、オーストリアの五カ国の提携を提案した。一方、孫文は次のように述べたという。

> 日本がロシアを討った後に、そのまま南下して中国の国民革命を援助し、不平等条約の束縛を取り除き、共同してイギリスの覇権をアジアの外に阻んでいれば、アジア民族はここから自由・平等を獲得できたであろう。ただ、中日両国が相互に信頼し、共に努力して初めてこの遠大な目的に到達することができるのである。（王耿雄『孫中山史事詳録』）

以上のような二人の発言からは、イギリスへの対抗、アジア民族の解放、日中両国の提携という三点が共通の了解事項となっていたことが理解される。もちろん、これに対しては孫文の日本への認識の甘さを指摘することもできる。確かに、反ロシア、反イギリスだけで日中提携が可能だとする孫文の認識には大きな問題がある。だが、そうした点を全て割り引いたとしても、この時の孫文は桂の主張の中に、自らの考えるアジア主義との共通点を強く認識したことは疑いない。彼らの思惑はそれぞれ別にあったとしても、これをもって日本と中国のアジア主義が交差した最初の事例と見なすことはできるであろう。

「中国の存亡問題」とアジア主義

しかし、孫文にとっては「アジア主義」は恒常的に言及される概念ではなかった。孫文の言説として次に現れるのは、一九一七年に発表された「中国の存亡問題」においてのことである。この著作は、第一次世界大戦への中国の参戦問題を論じたものとして知られる。孫文はここで、連合国への加入の是非を検討するが、一般論としてドイツだけを悪と断定することには極めて批判的である。彼は次のようにいう。「ドイツ人がその占領地でやらなかったことを、イギリス人やフランス人は、その植民地および植民地人民にたいしてやっている。これは人道にもとらないというのか」。さらに現実問題としては、ドイツとの断交による参戦は懸案である関税改正の実現を遅らせるなど不利益をもたらす。こうしたことから、孫文は中国の参戦には反対の立場を表明したのである。

「中国の存亡問題」に顕著な特徴は、全編を貫くイギリスに対する強い警戒心と、ロシアとフランスに対する反感である。そして、それとは逆に日本とアメリカに対する強い親近感が表明されていた。

孫文は次のようにいう。中国が今日、友好国を求めようとするならば、アメリカと日本しかない。そのため、日本と中国は、実に安危・存亡の関わる間柄である。日本がなければ中国はなく、中国がなければ日本もない。両国のための百年の安泰を考える時、両国の間に少しのわだかまりを設けてはならない。その次に重要な国はアメリカである。アメリカの地は中国から遠く離れており、その地勢からいって、中国を侵略することは考えられず、むしろ中国を友人とするだろう。そして孫文は、中国、アメリカ、日本の関係を取り上げ、中国と日本とは人種的に兄弟の関係にあり、アメリカとは政治的に師弟の関係にあるとして、次のように述べている。

そもそも中国と日本がアジア主義によって太平洋以西の豊富な資源を開発し、また、アメリカがそのモンロー主義によって太平洋以東の勢力を統合し、各自それぞれの発達を遂げたなら、百年にわたり衝突の憂いはなくなるのである。

孫文は続けて、中国、日本、アメリカの三国の協力によって、世界の恒久的平和を図ることができると述べている。このような、日本とアメリカに対する過剰ともいえるような評価は、イギリスに対する強い警戒心と表裏をなすものであった。この時期の日本では、日英同盟の効果が薄れてきたとの認識から、イギリスに対する不信感が現れ始め、それがアジア・モンロー主義に強く反映されるところとなっていた。もし、孫文が一九一三年の訪日の時点でそうした傾向を認識していたとすれば、彼がこの段階でアジア主義を持ち出したことは、まさに日本の時代思潮を利用したものと見ることができるであろう。

それでは、「中国の存亡問題」におけるアジア主義への言及は、孫文の思想的本質に関わるものであったのであろうか。一部にはこの部分を取り上げて、アジア地域の国際秩序を変えようとするものであったとし、孫文のアジア主義の転換点となったとする見方もある。しかし、そのような理解の仕方には疑問が残る。というのは、先の引用部分の前後の文章を見ても、そこではアジア主義という言葉が用いられているだけであって、その具体的内容については一切触れられていないからである。すなわち、それは全体の文脈の中で日中提携の異名として用いられているに過ぎないのである。

むしろ孫文のいうアジア主義とは、最終的に中国革命の達成と国家建設に向けて、日本の支援を得るための便宜的なものであり、その過程で妨害勢力であるヨーロッパ諸国に対抗するという意味合いのものであったと見るべきであろう。彼にとって、アジア主義とは「思想」などではなく、「政策」であり「姿勢」であったと考えられる。一九一七年九月、孫文が日本人のインタビューに答えて、第一次世界大戦における日本の対独参戦を批判しつつも、日中提携と「アジア人のためのアジア」という原則を主張していることは（「孫文と河上清との対談」）、そうした傾向の反映であったということができるであろう。

日中提携論の持続

その一方で、孫文の日本批判が一九一九年から目立つようになることは確かである。この年の四月、孫文は別の日本人記者のインタビューにおいて、「日本人はアジア人ではない」とした上で次のように述べている。

あなたたち日本人はヨーロッパ人に利用されて、我がアジア人を侵略している。どうして〔日本人を〕アジア人ということができるだろうか。あなたたち日本人が、アジア人として世に出たいのなら、満洲の利権と山東問題〔権益〕を早く中国に返し、朝鮮の独立を許すべきなのだ。
（「与日本記者大江的談話」）

ここからすれば、孫文はあたかも厳しい日本批判に転じたかのような印象を受ける。しかし、彼は決して日本の対外発展を全面的に批判しているわけではない。むしろ、日本の自然な膨張はやむを得ないことと認め、それを中国に向けるのではなく反日感情の少ない南洋の地に向けるべきだと述べている。孫文がジャワ、スマトラをアジアから除外していたとは思えないが、こうした姿勢をも彼のアジア主義の一部として考えるのなら、それはかなり屈折したものであったといわなければならない。

同じインタビューで孫文は次のようにも述べている。第一次世界大戦によって世界の形勢は一変し、アングロサクソン民族の横暴さは日増しに盛んになっており、この時に当たって、我々アジア人は内輪もめをしている時ではない。アングロサクソン民族と非アングロサクソン民族の結合と衝突は、早晩避けがたい運命となっている。これに対して、中国と日本は相結合して中心勢力となって対抗しなければならない。そのため、日本は海軍力を蓄えること、中国は陸軍の力を強固にすることが必要だとされている。ここでは、日中提携が人種対立論の構図の中で捉えられているが、それは日本の論壇における攻撃性を伴った主張とは違って、防御的性格を特徴としていたということができる。

孫文は一貫して、日本との提携なくしてはアジアの団結はないと考えていた。そのことは、彼が一九二〇年一〇月に宮崎滔天に宛てた書簡からも窺える。すなわち、彼はここで日本の対中国政策を批判しつつも、日本の民間の同志たちが軍閥政権の方針を是正させ、同じアジアを侵略するのではなく、「同舟共済」の策をなせば、東亜は幸福を享受し、日本もまた最終的に利益を得ることができることを論じていたのである（「復宮崎寅蔵函」）。

以上において、一九二〇年に至るまでの孫文のアジア主義の内容について概観してきた。すでに述べたように、孫文にとってのアジア主義は中国革命の達成、そして国家建設のための戦略として捉えられていた。そのため、一時的に朝鮮問題に言及するものの、彼の主張の中では日本以外のアジア諸民族に対する関心は概ね希薄であった。彼が日本の中国大陸への膨脹政策を批判する一方で、南洋への発展は歓迎する旨の発言を残していることは、そうしたことの現れであるといえよう。そうであるとすれば、この時点までの孫文にとってのアジア主義とは、ほとんど日中提携論の別名でしかなく、他のアジア諸民族の解放ということは視野に入っていなかったといわなければならない。

孫文にとってのアジア主義という言説の用例は、おそらく日本からの影響によるものだと考えられるが、それは日本の論壇の主張とは異なり、極めて現実的政策に根差したものでありながら、必ずしも日本のアジア主義に対抗する意図を持ったものではなかった。そして、黄白人種闘争を唱えながらも、白人種の支配に取って代わろうとする考えもほとんど見られなかった。我々は、この時期における孫文のアジア主義の実質が、そうしたものであったことを確認しておく必要があるのである。

2　亜洲和親会について

これまで見てきたように、日本に起源を持つアジア主義は、二〇世紀初頭に至るまで日中提携を強調しつつも、そのほとんどが日本の指導性を前提とするものであった。中国の体制内知識人にもそれに呼応する動きも見られたが、影響力を持つものではなかった。また、前節で見たように、初期の孫文は多分に日本の言説に影響を受けながらも、中国革命の達成のための日中提携を「アジア主義」という言葉で表すようになっていた。

ところが、一九〇七年に至って在日アジア人の間から、従来の日本のアジア主義の潮流とも、また孫文の日中提携型のそれとも全く別の形で、アジアの解放を求める思想運動が発生した。それは亜洲和親会として成立した。

在日アジア人の期待と失望

二〇世紀に入り、アジア各地から多数の亡命者・留学生が日本を訪れていた。その背景には、日露戦争における勝利が彼らに日本への過度の期待を抱かせたことがあった。例えば、ベトナムで維新会を組織して抵抗運動を展開していたファン・ボイ・チャウ（潘佩珠）は、一九〇五年に日本に渡り東遊《ドンズー》運動（日本遊学運動）に力を注いでいた。また、同年六月には孫文らによる中国同盟会が結成された。彼らの活動は、いずれも日本政府および日本のアジア主義団体に支援を期待してのものであった。

しかし、日本政府のアジア人活動家に対する姿勢は過酷なものであった。一九〇五年一一月、日本政府は清朝政府の要請を受け入れて「清国留学生取締規則」を公布し、政府は革命派学生の取り締まりを強化した。一九〇七年になると、日本の方針はいっそう厳しくなり、政府はフランス政府の要請を受けて在日ベトナム人の抗仏運動の弾圧に乗り出した。六月のハーグ密使事件に際しては、これを口実に韓国皇帝を退位させるとともに、第三次日韓協約を強要して同国への影響力をさらに強めた。このように、日本はアジアの敵となる状況が作られつつあったのである。

インド人もまた祖国の独立のための支援を求めて日本にやって来た。来日中のブラーハン（ムハンマド・バルカトゥッラーと推定される）やスレンドラモン・ボースは、一九〇七年四月、虎ノ門の東京女学館で「シヴァジー王記念会」を開催した。これは、一七世紀末にムガール帝国の占領に抵抗してマラーター王国を建てた王を記念するための集会であり、民族主義高揚を目的としていた。当日は大隈重信も出席し演説しているが、彼はイギリスの高貴な人々の列席を確認するや、「イギリス皇帝のインドを統治されるやたぐいなき至仁博愛、インド人には社会の改良をすすめる、他人を怨むな、暴動をたくらむな、というのみであった」（章炳麟「インド　シヴァジー王記念会の事を記す」）。

大隈重信の発言に対しては章炳麟は、「大隈伯が東方の英傑でありながら、こういう調子のいいご機嫌取りの言を吐いたことを怪しむ」（同前）と怒りを込めて述べている。章は、大隈が玄洋社の来島恒喜の襲撃によって右足を失ったことから、彼を「足なし」と呼んでいるが、章の友人で、インド人のタイという人物の語る次の言葉はさらに辛辣である。「みにくい言葉で人を謗るのは人の常で、何も足なし一人だけがそうなのではない。思うにこの国の風俗がそうなのだ」（章炳麟「インド人の日本観」）。彼らの言葉からは、日本政府に期待をかけることが、もはや幻想に過ぎないのだという思いが伝わってくる。このような状況の中で、在日アジア人の目が日本の在野勢力に向けられていくのは当然の成り行きであった。

一方、日本の社会主義運動の潮流にも大きな変化が起こりつつあった。それは、幸徳秋水の思想転換によるアナキズム的傾向の増大であった。一九〇六年七月以前の幸徳は、マルクス主義を基礎とした比較的穏健な社会民主主義者として活動していた。ところが、彼は一九〇五年二月に

大杉栄と劉師培夫妻

起きた筆禍《ひっか》事件で投獄され、出獄後にアメリカに渡り、翌年六月に帰国した後、アナキストたることを宣言した。この後、日本の社会主義者の中には、将来の主流は直接行動とアナキズムだと考える傾向が生じてきた。

当時、日本にいた中国人革命家たちは、こうした傾向から大きな影響を受けた。例えば、一九〇七年三月には張継と章炳麟が北一輝の紹介で幸徳と接触を始めていた。彼らは幸徳を通してアナキズムの理解を深めていった。そして、この後、在日中国人アナキズム運動の中心となる劉師培も彼らを介して、幸徳ら日本の思想家や活動家と接触していった。

劉師培らアナキストは、幸徳らが開いていた「金曜講演会」に倣って「社会主義講習会」を組織した。社会主義講習会は、一九〇七年八月三一日に東京で成立大会を開いた。場所は牛込区赤城元町の清風亭で、参加者は九〇余名であった。まず、劉が開会の趣旨を述べ、同会が単に社会主義の実行にとどまらず、無政府を目的とするものであることを表明し、アナキズムの思想的正当性を論じた。この第一回講習会では日本人講師として幸徳が招かれ、彼はアナキズムの起源と社会主義との違いについての演説を行っている。それは、かなりの情熱的な演説であったらしく、参加した中国人に大きな感銘を与えたものと推測される。

亜洲和親会の成立

社会主義講習会はこの後、斉民社と名称を変更しながらも一九〇八年六月まで開催されたことが確認されている。そして、同会の開催と同じ時期に、ほぼ同じメンバーによって亜洲和親会が組織された。このことは、後に述べるように、和親会の規約にアナキズム的な要素が入り込む原因の一つとなったのである。

亜洲和親会の成立事情については、ファン・ボイ・チャウや陶冶《とうや》公《こう》、竹内善作らの回想録に記されているところであるが、それらから総合的に判断すると、同会は章炳麟、張継、劉師培ら中国革命派の人々がインドの民族主義者と協議して発起され、一九〇七年四月に成立し、同年夏に第一回の会合が開かれ、秋に規約が発表されたものと見られる。竹内の回想では会の「上置き」には章炳麟が置かれたと記されている。後に見るように、同会には会長や幹事などの職がなかったため、彼が実質的な統括責任者と見なされていたということだろう。なお陶冶公の記すところでは、中国人の入会者は、章炳麟、張継、劉師培、何《か》震《しん》、蘇《そ》曼珠《まんじゅ》、陳《ちん》独秀《どくしゅう》、呂《ろ》剣秋《けんしゅう》、羅《ら》黒芷《こくし》ら数十名であったといわれる（「亜洲和親会規約跋」）。

亜洲和親会規約は章炳麟が執筆した。章が考える革命は、民族固有の文化すなわち国粋が絶対不可欠であったが、アジアで高度な文化を誇る国はインドであって、インド文化は世界で最も温厚篤実であるため、手本とすべきだと主張していた。加えて、彼は蘇報事件（一九〇三年）で入獄した際に唯識の学問に接しており、この時から道徳の確立のためには唯識の仏教学が不可欠だと考えていた。このようなことから、彼はインドとの連携に熱心であり、同会設立の中心人物として規約の執筆者となるには十分な理由があったのである。

「亜洲和親会規約」の前文においては、まずアジア諸民族の宗教性について言及した上で、それぞれの民族は自ら誇りを持ち、かつては侵略されることはなかったとする。そして、「南方の諸島はみなインド文明の影響を受け、東海の人民はおおむね中国の教学を尊崇し、侵略の事は少なく、ただ仁義を守る者だけが尊重された」という。しかし、この百年来、西力東漸によってアジアの勢いは日々衰退し、政治的・軍事的に弱体化するのみならず、アジア人自らが卑下するようになり、学問も衰えて功利に熱中するばかりの状態となっている。

そこで章炳麟は、「われらはこの事実にかんがみ、亜洲和親会を創建して、帝国主義に反対し、自らわが民族を守る」とし、アジアの諸宗教を振興して慈悲惻隠の心によって「西方の奴隷の偽道徳」を排斥しなければならないとする。そのためには、まずアジアを代表するインドと中国の二国が会を組織し、独立を勝ち取ることができたならば、アジアを守る防壁となることができるため、独立主義を抱く全てのアジア民族は盟約を結ぶために来たれと呼び掛けるのである。規約は以下のようなものである。

名称
一、本会は亜洲和親会と名づける。
宗旨

一、本会の宗旨は、帝国主義に反抗して、アジア洲のすでに主権を失った民族におのおの独立を得させることにある。

会員

一、およそアジア洲の人たる者は、侵略主義を主張する者を除き、民族主義・共和主義・社会主義・無政府主義を問わず、みな入会することができる。

義務

一、アジア洲諸国には、外人に蚕食されて餌食となったものがあり、異民族に支配され奴隷となったものがあり、その衰弱悲惨は甚だしい。故に本会の義務として、相互扶助によってそれぞれ独立自由を得させることを目的としなければならない。

二、アジア洲諸国において、もし一国に革命がおこれば、他国の会員は、直接・間接を問わず、すべて能力の及ぶかぎり相互援助しなければならない。

三、およそ会員たる者、すべて旧怨を捨て、たびたび通信し、相互に友好親睦を固め、感情を一層厚くし、一層深く知りあい、各自心を尽くして共に会務に協力することをめざすべきであり、また各自は、これを自己の義務とみなさなければならない。本会を助ける者、同情をあらわす者を勧誘して入会させ、能力の及ぶかぎり、分会を世界各国に建設する。

組織

一、およそ会員たる者は、毎月に一度集まらなければならない。

二、（略）

三、会の中に会長・幹事の職は無く、各会員にみな平等の権利がある。故に各自は親睦平等の精神により、均等の能力を尽くして本会の宗旨に応ずべきである。どこの国から来た会員であるかを問わず、すべて平等親睦を第一とする。

（以下、略）

以上の規約から分かるように、亜洲和親会の最大の特徴は反帝国主義を掲げたことにある。中国同盟会が綱領として「駆除韃虜《だつりょ》、恢復中華、建立民国、平均地権」を挙げたにとどまっていたことからすれば、亜洲和親会の画期性は際立っていたといえる。そして、アジア解放の一点を結集の要件としたことからは、同会が思想的多様性を前提としていたことが理解される。しかし、規約にはアナキズムの影響も散見される。すなわち、「義務」の第一条に「相互扶助によってそれぞれ独立自由を得させること」が掲げられていること、そして「組織」の条で「会長・幹事」を置かないことがそれである。前者は明らかにクロポトキンの思想的影響を想起させるものであり、後者があらゆる権力を否定しようとすることの現れであることは明らかだといえよう。

竹内善作は回想において、「ゆくゆくはアジア連邦を結成しよう」というのが亜洲和親会の主張であったと明確に述べている（「明治末期における中日革命運動の交流」）。しかし、亜洲和親会で論じられたというアジア連邦が、果たしてどのようなものであったのかは、現存する資料からは判然としない。ただ、その構想の起源の一端は大杉栄にあったのではないかと推察される。大杉は先に述べた社会主義講習会において、第五回（一九〇七年一一月一〇日）、第六回（同年一一月二四日）、第八回（同年一二月二二日）の三回にわたって、バクーニンの連邦主義について講演を行っている。第八回の講演会では次のように述べている。

我々の理想としては東洋聯邦を造り、完全なる平和同盟の実を挙げんことを望む。之れが為めには、現在の国家を破壊するの手段に出でざる可からず。［中略］人の自由は正義に依りて求めざる可らず。正義に依らずして、国権に依り得たる人民の自由、即ち国法上の自由は偽として之を見る可きも、真の正義としては認む可からず。東洋聯邦は斯《か》かることを全く排斥して、真正なる同盟に依りて一団体を組織せざる可からず。我々の同盟は、権利とか名誉とか称する仮面的正義を排して、全く自然的自由平和の同盟に依りて、団体を造らんと欲するものなり。

（「清国留学生社会主義研究会（第五回）」）

社会主義講習会における大杉の講演は、バクーニンの著作である「連合主義、社会主義及び反神学主義」のうちの「連合主義」を下敷きにしたものと見られる。大杉はそれを基に「東洋聯邦」を作り、「欧州聯邦」「米国聯邦」と密接な関係を持たせることによって、将来の無政府社会を建設しようと考えていた（「清国留学生社会主義研究会（第三回）」）。このような考えを持っていた大杉が、亜洲和親会の会合に出席していたという事実、そして彼自身が後年に記した「事実と解釈」に従えば、彼が同会の席上でアジア連邦の問題を論じたという確証はないにしても、先に述べたアジア連邦構想の起源を大杉に求めることの一つの根拠になるものと考えられる。そうだとすれば、亜洲和親会には日本の思想的動向が影響を与えていたことになるであろう。

亜洲和親会の開催と参加者問題

亜洲和親会の規約によれば、会合は毎月一回開催されるはずであった。しかし、そのうち現在のところ確認できるものは一九〇七年の夏に開かれた二回についてだけに過ぎない。竹内の回想によれば、同会の第一回の会合は青山のインディアン・ハウス（インド人留学生の合宿施設）で開かれた。この会場を斡旋したのは竹内本人であり、彼は日中革命派の交流に際しての日本側のキー・パーソンであったといわれる（原英樹「竹内善作論」）。日本人では竹内をはじめ堺利彦、山川均、森田有秋《ゆうしゅう》が参加した。幸徳は参加しなかったというが、彼としては民族主義と距離を置きたかったのかもしれない。

竹内は第一回会合について、「中国の同志」の具体的な名前は記していないが、それは先に触れた陶冶公が記した人々であったと考えられる。また、当時、東京外国語学校の講師をしていた「ミスター・デー」を始めとするインド人も参加していたとする。この「デー」という人物は、前出の章炳麟の友人である「タイ」に該当すると見られる。

亜洲和親会の第二回会合は九段下のユニテリアン教会で開かれ、日本人では竹内、堺、森近運平《うんぺい》、大杉が出席した。また、ベトナム革命派の人物として「越南王の叔父さんにあたる人」が参加していたとされるが、この人物は阮朝《けんちょう》皇族のクォン・デ（彊柢）のことだとされる（白石昌也「明治末期の在日ベトナム人とアジア諸民族連帯の試み」）。彼は抗仏組織ベトナム維新会の党首であり、ファン・ボイ・チャウの後を追って一九〇六年から日本に滞在していた。この他、数名のフィリピン人が参加していたということである。なお、第二回会合において、大杉は非軍備主義についての演説を行ったといわれるが、その記録は現在残されていない。

亜洲和親会に関しては、資料が限られていることもあって、以上のこと以外にはほとんど分かっていない。ただ問題となるのは、竹内の回想において朝鮮人が参加を拒否しているかのように述べられていることである。彼らは、「日本人が出席するならばわれわれは出席しない、という建前をとって」いたとされている。しかし、同会に直接関わったファン・ボイ・チャウは朝鮮を参加国の一つに挙げており、大杉も同様のことを記している。さらに、その後の研究においては、朝鮮の独立運動家であった趙素昂《チョソアン》が亜洲和親会に参加した可能性が高いことが指摘されている（李京錫「平民社における階級と民族」）。

こうしたことからすれば、亜洲和親会への朝鮮人不参加説は成り立たないといわなければならない。ただし、朝鮮人民族主義者が日本人社会主義者に好意的であったか否かは別問題である。なぜなら、アジアの解放を説きつつ、中国問題には積極的に取り組みながら、自国の朝鮮支配強化に直接批判の矛先を向け得ない日本人社会主義者の姿勢に対して、彼らが何らかの不快感を持ったことは十分に考えられるからである。

亜洲和親会は一九〇八年八月頃までは、確実に活動を続けていたらしい。そのことは、同年八月一〇日発行の『民報』第二三号に「亜洲和親会之希望」と題する文章が掲載されていることからも確認される。しかし、その活動はすでにさほど活発なものではなくなっていた。その原因は、会の運営の中心人物であった張継が、同年一月に起きた金曜会による屋上演説事件への連座を恐れて、翌二月に日本を離れてフランスに逃れたことによるとされる。その後、劉師培が会の運営に当たったが、彼は組織力・統率力の両面で著しく劣っていたといわれ、亜洲和親会の活動は急速に低下していったものと見られている。

この後、亜洲和親会の活動は所期の目的を達することなく、完全に消滅したものと見られる。しかし、同会の結成は、従来の日本型のアジア主義とは違って、人種よりも民族を前面に押し出したこと、そして盟主の存在を予定せず、アジア諸民族の自発性に基づいて連帯を求めた点において画期性を有するものであった。

劉師培の「亜洲現勢論」について

亜洲和親会は一年数カ月で活動の幕を下ろしたため、際立った成果を上げたとはいい難いものがある。しかし、同会の主要メンバーの一人であった劉師培が一九〇七年一一月に「亜洲現勢論」と題する論説を書き、アジア革命から世界革命へと向かう壮大な革命のプランを提示したことは注目されてよい。そこには、アナキズムとアジア主義の結合が見られるからである。以下、この論説の内容を中心に見ていくことにする。

劉師培は冒頭で次のように述べる。「現在の世界は強権の横行する世界であり、アジアは白人の強権が加えられている地域である。したがって白人の強権を排除しようと欲するならば、どうしても白人がアジアに加えている強権を排除しなければならない」。そして、イギリスを始めとする西洋列強のアジア支配の実態を示し、このまま進めばアジアは彼らの支配下に入る危険性があるとする。しかし一転して彼は、弱小民族が互いに連合すれば必ず強権を排除する力を持つことができるとし、強権の排除は強大政府の転覆につながり、これこそ世界平和の出発点であるとしている。

続いて劉師培は、アジアの弱小民族が今まさに勃興しようとしている証拠として以下の三点を挙げる。第一は、人民が独立の思想を抱いていることで、インド、ベトナム、朝鮮の抵抗運動がそれを示しているとする。ここではいくつかの事例が示されているが、それらは劉が亜洲和親会の会員を通じて得た情報を基にしたものであった。第二は、次第に社会主義が理解されるようになっていることで、これはアジア各国での民衆生活の窮乏化から必然的に生じたことだとされる。第三は、各国で「大同主義」が理解されつつあることだというが、この点は簡単な説明が必要であろう。

劉師培はこの現象を、中国とアジア諸民族との文化的近接性の面から説明している。すなわち、朝鮮、ベトナムの地はもと中国の版図に属し、文字・文化・風俗習慣ともにほぼ同じであるため、そこに住む人々は常に中国と親密であった。シャム、日本の文化もその起源を中国に持っている。このことは東アジアの結合を容易にするものと考えられた。さらに、仏教やイスラム教などの宗教を媒介とした諸民族の交流や、インド、フィリピンにおける英語の普及などは、アジア各地の結合を容易にするものであった。彼は、こうした錯綜した文化的共通性をアジアにおける大同主義普及の基盤と考えていた。ここで「大同主義」は、国境を超えて合同をもとめる意識として用いられているが、こうした意識が共有されるようになれば、アジアの弱小民族が団結に進む日も遠くはないと考えられていたのである。

アジア解放とアナキズム革命、そして日本批判

以上のような列強のアジア支配に抗する連帯の思想が「亜洲現勢論」の第一の特徴だとすれば、第二の特徴は、アジアの弱小民族の解放闘争が強大国の革命闘争と連携しなければならないとしたことである。劉師培によれば、「アジアの弱小民族が独立を実行しなければ強大民族の政府を顚覆《てんぷく》することができず」、「アジア弱小民族は強国の民党と連携しなければ独立を実行できない」とされるのである。

なぜ、アジアの解放闘争が強大国の革命闘争と連携しなければならないのか。そのことを、劉師培は次のように説明している。すなわち、帝国主義は侵略政策によって弱小民族を損ねているばかりでなく、国内的にも軍備拡充に向けての増税策を取るため、自国の民をも損ねている。そのため、もし侵略を受けている弱小民族が強大国への反抗に立ち上がれば、強大国の政府はそこに派兵せざるを得なくなるが、その時、強大国の民党である社会主義者やアナキストが機に乗じて革命を起こせば、容易に勝利を得ることができる。また、強大国の政府は、本国の革命への対応のために撤兵せざるを得なくなり、これによって、弱小民族の独立も達成されることになる。かくして、アジア植民地の離反と強大国の政府の転覆とは直接の関係を持つと考えられ、こうした目的を達成するためには、アジア諸民族と強大国の民党との連帯が必要だとされたのである。

しかし、以上のような劉師培の構想は、アジア民族の独立をもって終了するのではない。そこでは政府の廃絶が想定されていた。もし、革命後に依然として政府を設けるなら、仮に共和制を採用したとしても、所詮フランスやアメリカの後塵を拝するだけで、「暴を以て暴に易《か》える」のみと考えられた。そこで、弱小民族は独立の後には必ず政府を廃絶し、人民大同の思想を利用して、バクーニンの連邦主義あるいはクロポトキンの自由連合の説を実行することが必要だとされた。ここに、アジア解放の主張すなわちアジア主義はアナキズムと結合されたのである。

「亜洲現勢論」の第三の特徴は、劉師培が日本の侵略政策に対して厳しい批判を加えていることである。劉によれば、同じアジアの地に位置していながら、日本はアジアに強権を行使する白人種の一員になったと見なされる。すなわち、「現在のアジアの全地域が白人の強権を受けていることは、何の疑いもないところである」。「しかしながら最近のアジアの情勢を見ると、弱小民族がいずれも憐むべき衰亡に沈んでいるなかにあって、ただ日本政府だけはアジア共通の敵となっている」とされるのである。朝鮮に対する強権の行使がその最大の理由であることはいうまでもない。

また劉師培によれば、列強諸国はアジア植民地の反乱を恐れる一方、日本がそれを併呑することを恐れるため、日本を利用してアジアにおける勢力の安定化を謀り、日本もまた列強と連合してインド、コーチシナ貿易を拡張し、それによって朝鮮、満洲南部における実権を維持強化しようとしているとされる。このように、日本はアジアにおいてひとり朝鮮の敵であるばかりでなく、インド、ベトナム、中国、フィリピンの共通の敵となっているというのである。ここから劉は次のように述べる。

アジアの平和を守り、アジアの弱小民族の独立を図るならば、白人の強権を排除すべきはもちろん、日本が強権によってわがアジアを虐げることをも同時に排除しなければならない。けだし、帝国主義こそが現代世界の害虫だからである。

このような劉師培による日本批判は、当時の孫文ら革命派の多くの人々が帝国主義認識を持たないまま、日本に期待を抱いていたことと比較すると、重要な意義を持っていたというべきであろう。

劉師培は「亜洲現勢論」を発表した一年後、清朝政府に投降するため、その後の彼は変節漢として批判されることになる。しかし、この論説に見られる現状分析、アジアにおける日本の位置についての優れた見解は正当に評価されるべきであろう。特に、当時の日本の社会主義者が無視ないしは軽視したアジアの独立運動を、世界規模の革命と結合させようとしたことは、主観性に満ちたものとはいえ、この時代においては突出した思想的成果であったということができるのである。

3　李大釗の「新アジア主義」

中国の革命派知識人の中で、一九一〇年代における日本型アジア主義を批判し、新たなアジア主義を主張者した人物として知られるのは李大釗《りたいしょう》である。以下において、彼の主張を見ていくことにしよう。

アジア主義の批判者として

李大釗は最初からアジア主義の主唱者として現れたのではない。むしろ彼は当初、日本の対中国政策に対する批判の中でこの問題を扱っていた。李が日本のアジア主義に言及した最初の著作は、彼が天津にあった北洋法政学堂の学生だった一九一二年一二月に発表した『支那分割之運命駁議』であるが、これは同年一〇月に東京で出版された中島端《まさし》の『支那分割の運命』を翻訳のうえ批判したものであった。

当時の中国では、辛亥革命の達成によって独立・富強の希望は高まったとはいえ、分割の危機は依然として去ることはなかった。列強諸国は中国の財政難につけ込み、借款供与の見返りとして、鉱山の利権獲得や勢力範囲の拡張などを行っていた。そうした状況の中で中島の著作が刊行されたのである。同書は、前評判は高かったものの、日本の読者に衝撃を与えたという記録はな

李大釗

い。しかし、当時の日本にいた中国人にとっては多大な危機感を抱かせるものであった。

そのことは、宇都宮太郎が上原勇作陸軍大臣に宛てた報告に、「本書の一と度び発行さるゝや在留支那人は烈火の如くに憤怒激昂し、直ちに其数十部を買入れ之を孫文、袁世凱以下知名の人物及び各官衙《かんが》、団体に送付し、又在留支那人等は各所に集会を開き一々其決議を本国に電報したり」とあることからも分かる（『上原勇作関係文書』）。当時、李大釗は学生組織である北洋法政学会の編集事務に深く関わっており、同書は彼を中心におよそ二カ月ほどの間に翻訳・出版された。両書の出版間隔の短さが、彼らの危機感の強さを物語っているといえよう。

中島はその著作において、中国は亡国の道を免れることができず、今や東アジアで自主の体面を有するのは日本だけであるとして、「東亜の事、東亜の人能《よ》く之を弁ぜん者何の時ぞ。モンロー主義の実現はた何の時ぞ。我安《いずく》んぞ東亜全洲の為めに痛哭流涕《つうこくりゅうてい》し、併せて我が帝国の為めに悲み且惜まざるを得んや」と論じていた。李大釗はこれに反論して、モンロー主義は日本による中国独占の代名詞であるとし、彼らが悲しみつつ怨み惜しんで「痛哭流涕」する所以は、日本が未だ東亜の覇権を握っていないことだとしている。

中島が実際に意図したところは、列強による中国の分割は不可避なものの、日本はそれに参加すべきではないということであった。すなわち、「支那分割は我が日本将来厄運の始なり、百害ありて一利なし」とされていたのである。白人種からすれば、日本は次の標的になるだろうし、分割の時に至って日本が白人種の側に立てば、中国人からの憾み、憎悪は消えることはないであろう。そのため、日本は手をこまねいて傍観しているほかないというのである。しかし、李大釗は中島のそうした文言を顧みることなく、日本の外交姿勢の本質はアジア・モンロー主義、大アジア主義にあるのだとして、「所謂此等の主義は、乃ち日本の亜東を独覇せんと希図するの代名辞のみ！　蓋し、日人は狡黠《こうかつ》にして、毎《つね》に計を設け以て我を欺き、世を欺かんことを思う」としている。

以上のように、李大釗にとっては、列強による分割の危機はもちろんのこと、日本のアジア主義が極めて悪印象をもって受け止められていたことが理解される。しかし、当時の日本では必ずしもアジア主義が声高に論じられていたわけではない。それが活発化するのは第二章で見たように、一九一〇年代中半以降のことであり、李の言説もそれに即応して展開していくことになる。

一九一〇年代中半において、日本のアジア主義に関する論説は頻繁に中国の雑誌に翻訳・紹介されていた。例えば、当時の代表的総合雑誌である『東方雑誌』だけを見ても、一九一六年五月には大山郁夫の「大亜細亜主義の運命如何」が、翌年一〇月には吉村源太郎の「亜細亜主義に就て」が、そして一八年一月には浮田和民の「新亜細亜主義」が翻訳のうえ掲載されていた。さらには、同年四月には小寺謙吉の『大亜細亜主義』が中国語訳されて上海商務印書館で発売されていた。このように、当時の日中間では情報伝達の時間が非常に短かったことが分かる。李大釗はこうした状況の中で、短期間のうちに情報を得ることができたものと見られる。

アジア主義の模索

一九一七年二月、李大釗は『甲寅』日刊に「極東モンロー主義」という論説を発表した。彼はここで、モンロー主義が実行された当時の南北アメリカの状況と、現在の東アジアの状況とでは全く異なっていることを指摘する。彼によれば、この数十年間、アジアが平和を維持するために必要としてきたのは門戸開放と機会均等主義であった。ところが今、突然、一つの国が欧州大戦の間隙をぬって、アジアにおいてモンローの政策に倣おうとしているが、これは従来の東アジアの秩序に背馳するものであるとする。そして、こうした政策は大戦後に再び戦争を引き起こす危険性すら持っていると述べている。

ここでは国名を挙げてはいないものの、それが日本を指すことは明らかであった。先に見たように、第一次世界大戦勃発後の日本の論壇では日英同盟への不信感と相俟って、モンロー主義が再燃する傾向が現れていた。李大釗はそうした傾向に対して敏感に反応したということができる。

一九一七年四月、李大釗は「大アジア主義」という論説を発表した。これは、若宮卯之助の「大亜細亜主義とは何ぞや」に対する批判として書かれたものであった。前述したように、若宮はイギリス主敵論に基づいて日中提携を主張していた。これに対して、李は欧米列強に対抗するためにアジア主義を唱えることは当然であるとする。しかし、「ある一国」がアジアの主人公であると自惚れたりすると、欧米列強の攻撃の的となって、逆に禍を生じかねない。むしろ、大アジア主義の実現には中国の再生と復活こそが最大の条件であって、日本はこのことを認める必要がある。そして、その上で、列強の侵略に対しては「同洲同種の誼みによって互いに助け合い、世界の真の道義を守り、世界の確実な平和を保障しなければならない」と論じている。

　以上のことから、この時点での李大釗は日中提携によるアジア主義を認めていたことが理解されるが、それは中国の民族主義の発展を前提としつつ、そして当時の日本の論壇に見られた日本盟主論を否定した上でのものであった。この時点での李は、中国をアジアの中心と見て、中国の覚醒によって「新中華民族主義」を興し、それによって大アジア主義へ進もうという考えを持っていた。そこには、中華の再生というモチーフがあったものと見られる。そして、「大…主義」は民族主義のある種の帰結と見なされており、この時点では肯定的に捉えられていたのである。

　ところが翌年になると、李大釗は「**Pan...ism** の失敗と **Democracy** の勝利」を書き、「大…主義」は専制の隠語でありデモクラシーの対立物であるとして、「大アジア主義」を否定的に捉えるようになる。すなわち、彼の見るところでは、第一次世界大戦の勃発は、**Pan...ism** と **Democracy** という二大精神の衝突にほかならず、前者は「自らの欲求を逞しくするために強圧的な力を用い、他者を抑圧し屈服させることも顧みない」ものであって、その一種として大アジア主義があるとされた。ここでいう「大アジア主義」は、これまで彼が批判して来た「ある一国」のそれを指すものであって、アジア主義全般を意味するものでなかったことは明らかであった。

　この間の李大釗のアジア主義に対する評価の変化の根底には、ロシア革命への共感が存在していたことは明らかであり、それは彼の関心が徐々に世界的規模での人類の解放に向かわせるものであった。そしてそれによって、彼の中から中華の再生という文明論的モチーフは消滅していく。そのため、この後の李にあっては、アジア主義言説の質自体が変化を生じていくことになるのである。

「新アジア主義」の提示

一九一九年二月、李大釗は「大アジア主義と新アジア主義」と題する論説を発表し、日本のアジア主義を直截的に批判した。冒頭、彼は日本の論者として建部遯吾《たけべとんご》、大谷光瑞《おおたにこうずい》、徳富蘇峰、小寺謙吉の名前を挙げており、この論説が第二章で述べた彼らの所説を踏まえた批判であることが理解される。彼はここで日本のアジア主義を二つの点から批判する。すなわち、それは第一に中国併呑主義をごまかす言葉であり、同文同種の誼《よし》みは本意ではないこと、第二にはそれが大日本主義の変名であって、アジア・モンロー主義の名の下に欧米人をアジアから閉め出し、日本が盟主として独占しようとしていることである。そして、日本のアジア主義は平和の主義ではなく侵略の主義であり、帝国主義であり、軍国主義であり、世界組織を破壊する種子であると批判されることになる。

このような日本のアジア主義に対置するものとして、李大釗は自由な民族国家の結合としての世界連邦の構想を提示する。彼はそのことを、前述した浮田和民の「新亜細亜主義」を批判する形で提起する。すなわち、浮田が「日支同盟」を基礎とした現状維持を前提にしているのに対し、彼は民族解放を基礎として根本的変革を行うことを主張する。そして李によれば、およそアジアの民族は、他者に併呑されたものは全て解放し、民族自決主義を実行しなければならず、しかる後に一大連合すなわちアジア連邦を結成して欧米の連合と並立し、共同して世界連邦を完成し、人類の幸福を増進することができるとされた。これが李大釗の考える新アジア主義である。李の構想と浮田のものとでは、共に最終的に三つの連合が並立する国際秩序を志向するとはいえ、そこに至るまでの過程が大きく異なっていたことが理解される。

ところで、李大釗の世界連邦構想がトロツキーの『戦争とインターナショナル』の英語版（一九一八年出版）に影響を受けたものだとする説がある。それによれば、李は同書に出会って、「何の疑問もなくこれをボルシェヴィキ主義の公認の原則であろうと考えて、社会主義的改造の普遍的図式に拡大した」とされる（メイスナー『中国マルクス主義の源流』）。当時は李がロシア革命への共感を深めていく時期でもあり、そうした説が成り立たないわけではない。しかし、この時期の彼の著作には、ウィルソンによる国際連盟の提案を世界連邦への一歩であると述べた箇所もあり（「連治主義与世界主義」）、上に述べた三つの連合の並立構想はそうした考えの上になされていたのであって、マルクス主義に支えられたものと断定できるものではないと考えられる。

同じ時期、浮田和民の「新亜細亜主義」に対しては、高元（承元）という人物も批判を加えていた。この人物は広東出身で、北京法政専門学校を卒業後、『法政学報』誌上で李大釗と議論を闘わせていた。彼によれば、浮田の「新亜細亜主義」は日本をアジアの主人とし、他の国を全てその奴隷の地位に置こうとするものであり、「日本人の大アジア主義」すなわち『「大日本主義」にほかならないものである。また、浮田は論文で「亜細亜に限りたる問題は今後日本が主唱して汎亜細亜会議を開催」する旨を述べていたが、高はこれが汎米会議を真似たものであって、汎米会議自体がラテン・アメリカ諸国の反発を受けて失敗に終わったことからすれば、浮田の計画もアジア諸国に受け入れられる可能性はないと批判していた（高元「咄咄亜細亜主義」）。

続いて、高元は李大釗の「大アジア主義と新アジア主義」にも批判を加える。彼はここで、アジア連合の形成を基礎として世界連邦に向かうという李の構想に疑義を呈する。高は、アジア民族の平等な関係に基づく連合などは無理だとする。なぜなら、日本の力が抜きん出ているアジアの現状において、各国の平等な生存権を主張することなど不可能だからである。現在のアジアにおいて、アジアの諸国を同等に見て連合を語るということは、日本の侵略に手を貸すことにほかならない。ここから、「守常君（李大釗を指す――引用者）の新アジア主義は子供たちに大人と一緒になって平等に食事をさせたいという主義に過ぎない」（高元「評守常君的新亜細亜主義」）と評されたのである。

高元は、アジアの安定した秩序のためには、現在の帝国主義による権力角逐という状況を利用しようとする。すなわち、日本一国によるアジア支配の危険性を避けるためには、列強に徹底的に門戸を開放してやる必要がある。それによって、アジアの各民族は欧米の諸民族と直接に連合することができ、真の自決と独立も可能となるとされる。そして高は、地域主義が排外主義、閉鎖主義を意味するものであるとして、「『親疎の差別のあるアジア主義』に対しては、旧であれ新であれ、日本人が唱えるものであれ、中国人が唱えるものであれ、一律に反対しなければならない」と説いたのである。

「再び新アジア主義を論ず」

以上のような批判に対する反論として書かれたのが、李大釗の「再び新アジア主義を論ず」である。彼はここで自らの主張を再提示しているが、高元が李の新アジア主義が日本をも含んだ連邦構想であると捉えたのに対して、自らが主張する新アジア主義は日本の大アジア主義に反対するために唱えたものであるとし、「アジア民族の解放運動の第一歩は対内的であって対外的ではなく、日本の大アジア主義に対するものであって、欧米のアジア排除主義に対するものではない」と論じている。ここからは、人種論的観点が完全に否定されていることを見て取ることができる。そして、彼は次のように述べる。

私の新アジア主義は「親疎の差別を含んだアジア主義」ではなく、「世界の組織に適応し世界連合を創造する一部分としてのアジア主義」であり、世界主義に反対するものではなく、世界主義に順応するものである。アジア人を圧迫するアジア人には、我々は固より反対である。また、我々はアジア人を圧迫する非アジア人にも反対であり、非アジア人を圧迫する非アジア人にも、非アジア人を圧迫するアジア人にも反対する。強権は我々の敵であり、公理は我々の友である。アジアは、我々が世界の改造を行うために最初に着手する部分なのであって、アジア人が独占する舞台ではない。人類はみな我々の同胞であり、我々の仇敵ではないのである。

李大釗が構想する新アジア主義は、日本のアジア主義とは全く共存不可能なものであった。「新アジア主義は〔日本の〕大アジア主義に反対して起こってきたものであり、もし大アジア主義が破壊されることがなければ新アジア主義は意義を持つことはなく、また大アジア主義が破壊されなければ新アジア主義も完成することはないのである」。しかも、彼はこの時、思想的転換によって自国の革命的変革を視野に入れようとしていた。自国の現状を否定的に捉える彼の発想が、当時の他のあらゆるアジア主義の潮流と異なる最大の特徴であったということができる。

さて、李大釗の論説において注目すべき点は、ポール・リシャールの演説に言及していることである。この人物については前章でも触れたが、彼はフランスの哲学詩人である一方で天皇主義を賛美する人物でもあった。彼は、一九一六年から四年余り日本に滞在し、日本の国権主義者と交遊関係を持っていた。そして、一九一九年には二度にわたって人種的差別撤廃期成大会で演説を行い、アジア連盟の結成を呼び掛けていた。李大釗が引用しているのは第三回大会におけるものので、それは「先づ亜細亜聯盟を実現せよ」というタイトルで黒龍会の機関誌『亜細亜時論』に掲載されている。当該箇所の原文は以下の通りであるが、李大釗はこれを極めて忠実に中国語に訳出している。

亜細亜のうちに奴隷の国のある間は、他の亜細亜諸国も決して真に自由の国でない。亜細亜のうちに軽蔑を受ける国のある間は、他の亜細亜諸国も決して尊敬を博することが出来ない。若し諸君にして真に世界の尊敬を博せんと欲せば、諸君は他の亜細亜諸国をも尊敬せらるべき国とせねばならぬ。而して他日一切の亜細亜諸国が自由を得るために、諸君先づ最初の解放者とならなければならぬ。蓋し他を束縛することは、同時に自ら束縛する所であるが故であります。

この部分を引用した後、李大釗は次のように述べる。「これは日本人に対するヨーロッパ人からの忠告である。彼らにあっては当然の言葉であり、我々にとっては、アジア人が皆立ち上がって初めて、大アジア主義を一掃し、破壊することができるのである。この責任は独り中国人や朝鮮人だけにあるのではなく、全てのアジア人——すなわち自覚した日本人も——がそれぞれ負わなければならないのである」（「再論新亜細亜主義」）。

当時の日本では、国際連盟設立の過程で人種差別撤廃問題が否決されたことを契機として、この問題についての関心が高まっており、頭山満ら国権主義者たちは人種的差別撤廃期成同盟大会を開催するなどして世論に訴えていた。しかし、彼らが唱える差別撤廃論は、日本が国際社会における「一等国」であるという意識を満たすためのものであって、他のアジア諸国を含むものではなかった。そのような人々の中にあって、同じく天皇主義を賛美しつつも、アジア諸国に対する日本人自らの偏見を棄て、主人たる態度を棄てるべきであるとしたリシャールの発言は異彩を放つものであった。李大釗はその発言の意味を十分に認識し、自らの新アジア主義との共通性を認識したものと考えられる。

アジア主義を越えて

李大釗は一九一九年五月の時点で、ベルサイユ講和会議への失望の意を表明すると同時に、愛国主義を乗り越えた普遍的人類解放運動を志向する旨を宣言していた。そして彼は、五四運動を日本の大アジア主義を斥けたものと捉え、これを愛国運動と見なすだけでは不十分であると考えていた。彼はより高い次元に向かうことを構想していたのである。そのためには、まず最初にアジアの敵である日本の軍国主義と資本的侵略主義の破壊から着手し、人種にとらわれない一大連盟を作り出し、全アジアを改造して、最終的に世界連邦の創出に向かうことが計画されたのである（「亜細亜青年的光明運動」）。この時点での彼の新アジア主義は、国際連盟のような制度的枠組みを超えるコスモポリタニズム的傾向を持っていたということができる。

以上で見てきたように、李大釗の新アジア主義は人種を超越した世界主義を志向する点に最大の特徴があり、アジア地域で完結するものではなかった。その基底には民族の平等という観点があり、日本盟主論に基づいた大アジア主義とは真っ向から対立するものであった。この点において、ほぼ同じ頃、日本で人種論的アジア主義を批判した吉野作造とは共通する部分があったと見ることができる。しかし、日本の帝国主義政策に対する姿勢では大きな相違があった。それは、啓蒙思想家の域にとどまる吉野と、革命家への道を歩む李大釗との違いであり、それが日本のアジア主義に対して、その背後にある国家とともに批判し得るか否かの違いとなっていたということができる。

李大釗は、日本の論壇のアジア主義言説への批判者として立ち現れた。その際に、浮田和民の「新亜細亜主義」を批判の素材としたことは、彼が浮田の対アジア政策の危険さを現実的に嗅ぎ取っていたからに他ならない。それはおそらく、彼が学生時代にすでに感じていたことであろう。

一九一三年六月、天津の北洋法政専門学堂を卒業した李大釗は、翌年九月に早稲田大学政治経済学科に入学し正規の学生となった。彼は一学年の時に浮田和民の国家学原理や近代政治史の講義を履修している。第二学年では、有賀長雄《ありがながお》や副島義一《そえじまぎいち》の講義も履修する予定であった。以上のような早稲田大学の教授たちは、大隈重信総長のブレーンとして活躍し、一九一四年四月以来、首相としての大隈にも協力していたのである（森正夫『李大釗』）。

一九一五年の対華二一ヵ条要求が大隈内閣によるものであることはいうまでもない。当時、李大釗は日本政府の要求への反対運動の先頭に立ち、中国国民に訴える檄文を発している。学生時代の彼と、新アジア主義を主張した頃を同一に論じることはできないだろうが、彼の浮田批判の根本には早稲田で感じた学問への反発があったのかもしれない。

その一方で、李大釗には語るべくして敢えて語らなかった人物がいる。それは第二章で触れた今井嘉幸である。今井と李とは北洋法政専門学堂での教師と学生の関係であり、李が日本に留学した際には、友人と今井の著作を共訳し刊行したこともあった。李にとって、今井は学者として尊敬に値する人物であった。早稲田大学を除籍処分となり、帰国した後の李が今井の『建国後策』を読んだことは容易に推察されるところである。彼の人種論に基づいた「大亜細亜主義」は、李にとって受け入れ難いものであったはずである。しかし、李は今井を批判の対象にすることはなかった。彼は冷徹な思想家のように見えて、実は師弟関係を重んずるという古風な側面を持っていたといえよう。

4　孫文の「大アジア主義」講演について

第一節で見たように、初期の孫文にとってのアジア主義とは、ほとんど日中提携論を内容とするものであった。そして、それは黄白人種闘争を唱えながらも、白人種の支配に取って代わろうとする構想を持つのでもなかった。しかし、一九二四年一一月に神戸で行われた「大アジア主義」講演は、彼にアジア主義者としてのイメージを植え付けることになる。

これまでの講演に対する多くの評価では、孫文がアジア諸民族が固有の伝統に基づいて連帯する必要性を説くと同時に、日本の侵略的本質を見抜き失望し、これとの完全な決別を図ったものと見られてきた。しかし、従来の孫文のアジア主義が自国中心主義であり、しかもそれが日本の支援を求めるものであったとすれば、晩年の彼はそうした立場から大きな転換を果たしたと見るべきものなのか。あるいは、それとは逆に従来からの持続の上にあったと評価すべきなのか。このことを考察するために、本節ではまず一九二〇年代半ばまでの孫文の対日観の変遷を概観した上で、「大アジア主義」講演が意図したものは何であったのか、そしてそれが彼の対日観ないしは思想全体の中で、どのように評価されるべきものなのかを見ていくことにする。

一九二〇年代における対日観

孫文の対日観の変遷について、一部には、孫文が一九一九年に至って対日観を大きく変化させて、親日から反日に転じたとする解釈があったが、前述したように実際にはそのような事実はなかった。そのことは、一九二〇年代初頭においても同様である。その一例としては二三年五月における鶴見祐輔との会談が挙げられる。

この時、孫文は日本の列強追随外交を強く批判するにもかかわらず、一方では「東洋の擁護者」としての日本の役割を評価している。このことは、彼が採用しつつあったソ連との提携政策が、決して日本への反感の上にあったのではなかったことを示している。また孫文は、「露西亜と同盟することよりも、日本を盟主として、東洋民族の復興を図ることが、我々の望みである」と述べていた(「広東大本営の孫文」)。そして、この時の会談で孫文は、人種抗争の彼方に大戦争が近づきつつある旨を述べていた。これらのことから、彼の以前からのアジア主義の構成要素が持続していたことが理解される。

孫文からの日中提携の呼び掛けは、一九二三年一一月一六日に発せられた犬養毅宛ての書簡の中にも現れている。この書簡は、「これまでの日本の失策と列強盲従の主張とを、かならずや一掃して白紙に返し、中国の革命事業に最大の力を入れられる」ことを期待して書かれたものであった(「犬養毅への書翰」)。しかるに、この書簡で特徴的なことは、日本に中国革命への援助を求めることに加え、率先してソ連を承認するよう求めていることである。これは孫文による日中ソ三国の提携構想の提示というべきものであった。

ところで、当時の日本はアジア主義が再燃する状況にあった。それは、アメリカにおける排日移民法の成立を契機とするものであった。一九二四年四月以降、日本の世論はそれをアメリカ議会による意図的な侮辱だと受け止めた。当時発表された論説には、日露戦争後のアジアの保護者としての自負心と共に、欧米列強からは対等に扱われないことに対する不満が溢れている。そして、そこには日本が未だ差別される側にいるという危機感を梃子として、以前のアジア主義とモンロー主義が拡大再生産されている様を見て取ることができる。

それでは、日本におけるこのような状況に対して、孫文はどのように見ていたのであろうか。彼は一九二四年四月、日本人記者に答えて次にように述べている。

今回米国の排日には日本は深刻な教訓を受けた筈である、輿論が沸騰し各種運動が行はれてゐると聞くも今の際日本として最後の手段に訴へる力も勇気もあるまいが此屈辱を雪がんとせば亜細亜民族の大同団結に留意し其力に依頼するの外ない。(「亜細亜民族の大同団結を図れ　孫文氏語る」)

しかし、孫文は四カ月後に書かれた文章の中で、「アジア人種の大団結を唱える論がようやく大いに盛り上っており、アジア人は、これに感動している」と述べつつも、大震災以来の日本での中国人労働者排斥という事実と照らし合わせた時、アジア人種団結の議論の真意が何処にあるのかとの疑問を呈していた（「中国国民党の日本国民への忠告宣言」）。このことは、孫文が日本の論壇の動向についての一定の情報を得ていたこと、そして、それが自らの考えるアジア主義と異質のものであると認識していたことを示している。

李烈鈞の日本派遣

さて、一九二四年九月、孫文は広東軍政府の総参謀長である李烈鈞《りれつきん》を特使として日本に派遣した。李は一〇月三日に東京に入り、翌月一〇日まで日本に滞在した。李の訪日に関しては既に六月頃から日本のマスコミが取り上げており、その目的は孫文の「東方同盟」の結成の意向を日本に伝えると同時に、財政的支援を求めることにあると報じられていた。実際、日本滞在中の李の講演と談話からすると、来日の目的の一つに、孫文の考えるアジア主義を宣伝してアジア大同盟を結成することがあったことが確認される。

李烈鈞は日本滞在中の四〇数日間、政府・軍部の要人との会談を重ねた。しかし、日本側は彼の主張に好意的に対応することはなかった。そのため、李は一〇月半ばに孫文に帰国を申し入れたが、孫文は彼に訓電を送って次のように述べた。

貴兄は日本朝野の士と連絡をとり、アジア大同盟をおこして白色人種の侵略に抵抗せんがために派遣されて日本に駐在している。長期にわたって駐在し、この旨を宣伝する任務がある。突然いま帰国して復命したいとの要請であるが、おもうに、かの日本政府は鼷《はつかねずみ》のごとく小胆であり、われわれの大アジア主義を敢えて受けいれはしまい。［中略］かならず日本政府が貴君に対して国外退去の命令をはっきりくだすのを待って帰国されよ。そうしてこそはじめて日本の正体をあばくことができるのである。（「李烈鈞に依然として日本に滞在し、アジア大同盟の結成を宣伝すべき旨を命じた電文」）

ここで孫文がいう「アジア大同盟」が先の「東方同盟」と同じだとすれば、それは日中ソの提携を念頭に置いたもので、しかも人種主義を否定したものではなかったことが理解される。孫文の中では、ソ連との提携と日中提携は決して二者択一的なものではなく、併存可能なものであった。そして、ここで孫文が言う「われわれの大アジア主義」（原文では「吾人之大亜細亜主義」）が、当時の日本の論壇で唱えられている言説に対置されたものであったことは明らかである。だが、そこに他のアジア諸国に対する連帯の意志が込められていたことは確認できず、それは依然として中国革命への協力を得ることを目的としたアジア主義でしかなかったように見える。

しかし、この訓電で孫文は、そのような内容を持つ「われわれの大アジア主義」が結局は日本政府に受け入れられないだろうと見ていた。そうだとすれば、この時の孫文はほとんど実現不可能な提案を李烈鈞に行わせていたということになるのだが、彼が唯一期待をかけたものがあったとすれば、それは在野の政治家、財界人、民間の運動家たちが中心となって世論を高揚させることであったと考えられる。

孫文、最後の日本訪問

一九二四年一〇月二三日、北京政変が発生し、一一月一日には馮玉祥《ふうぎよくしよう》、胡景翼《こけいよく》らが孫文に北上を要請する旨を打電した。これを受けて、孫文は北方の同志の歓迎に応えるべく北京に行くことを決断し、一〇日には「北上宣言」を発した。一七日、孫文は上海に到着し、当地で日本訪問を決意することになる。帰国して間もない李烈鈞の勧めがそのきっかけとなった。李は孫文に対し、一旦日本に渡って、頭山満、犬養毅、宮崎滔天らと会談することが北京での交渉に有益であると説いたのである(「李烈鈞将軍自伝」)。

そして二一日、孫文は上海を出発するに当たり、日本のマスコミに向けて声明書を発表した。そこでは、この度の日本訪問の目的が、現在の中国の時局についての日本朝野の意見を徴することにあるとした上で、「一部では余が日本に対して廿一箇条の撤廃、遼東半島還附の意志を有してゐると伝ふるものがあるやうであるが現在における余は未だこれらの問題に対して何等具体的の考を有してゐない」と述べていた(「日本と提携せねば時局解決は不可能」)。不平等条約撤廃等の問題について、孫文は最終的に国民会議を開催して国論を聞いた後に最終決定することを付け加えている。

しかし、北京政府打倒を最優先する孫文は、一九二三年四月に、旅順・大連回収運動を行っていた学生たちに自制を求めたことがある(「旅大回収運動ノ広東学生団代表ニ対スル孫文ノ訓示ニ関シ報告ノ件」)。ここではまだ明言を避けているとはいえ、孫文は日本に譲歩してでも支持を得て、英米を後ろ楯として政権を握る直隷派を壊滅に追い込みたいと考えていたと見られる。しかも当時、張作霖とソ連との間に密接な関係ができていたことからすれば、ソ連もまた内政問題処理のための有力な要素となり得るものであった。かくして、孫文の日中ソ提携論は当時の内政問題を直接的に反映したものであったことが理解される。

以上のことから、一九二〇年代半ばまでの孫文にあっては、日本への期待と不信感が併存していたものの、基本的には従来からの日中提携論が持続していたことが確認される。そこでは人種論も消滅することはなかった。そのような対外姿勢に変化があったとすれば、そこにソ連との提携が加わったことである。三国の提携が可能となるためには、日本のソ連承認が是非とも必要となる。李烈鈞の日本派遣はそのための宣伝工作に目的があった。孫文はこのような新たな方針を、日本の論壇に於けるアジア主義と区別すべく「われわれの大アジア主義」と称したのである。

しかし、一九一〇年代と同様に、孫文は自らの外交思想を恒常的に「アジア主義」という名称によって表現していたわけではない。加えて、彼がアジア主義という用語を使う時、それは中国革命の完成という目標に向けた国際戦略を内実としており、そこに中国以外のアジア諸国の解放ということが視野に入っていたとはいえないのである。

孫文の日本到着とマスコミの反応

孫文は一一月二三日に長崎に到着した。船内でのインタビューで孫文は、広東政府とソ連との関係について触れ、ロシア革命を高く評価しつつも両国の制度と国情が異なることを強調した。そして、日本の対中国政策については、中国革命が明治維新の道を歩もうとしているにもかかわらず、富強を実現した日本は中国に同情心を持ってくれないと批判する一方、この点で中国革命の挫折に同情してくれるソ連には親近感を覚えると述べている。そして、最も興味深いことは、ここで孫文が次のような言葉によってアジア連盟の結成に期待を示していることである。

将来日本は亜細亜民族連盟の覇者となり、欧米に対抗すべく亜細亜全体を連結し亜細亜の独立を図り、以て欧州の圧迫の羈絆《きはん》を脱する様努めざる可からず。亦日本は須らく労農露国を速かに承認すべし。(「北上ノ途次本邦ニ立寄リタル孫文一行ノ動静並ビニ邦人記者ト会見模様ニツキ報告ノ件」)

ここでは、「亜細亜全体」が何処までを指すのかは明らかではないが、この時点では少なくとも日中ソの提携による列強への抵抗が考えられているにもかかわらず、日本をアジアの盟主として認めるという点では前年の鶴見祐輔との会見内容の延長線上にあるといえる。同じ日、孫文は中国人留学生代表を前にした講演で、日本が中国を支援して不平等条約の廃棄に協力すべきであるとし、日本がその事業に貢献してくれたなら、「現在の小さな権益ではなく、将来、より大きな権利を得る」ことになるだろうと説いている。

孫文は二四日、神戸に到着した。当日の記者会見において、孫文は中国の統一と内政の安定を妨げている理由は、不平等条約を利用した外国人が利権を求めて軍閥を煽り立てることにあるとし、この不平等条約の撤廃のために援助してくれる国は日本だけであると述べた（「神戸来着ノ孫文ノ船上ニ於ケル記者会見及ビ埠頭ノ歓迎情況等報告ノ件」）。

それでは、日本のマスコミ界は孫文に対して、どのような対応をしたであろうか。管見の限りでは、孫文の訪日の意思を汲み、これに好意的な反応をしたものは極めて少なく、むしろ批判的なものが多く見られた。一例を挙げれば、一一月二四日の『大阪毎日新聞』に掲載された論説記事では、孫文が余りにも理想主義的であって、現実に疎いと批判し、彼が「広東一省に於てすら其理想を実現することの出来なかつたことを思ふ時、支那全土に対する理想実現の如何に困難であるかは多く言ふを要しない」とし、「急進主義と露骨なる排外主義の危険を警告せざるを得ぬ」と述べていた（「孫文氏来る　吾等の苦言」）。

このように、孫文の訪日に当たっての日本のマスコミの冷淡さは、当時の日本でのアジア主義の再燃とは全く無縁であるかのようである。このことは少なくとも二つのことを示しているように思える。第一には、孫文は李烈鈞を派遣して宣伝工作を行わせたにもかかわらず、「われわれの大アジア主義」を日本の論壇およびマスコミ界に認知させることができずにいたことである。孫文は中国革命の完成を直接の目標として、それを妨害する欧米列強と対抗すべく人種論と日中提携論を唱え、それを「アジア主義」と称していたのであるが、日本のマスコミで孫文の主張をアジア主義との関連で論じたものは皆無であった。

第二は、これと表裏することであるが、日本の論壇におけるアジア主義言説の多くは、中国が現状を大きく変えない形で統一を達成することが前提で、その上で日本が盟主となってモンロー主義を実行するというものであった。それゆえ、孫文の唱える不平等条約の撤廃という要求は、日本の既得権益にも関わる重大な問題を含むものであって、日本の大多数が考えるアジア主義とは相容れるものではなかった。極言すれば、当時の孫文は、日本が列強に対抗していくために提携し得るパートナーとは見なされていなかったのである。

孫文は上海出発前には日本の要人との会談を計画していたが、日本人側が不熱心であるとの情報がすでに彼のもとに伝わっており、実際その目的は不調に終わった。「東亜の大局に付懇談したし」と来神を求められた渋沢栄一は病気を理由に面会を断った。犬養毅は代理人として古島一雄を派遣したにとどまった。

そうした中で、神戸の孫文に面会に訪れたのが頭山満であった。前章で述べたように、この時の孫文が頭山に不平等条約廃棄の主張への支持を求めていたことは明らかであるが、国権派アジア主義者の意向を代表する形での頭山の強硬な姿勢は、孫文の不平等条約撤廃の内容を治外法権の撤廃と関税自主権に限定させることとなった。しかし、前述したように、孫文の側も旅順・大連回収闘争を抑制してまでも、日本との関係を繋ぎ留めておこうとする立場を示していたことからすれば、彼としても強い不満は感じなかったものと推測される。

「大アジア主義」講演

孫文の「大アジア主義」講演は、神戸商業会議所会頭の滝川儀作《ぎさく》の申し出によって行われた。

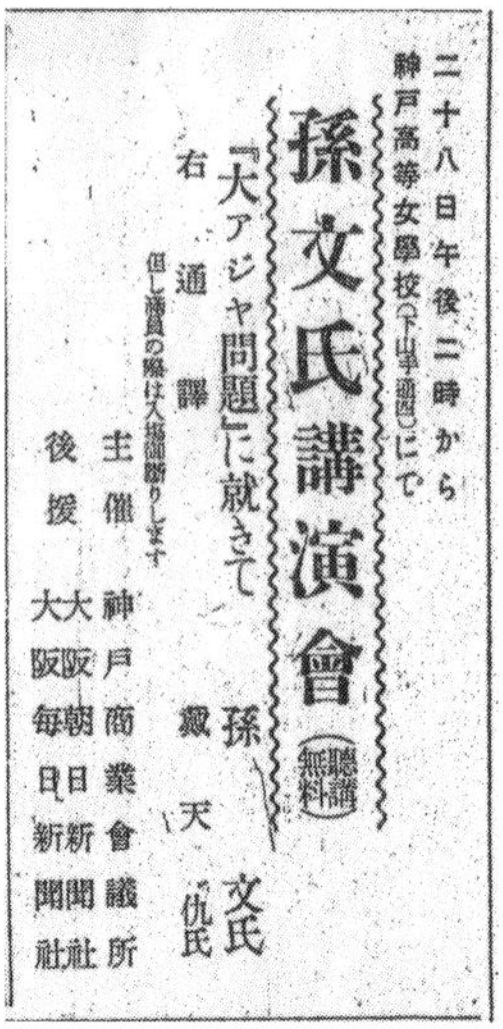

大阪毎日新聞（1924年11月27日）

この要請は孫文にとっても好都合だったはずである。日本到着後、彼は中国人に対する講演を行ったものの、日本人に向けてのものは予定されていなかったからである。来日以来の孫文の講演の主たる内容は内政と不平等条約問題であり、「アジア主義」という言葉は全く現れていなかった。しかし、彼はこの時点から「アジア主義者」としての扱いを受けることとなる。例えば、後援団体の一つである『神戸又新日報』の社告では、孫文を「東亜聯盟の唱首であり、日支親善の楔子《けっし》」と称し、読者に対しては「日支親善と亜細亜民族の聯盟に向つて」進むことを呼び掛けたのである（「孫文氏講演会社告」）。

一一月二八日に行われた講演において、孫文はまず、衰退したアジアの中で復興の先駆けとなったのは日本による欧米との不平等条約の改正であったとする。このことは他の諸国に大きな希望を与えることとなった。その後の日露戦争での勝利は、西洋列強に対するアジア民族の最初の勝利であり、これを刺激としてアジア各地の独立運動が盛んになってきた。そうした中で、アジアの民族間の連帯感の高まりが見られるが、東アジアにおいては日本と中国が独立運動の原動力となる力を持っているため、互いに提携する必要があるとされる。以上の文脈において、孫文は中国と列強との間の治外法権などを含む不平等条約撤廃については直接言及していないものの、日本の過去の事例を引き合いに出すことによって暗にそのことを日本に求め、それが将来の提携の前提であると述べていたのである。

次いで、孫文は東西文化の優劣の比較を行う。彼の説く所では、東洋の文化は仁義と道徳を主張する王道であり、西洋文化は功利と強権を主張する覇道であるが、両者を比較してみた場合、明らかに前者が優っている。そして、この仁義道徳の王道文化こそが「大アジア主義」の基礎となるものであった。すなわち、「われわれが『大アジア主義』をとなえ、アジア民族の地位を回復するには、仁義、道徳を基礎として、各地の民族を連合するよりほかになく、そうすれば全アジアの民族は、ひじょうに大きな勢力を擁する」ことになるとされるのである。また、孫文は連合の中に西洋の覇道と対立するソ連をも加えるべきだとするが、これはいうまでもなく当時の連ソすなわちソ連との提携政策をアジア主義に取り込んだものであった。

大亜細亜主義講演

さて、連ソ政策の採用は、孫文の主張において人種闘争的見方を後方に追いやったかのように見える。現に、この講演では人種闘争に関わる箇所はない。それでは、孫文は反帝国主義の立場から被抑圧民族の解放を求め、それを基軸として国際的な連帯を志向したのであろうか。以下の一文は、そうした傾向を強く示唆しているかのような印象を与える。

われわれが「大アジア主義」をとなえ、研究した結論はというと、いったいどんな問題を解決しなければならないのか。それは、アジアの苦痛をうけている民族のために、どうすれば、ヨーロッパの強大な民族に抵抗できるか、という問題であります。簡単にいえば、被圧迫民族のために不平等を打破しなければならないという問題であります。

しかし、講演全体を見た場合、西洋列強に対置された中国と他の被抑圧民族が対等の立場に置かれていたのかといえば、それは極めて疑問だといわなければならない。そのことを最も顕著に現しているのは、ネパールがなおも中国を宗主国として仰ぎ続けているとして、それを理想的な国家関係としている箇所である。孫文はこれを中国の文化によって感化された事例だとしている。そうだとすれば、そこには中国と他の被抑圧民族とが平等の関係で連帯する可能性は生じ得ないであろう。そして、中国革命の達成という最大の目標の実現のために、他の被抑圧民族との連帯が何らかの利益をもたらすとは考えられなかったであろうし、自国の革命以前に他国の独立を支援することなどは、孫文の想定するものであったとは思えないのである。

むしろ、孫文の構想は、被抑圧民族を平等に遇する強国が中心となって、中国のように潜在力の大きな国の独立を助け、その後にさらに多くの弱小民族の解放を実現することであったと考えられる。すなわち、孫文の立場は自国の革命を優先した強国依存型の民族解放というものであり、反帝国主義に基づいたものではなかったと考えられるのである。ソ連との提携はそうした考えに基づいたものであったと判断すべきであろう。

日本批判は本意であったのか

それでは、日本に対する評価はいかなるものとなったのか。そこで、次に日中提携論の可能性についての孫文の見方が問題となってくる。この問題でしばしば引き合いにだされるのが、講演の末尾の一節である。そこには次のように書かれている。

あなたがた日本民族は、欧米の覇道の文化を取り入れていると同時に、アジアの王道文化の本質ももっています、日本がこれからのち、世界の文化の前途に対して、いったい西洋の覇道の番犬となるのか、東洋の王道の干城《かんじょう》となるのか、あなたがた日本国民がよく考え、慎重に選ぶことにかかっているのです。

この部分を含めて全体を常識的に読めば、講演の主旨が日本との三〇年に及ぶ関係を孫文自らが総括し、そして自らの手で葬るための決別の言葉であったと見ることも可能であるし、以前はそのような見方が主流であった。しかし、実際にはこの部分は翌月の『大阪毎日新聞』に掲載された講演記録では欠落していた。この欠落問題に関しては諸説あるが、最も有力なのは、当日の講演ではこの部分を述べておらず、孫文が帰国後に講演録の定本が作られる過程で書き加えられたとする説である。

このように、「大アジア主義」講演の中で孫文が日本批判の象徴ともいうべき言辞を述べていなかったとすれば、この時点での彼は反日の姿勢を取っておらず、依然として日本に期待を抱いていた可能性が高い。また、講演当日に孫文は某「支那浪人」に向かって次のように語ったという記録がある。

〔今後、列強を放逐すると同時に〕日本を頭主として亜細亜人の大同団結を遂げ、以て欧米に対抗することは急務中の急務なるを以て、此の意味に於て日本政府の了解を求むべく来邦したる次第なるも、政府当局より東上は見合せよとのことなりしに依り、神戸に滞在すること丶なりたるものなり。(「孫文ト面会シタル支那浪人ノ言動」)

仮にこの発言に信頼が置けるとすれば、少なくとも来日時点での孫文は、日本との提携によって列強に対抗しようとしていたことになり、日本を批判する意思はなかったということになる。そのように考えた場合、この時点の孫文が考えた列強への抵抗の手段は依然として日中提携であり、そこにソ連を加えたものであったと考えられる。しかし、政府当局から上京を拒まれたことが、孫文の大きな失望となったことは上述の「支那浪人」の言からも窺い知ることができる。その意味では、来日以後の孫文の期待は政府から国民輿論へと転ずるに至ったと考えることができるであろう。

以上のことから、「大アジア主義」講演については次のようなことがいえるのではないだろうか。まず、孫文は被抑圧民族の解放を述べてはいるが、それは必ずしも反帝国主義的立場に基づいてのものではなかったということである。そして、そこでは日本批判の姿勢も確認することができず、逆に日本に対する期待感が持続していたと理解する方が妥当だと考えられる。総じて、この講演は中国革命の達成を妨げている英米列強に抗すべく、日中ソの三国の提携を呼び掛けたものである。しかも、孫文の講演は「大アジア主義」と銘打つものの、その趣旨は日本の論壇における受動的かつ日本主義に通ずるアジア主義と相容れるものではなかった。しかし、それはアジア民族の解放を唱えながらも、孫文の考えの中には、彼らと同一の地平に立とうとする発想はなく、従来からの特徴である強国依存の傾向が持続していたと考えられるのである。

日本を離れ天津に到着した後のインタビューで、孫文は「目下日本は世界の三大強国と誇つてゐるけれども思想その他の方面において尽《ことごと》く欧米の後塵を拝しつゝあるではないか、これは日本人が脚下の亜細亜を忘れてゐるためであつて日本はこの際速かに亜細亜に帰らねばならぬ、而して第一着手に先づ露国を承認すべきだと思ふ」と述べた(「日本は亜細亜に帰れ」)。このことは、孫文が依然として日本への期待を捨てておらず、ソ連を加えた三国の提携を望んでいたことを示していたのである。

講演に対する評価

それでは、孫文の「大アジア主義」講演は日本でどのように受け止められたであろうか。いくつかの事例を見ていくことにしよう。

当時、最も積極的にアジア主義を論じていた雑誌『日本及日本人』には、孫文の講演に好意的な記事が掲載された。それは、講演が過去の日本が独立を果たし「亜細亜の先覚」となったことと日本の指導性を示唆した箇所に言及し、これを「吾人の素論と符節を合するが如きものあり」と評価し、アジアはその本質に基づいた独創的文化を作るべきであって、欧米の文物に心酔しそれを謳歌することの非を説いたものであった（「孫文の亜細亜自覚論」）。この論説は、日本型アジア主義の本流の立場から、講演を断章取義的に評価したものであったといえる。

しかし、全体的には、孫文の講演には批判的な意見が多く見られた。矢野仁一《じんいち》は歴史学者の立場から、朝貢に関する歴史的事実を歪めて自説を述べた孫文を、白昼人を欺くもので寸毫《すんごう》の価値もないとした（「共和政治の精神的破壊」）。また、橘樸《たちばなしらき》は孫文の王道思想が近代的国家観念とは相容れないものであるとし、孫文が「西洋勢力の下に呻いて居る弱小民族の不平と云ふ事と、亜細亜と云ふ一種の地理的観念とを非論理的に結び付けて居る嫌ひはないか」と批判した（「孫文の東洋文化論及び中国観」）。そして、孫文が中国統一の優先課題として軍閥打破を選ばず、反帝国主義を優先させたことを不合理だと批判している。

当時、孫文の戦略を最も的確に理解し、それを批判し得た人物は中野正剛《せいごう》（筆名・二十六峰外史《にじゅうろっぽうがいし》）であった。彼は、孫文の構想が「亜細亜を打て一丸となし、之に労農露西亜、独逸其他虐げられたる国々を聯ねて、世界の覇者英米両国に対抗せんと」するものであるのに対し、「日本の大亜細亜主義者は亜細亜を聯ね、人種的色彩によりて白人に応戦し、日本を中心として白人の帝国主義に対抗すべく、別個の帝国主義を高調せんとする傾向がある」と述べている（「孫文君の去来と亜細亜運動」）。このように、両者の間には大きな相違があるゆえに、孫文が日本のアジア主義者たちに期待をかけることは賢明な策ではないとされた。「支那人の支那」を前提に考える中野は、孫文と日本のアジア主義に対してバランスの取れた見方をしていた。しかし、こうした見方をする者は極めて少数であり、多くの人には孫文の「大アジア主義」講演が意図した内容は正確に理解されていなかったのである。

中国においてはどうであっただろうか。中国で孫文の「大アジア主義」講演が大々的に取り上げられた形跡はない。例えば、講演翌日の『民国日報』は孫文の講演が聴衆に感動を与えたことを、わずか百字ほどで伝えたのみであった。また、中国共産党の機関誌『嚮導《きょうどう》』は、孫文の講演が「中国の民衆と日本の労働者・農民に対して、非常に大きな弊害をもたらすもの」と批判的なコメントを残していた（魏琴「国民会議、軍閥和帝国主義」）。孫文の講演は、同時代的にはほとんど影響を与えることはなかった。それが政治的言説として関心を惹くのは、一九三〇年代の日中関係の悪化の過程においてである。

第五章

日中戦争とアジア主義

前章においては、中国人によるアジア主義の主張を見てきた。その中には、李大釗のようにアジアを超えるアジア主義を構想した思想もあった。しかし、それを受け継ぐ人は現れなかった。孫文の思想についていえば、「大アジア主義」講演の通訳を務めた戴季陶によって部分的に受け継がれたものの、それは文化面に特化した傾向を持つものであって、政治戦略としての日中ソ提携論は継承されることはなかった。

一九二〇年代後半の中国では、「アジア主義」という言葉はほとんど見られなくなる。それは、北伐開始後の中国国民党の指導者にとって、北京政府の打倒こそが直接的目標となり、二八年一〇月の南京国民政府の成立後においては、政権の安定化に重点が置かれたことに関わるといえよう。しかし、三〇年代に入ると日中関係の緊張によって様相は変化する。本章においては、三〇年代以降の日中両国のアジア主義について見ていくことにする。

1　満洲事変と日本型アジア主義の新たな展開

一九三〇年代に入ってからの日本の本格的な大陸侵出の開始は、それまでのようにアジア諸国との連帯を一般的な形で説くことを困難にさせた。これ以降、侵略する日本はいかにして自らの行為を正当化するかが課題となり、抵抗する中国としては日本型アジア主義を否定して、孫文の遺産としてのアジア主義を活用することが必要となってくる。すなわち、三〇年代において日中両国のアジア主義は、互いに自らの正統性をもって対峙する状態に至ったといえるのである。まず、日本の論壇の傾向から見ていくことにする。

アジア・モンロー主義の再燃

すでに見たように、アジア・モンロー主義は一九世紀末の日本の論壇に現れ、言論界に定着していった。その主張は一時鳴りを潜めていたが、一九三一年の満洲事変を契機として再び論壇で唱えられるようになる。

この時のアジア・モンロー主義の具体的内容は、事変以後の満洲における日本の特殊な立場に対する欧米列強の干渉を排除することにあったが、その主張の根拠は国際連盟規約第二一条でアメリカのモンロー主義が容認されていることに求められた。すなわち、そこでは、連盟の規約が

「仲裁裁判条約の如き国際約定または『モンロー』主義の如き一定の地域に関する了解にして平和の確保を目的とするものの効力に何等の影響」を与えるものではないことが記されていたのである。

このことから、局地的問題については世界で一様にモンロー主義を採用すべきだとして、アジアに紛争が発生した場合はアジア諸国間で解決することを原則とし、その際には『日本が東亜の政治的優越国として、その指導監視に任』ずべきだとの意見が現れていた。そして、国際連盟は「半ヨーロッパ的機関」であってアジアの事情には暗いことから、これを機に連盟に日本のモンロー主義を承認させ、「東亜の実情に即した自然的組織」に紛争解決の権力を与えるべきだとされていた（柳澤愼之助「極東モンロー主義を宣言せよ」）。

この時期のアジア・モンロー主義者の多くは、まず日本と満洲の一体化、そして中国との提携によって地域連合体を結成し、それをもって国際連盟の限界を補おうと考えていた。すなわち、国際連盟は「欧洲の一紐帯」に過ぎず、東アジアの加盟国は彼らの「客分」でしかなく、満洲事変に対する連盟の態度も西洋諸国の利害に基づいたものであるところに問題があった。したがって、彼らの考えだけで連盟を運営させないためにも、アジア民族の間に有機的関係を作る紐帯が必要だとされたのである。

R. クーデンホーフ＝カレルギー

当時のアジア・モンロー主義の言説に強い影響を与

えたものに、リヒャルト・クーデンホーフ゠カレルギーの論説がある。彼は汎ヨーロッパ主義者として知られていたが、満洲事変後に日本の主張に理解を示した論説を発表し、一九三二年一月にはこれが「日本のモンロー主義」として邦訳されていた。

その中で、クーデンホーフ゠カレルギーは当時の日本の外交姿勢を、アメリカと大英帝国の自決権に次ぐ「第三モンロー主義則ち東亜モンロー主義」と見なし、「中央亜米利加が合衆国に取て意義ある如く、又エジプトが英国に取て意義ある如く、満洲は日本に取て意義あるものである」と述べ、日本の立場を理解すべきことを訴えていた。そして、日本がソ連のアジア侵入を防ぐ唯一の勢力であることからも、世界が日本のモンロー主義を積極的に承認し、将来の国際秩序を構成する一勢力として認めるべきだと主張していた（「日本のモンロー主義」）。クーデンホーフ゠カレルギーの論説は、当時の満洲事変以後の日本の立場を正当化するうえで、極めて有効な拠り所となり得たと見ることができる。

大亜細亜協会の成立とその思想

満洲国が建国してから一年後の一九三三年三月一日、東京で大亜細亜協会が設立された。その前身は「汎アジア学会」と称し、中谷武世《なかたにたけよ》を始めとし、下中彌三郎《しもなかやさぶろう》、満川亀太郎、中山優《まさる》らが中心となった半学術的な団体であった。これが、松井石根《いわね》の提言もあって、実行運動の団体へと発展的に拡大強化の運びとなったのである（中谷武世『昭和動乱期の回想』）。当時、松井は陸軍中将の地位にあったが、かねてから荒尾精の思想を敬慕しており、中国の政治動向の観察に努めるなど、大亜細亜協会の主要指導者の一人となる。

組織の名称を「大亜細亜協会」に定めたのは、鈴木貞一《ていいち》（当時陸軍中佐）の提案に基づくものであった。鈴木は今後のアジア主義運動は日本と中国を中心に展開されるものであるため、中国人の支持を得るためにも名称を孫文が提唱した「大アジア主義」によるべきだとしたのである。同会は機関誌として『大亜細亜主義』を出版した。その創刊号（一九三三年五月）に掲載された「大亜細亜協会創立趣意書」には、次のように記されている。

惟《おも》ふに、亜細亜は、文化的にも、政治的にも、経済的にも、地理的にも、はた、人種的にも明らかに一個の運命共同体である。亜細亜諸民族の真の平和と福祉と発展とは、一体としての亜細亜の自覚とその有機的結合の上にのみ可能である。［中略］而して亜細亜諸国相互の抗争の機会を杜《と》遏《あつ》し、外来の干渉と離間とを排絶するためには、現在分散乱離の状態に在る亜細亜諸民族をして一個の聯合体にまで組織し統整するの努力が絶対に必要である。

『大亜細亜主義』

こうした運命共同体としてのアジアの再建と秩序化は、全て日本の双肩にかかっているとされる。日本はかつてロシアとの戦いに勝利を収め、アジア滅亡の危機を救い、有色人種台頭の気運を醸成させた実績を持っている。今や満洲事変を契機として、人類史は再び大転換点に臨んでいる。「皇国日本はよろしく日露戦争の世界史的意義を拡充し、その一切の文化力、政治力、経済力、組織力を傾倒して、亜細亜の再建と統一に向つて進一歩を画すべき時」にあるのである。

他方、世界の潮流は地域的、文化的もしくは人種的類縁の上に諸国民が政治・経済的連合を図る傾向にあり、将来の世界は大陸連合ないし民族連合の諸集団の対立と協力の交錯の上に運営されるものと考えられた。趣意書では将来の世界をヨーロッパ連合、アメリカ連合、ソビエト連合、アングロサクソン連合、アジア連合の五つよりなるものと想定している。このように世界を五つに分ける発想は、クーデンホーフ＝カレルギーの影響を受けた鹿島守之助《かじまもりのすけ》の『汎亜細亜運動と汎欧羅巴運動』（一九二六年）におけるアジア連盟の主張に通じるものがある。

大亜細亜協会が構想するアジア連盟は、多分に国際連盟を意識したものであり、その主張には前述したアジア・モンロー主義とかなり重なり合う部分がある。例えば、松井は『亜細亜聯盟論』の中で次のように述べる。「国際聯盟は聯盟規約といふ欧米の白皙人種の体格に合ふ様に作った一着の洋服」のようなものであり、アジア人には適合しない部分が多い。「亜細亜人には亜細亜人特有の体格があり、心性があり、習慣がある」ため、それに見合った衣服を作らなければならない。ここに、アジア連盟が必要とされる所以があるというのである。

三民主義批判と王道主義の主張

松井によれば、アジア連盟の実現を妨げているのは、「混沌乱離、背戻《はいれい》無《む》慚《ざん》を極むる隣邦の現状」であり、これに災いされている日中関係の現状であるとされる。このような状態にあっては、アジア連盟の実現などは望むべくもない。彼は、満洲国建国がアジア連盟実現の第一歩であったとすれば、今後の第二歩は中国を今日の亡状より救うことであるという。それでは、その亡状の原因は何かといえば、それは「国民政府と称する現代支那の少数簒奪者」の存在にある。すなわち、中国国民党の現構成がこの後も存続し、現在の国民政府が中国の政権にある限り中国の更正は望むべくもない。むしろ「支那の救拯《きゅうじょう》は、支那の志士仁人による国民政府打倒の努力に対して、先づ思想的に、要すれば実力的にも、協力し工作することに始まる」とされるのである（「支那を救ふの途」）。

さらに松井の説くところでは、国民党の罪は三民主義の根底にその端緒を見出すことができるものである。すなわち、民権主義は英米流のデモクラシーに通じ、民生主義は社会主義と同義であってマルクス主義に通じるものである。他方、孫文が最も力点を置いた民族主義は根幹が痩せ衰えている状態にあるとされる。このことは、おそらく当時の反日的傾向の増大を指している。こうしたことから松井は、現在最も必要とされるのは三民主義の王道化であり、中国国民党の指導精神の再建でなければならないと考えた。

当時、松井ら大亜細亜協会の主要メンバーを始め、多くの論者たちが中国での王道政治の実現を求める発言をしていた。いうまでもなく、「王道」とは中国古典に由来する道徳政治を意味する言説であるが、彼らはその具体的内容についてはほとんど説明しておらず、この言葉は極めて曖昧な形で使われていた。しかし、突き詰めていえば、それは「王道楽土」と謳われた満洲国同様に、中国が親日政策に転じるよう求めることにほかならなかった。

ところが、中国には王道政治が求められるにもかかわらず、それは東アジア共通の思想的基盤だと考えられていたわけではなかった。むしろ日本の側は、王道とは似て非なるイデオロギーである「皇道」をもって欧米列強の精神に対置させていた。そのことは、中谷が皇道意識をもって大アジア主義の基調とし、大アジア主義を皇道宣布および八紘一宇の道義経綸の内包であると述べていたこと(「大亜細亜主義の本質」)、さらには宇治田直義《うじたなおよし》が大アジア主義を律するものとして、「日本に於ては皇道であり、満洲及び中国に於ては王道でなければならぬ」と述べていることからも窺える(「大亜細亜主義に対する支那人の誤解」)。そこには、盟主である日本は皇道をもってアジアを導き、盟邦たるべき中国は王道によってこれに協力するという関係が存在したのである。

中国における大亜細亜協会

大亜細亜協会は発足と同時に、中国における組織の結成に着手した。同会は、広東の国民党の反蔣介石《しょうかいせき》系元老、安南人・広東人からなる粤南《えつなん》国民党、帰国華僑の運動に期待をかけた。「粤南国民党」とは政治史上にはその名が現れないため実在が疑われるが、あるいは短期間に存在した地方政治結社であったのかもしれない。広東におけるこうした勢力の結集の任に当たったのは、当地在住の陸軍中佐・和知鷹二《わちたかじ》であり、さらには和知の依頼を受けた企業家・渋谷剛らであった。

広東で最初に活動を始めたのは帰国華僑であった。一九三三年四月、広東帰国華僑旅行宣伝隊を名乗る集団が、黄花崗事件七十二烈士の記念式典に際し、「東方民族大同盟」の結成を主張する伝単を撒くという事件があった。その伝単には次のように書かれていた。

我が東亜の民族が王道を以て聯合し、我孫総理（中山）の主張したる大亜細亜主義を実行することは啻《ただ》に日本が唇歯の效を収むる所以たるのみならず、我中国救亡の唯一の出路なり。蓋し之を大にして亜細亜を渾一にして黄色人種を団結し、［中略］沿辺の島国は中華の藩屏となり、世々子孫長く守りて替らず、盟約を立て、相侵さゞるにあり。（「広東に於ける亜細亜主義運動」）

このような運動を経て、翌月には広東大亜細亜協会籌備処が創設され、「広東大亜細亜協会より同胞に向つて告ぐるの書」と「敬んで日本民衆同胞に告ぐるの書」が発表された。前者は香港の新聞に掲載された記事を引用して、一国が多数の国によって管理されている現状は恥辱であるとし、むしろ一国によって滅ぼされることを良しとして、「日本に対して妥協するといふことは決して不当なりと見做すべきではない」、「今此の同文同種の兄弟国をして建設発展せしむることは何等悪いことではあるまい」と述べている。

また、後者においては、近年の日中間の紛争は欧米帝国主義を利するだけだとして、戦争を停止して共に共存共栄の道を歩むべきことが述べられている（「広東に於ける大亜細亜主義運動」）。

以上のことから、彼らにとっての「大アジア主義」とは、広東を基地として日本と提携・融和を図ろうとするものであったことが理解される。

六月に入り広東大亜細亜協会が正式に設立した。しかし、間もなく同会の指導者で粤南国民党の胡天民が広東当局によって逮捕され、処刑されるという事態が生じた。一連の活動が、日本と通じた売国行為と見なされたためである。七月一五日付の『大阪朝日新聞』は、「〔処刑の〕事実が伝はるや支那各地の同主義者に多大のショックを与へると同時に折角動きかけてゐる支那における大アジア主義運動はこれがため忽《たちま》ち影をひそめ同運動は一頓挫を来たした」と報じている（「アジア主義の首領死刑に処さる」）。

広東大亜細亜協会の活動は不明な点は多いものの、その後もしばらくは続いたものと見られる。現在、唯一確認できていることは、一九三三年一二月に二編の宣伝用文書を発していることである。そのうちの一つである「大亜細亜協会大満洲国三千万同胞に敬告す」という文書は、満洲国の政治が王道主義に基づいていることから思想的共通性を持つものと見なし、今後、主要会員を当地に派遣して工作を行わせ、多くの入会者を獲得して運動のさらなる拡大を図ろうとする内容であった。広東大亜細亜協会の目的とするところは、中国の満洲化であったといえるであろう。

一九三四年一月には、大亜細亜協会台湾支部が発足した。これは、松井が前年に台湾軍司令官となったことと関わっていた。その発会宣言では、「新附皇民」たる台湾人の「民意を暢達《ちょうたつ》して内台一和の実を徹底」すると共に、西南アジア諸民族との提携の拠点たるべきことが述べられていた（「大亜細亜協会台湾発会式」）。また、翌年一一月には、松井、中谷らの出席のもと、天津で中国大亜細亜協会発起人会が開催されている。同会の正式発足日は不明であるが、松井としては占領地で大亜細亜協会や治安維持会を基盤とした地方自治委員会を作らせ、それを基に連省自治の方針に則った親日政権を樹立していこうとしていたのである（松浦正孝『「大東亜戦争」はなぜ起きたのか』)。

中国アジア主義の民族主義化

一九三〇年代に入ると、中国では日本を批判しつつ孫文の唱えたアジア主義を三民主義の中で位置づけようとする試みが生じた。その先駆けともいうべきものが、一九三〇年一月の『新東方』、そして一〇月における『新亜細亜』という二種類の雑誌の創刊であった。

『新東方』は創刊号の巻頭に孫文の「大アジア主義」講演を掲載しており、このことは同誌がアジアの連帯を主張の基本としていたことを象徴している。また、同号に掲載された「本刊の使命」という記事では、西洋列強によって抑圧されているアジアを救済すべく、東方問題を研究する必要性が説かれていた。著者によれば、現在の東方民族は苦境にあるが、いずれ新たな東方へと生まれ変わり世界の各民族と肩を並べた存在となるとされる。

新たな東方が誕生する過程では、日本は打倒すべき対象として位置づけられていた。同号に掲載された「東方革命の意義」には次のように記されている。「東方の弱小民族を抑圧する西洋の帝国主義は、固より打倒されなければならないが、西洋の帝国主義と手を結んで、東方の弱小民族を抑圧する東方帝国主義もまた打倒されなければならない」。彼らにとって、日本は「東方帝国主義」にほかならず、連帯すべき相手ではなかった。しかし、彼らの言説の中には日本のアジア主義に対する批判は見られない。むしろ、そうした傾向はもう一方の雑誌『新亜細亜』において顕著であった。

『新亜細亜』は三民主義理論を研究・宣揚し、中国の辺境問題とアジア民族、すなわち東方の民族問題を議論することを趣旨としていた。「アジアの将来——創刊宣言」では冒頭で孫文を称えて次のように述べる。「総理は中国の救世主であり、同時にアジア民族の救世主でもある。総理が誕生した後、中国には生命が吹き込まれ、アジア民族も徐々に目覚め始め、世界の情勢も様相を変えたのである」。列強の抑圧下にあるアジアを救うことができるのは、国民党の最高原則である三民主義にほかならない。すなわち、「三民主義は中国を救う主義であり、またアジアを救う主義でもあり、世界の全ての被抑圧民族を救う主義でもある」とされるのである。

そのためには、全てのアジアの民族が三民主義の下に団結し、三民主義の原則の下に新たな生命を創造することが必要である。そして、三民主義は民族間に応用されて、「民族の地位の平等を求めるものであり、民族の国権の平等を求めるものであり、民族の生計の平等を求めるものである」とされる。ここに、三民主義は国際的には民族主義の下に一元的に集約されたということができる。そして、これこそが孫文の大アジア主義であったとされるのである。孫文の「大アジア主義」講演については次のように述べる。

〔大アジア主義は〕三民主義の原則を救国主義に適用したものである。それゆえ、三民主義こそが独立した単独の主義であって、大アジア主義は三民主義を応用した説明に過ぎないのである。大アジア主義を論じる人は非常に多く、東方においてすでに強盛な地位を得た国家も、大アジア主義を標榜してそのアジア統一の迷夢を実現しようとしている。さらには、多くの武人や政客が、帝国主義に媚びへつらうために大アジア主義を鼓吹している。総理は、一般の人が邪説に囚われているからといって、この「大アジア主義」という言葉を忌避しようとはしなかった。総理は確固たる三民主義の立場にあったので、総理が述べたのは三民主義的な大アジア主義であった。〔中略〕総理が三民主義を発明したのは、三民主義によって中国を救おうとしたからである。それゆえ、三民主義は救国主義だといえる。また、三民主義によってアジアを救おうとしたのだから、三民主義は大アジア主義にほかならないということができる。中国人は中国復興の観点から、三民主義を確固として信奉しなければならないが、アジア民族もアジアの有色人種復興の観点から、三民主義を信奉しなければならないのである。

上記引用部分における「東方においてすでに強盛な地位を得た国家」が、日本を指していることはいうまでもなく、ここには日本のアジア主義に対抗する意志が明確に窺える。また、同誌における別の記事によれば、孫文の大アジア主義とは民族主義を実行して世界主義に到達するための、中心となる過程だとされる。著者によれば、民族主義は対外的には世界の弱小民族の解放を援助することであるが、世界の弱小民族の多くはアジアに集まっているのが実情である。そのため、世界の弱小民族を援助しようとするなら、まず広範なアジア民族から始めなければならないとされるのである。

すなわち、「まず連合し団結し、一致して欧米の強大な民族、そしてアジアに存在する専横な民族——日本に抵抗すれば、他地域の弱小民族も自ずと自覚して反抗するようになり、そうなれば全ての弱小民族の解放と、帝国主義者の崩壊とはまさに予想した通りとなるのである」（克興額「民族主義与大亜洲主義及世界主義」）。ここで、孫文の大アジア主義はアジアの範囲を越えて世界の変革の一環に組み込まれたということができる。

胡漢民の抗日的アジア主義

さて、上記二種類の刊行物は、満洲事変発生以前のものであり、著作の内容には日本に対する反感は見られるものの、民族的危機感はさほど強くは感じられない。しかし、一九三一年九月を過ぎると様相は一変する。ここでは、その事例として中国国民党の有力な指導者の一人である胡《こ》漢民《かんみん》の言説を取り上げていくことにする。胡は立法院長の地位にあったが、蔣介石と対立して一九三一年三月より監禁状態に置かれていたが、満洲事変を機に釈放され、その後は香港で「抗日・討蔣・反共」をスローガンとする政治活動を展開していた。

胡漢民は「大アジア主義と国際技術協力」（一九三三年）において、孫文の「大アジア主義」講演に言及している。講演についての評価は一般的なものであるが、一九三〇年代の課題に直面する胡の意図は、それを二四年当時のままに解釈し提示することではなかった。彼はむしろ、孫文の大アジア主義を三民主義とりわけ民族主義と連結させようと試みている。この点で、彼は前述した『新亜細亜』と同一の方向性にあった。

胡漢民によれば、孫文の大アジア主義の思想は一貫した革命理論と時代の客観的要求に基礎を置いたものである。その革命理論とは三民主義にほかならず、それは「天下を公と為す」と「世界大同」を理想とするものであって、大アジア主義はこの目的に到達し、さらにはその理想の内容を充実させるための第一歩であるとされた（「再論大亜細亜主義」）。それは、以下の順序を追って実現されるものである。すなわち、①家族の団結から宗族《そうぞく》の団結に至る、②宗族の団結から民族の団結に至る（民族主義による民族の独立）、③中国民族の団結からアジア民族の団結に至る（大アジア主義）、④アジア民族の団結から世界各民族間の平等と友好を完成させる（世界主義の世界大同）、である。

ここでは、大アジア主義が民族主義と大同を繋ぐものとして位置づけられていることが理解されるのであるが、大アジア主義は民族主義と連動するものであって、相互に独立した関係にあるものではなかった。彼は次のように述べる。

> もし単に大アジア主義だけを論じて民族主義を疎かにするなら、そのような大アジア主義は決して孫文の主張した主義ではない。
> 孫文はなぜ大アジア主義を論じたのか。それは民族主義を実行するためである。大アジア主義は民族主義と世界主義を繋ぐ鎖なのであり、もう少しはっきりいえば、民族主義から世界主義へと至るための架け橋なのである。そのため、アジア主義を論じるなら、一方では民族主義を完成させ、他方では世界主義を促進する

胡漢民

必要があるが、〔どちらかといえば〕民族主義の完成の方が優先されるのである。民族主義を完成させ、あらゆる帝国主義の侵略に抵抗する中で、帝国主義がアジア民族に加えている束縛を解き放つのである。

かつては、孫文によって中国革命の完成に向けての国際戦略として案出された大アジア主義が、ここでは内容を変えて抗日戦争の論理として提示されている。このような立場に立てば、当面の敵である日本はもちろん、抗日を前面に押し出さない南京政府も批判の対象となる。胡漢民の考えでは、抗日と反蔣介石は通底するものであった。胡によれば、孫文の「大アジア主義」講演の意図の一つは、日本国民に忠告を与えることによって、反省の念と自覚心を引き起こさせること にあった。しかし、日本は西洋覇道の犬となり、東洋王道の守り手になろうとはしなかった。他方、南京政府は西洋覇道の犬の餌食となり、東洋王道のために奮闘するという責任を果たしておらず、その行為は断じて大アジア主義と相容れるものではなかった。

胡漢民によれば、日本の大アジア主義は元来「大・大和民族主義」に過ぎないものであったが、これが転じて「アジア・モンロー主義」となったとされる。日本がアジア・モンロー主義を唱えるようになった理由は、アジアにおける近代文化の先進者であることから尊大になり、指導者の地位に在ることを当然だと考えるようになったことに加え、国土狭小と人口稠密のゆえに経済的生存を維持するために、欧米諸国をアジアから放逐する必要があったことである。これは、アメリカのモンロー主義とは質を異にしており、その本質は皇室を中心とした「全アジア統制主義」

であるとされたのである。

他方において、胡漢民は南京政府の対日政策を投降主義として批判していた。特に、汪精衛《おうせいえい》（兆銘《ちょうめい》）は孫文の大アジア主義を正しく理解しておらず、その姿勢は対日拝跪政策であると批判されていた。しかし、孫文の大アジア主義の要点の一つに、日中提携による中国革命の遂行という計略があったことも事実である。だが、胡は日中提携には原則的には賛成するとしながら、その実現のためには、必ず孫文の遺嘱《いしょく》にある「我が民族を平等に遇する世界の民族と連合し、共に奮闘すべき」なのであって、「〔日中〕両国間の過去には提携し能はざる種々の原因が存在してゐるのであるから、この根源を除かなければ正当なる提携は実現されるものではない」と述べ、提携には否定的な姿勢を見せている（「われ等の大亜細亜主義」）。日本の中国侵略が続く限り、日中提携は不可能であり、抗日民族主義をもって相対すべきだと考えられたのである。

松井石根と胡漢民

以上のような立場を取る胡漢民に対して、大亜細亜協会の指導者の一人であった松井石根が接触を図った事実がある。松井は一九三六年二月から三月にかけて、国民党西南派工作を日的として華中・華南を旅行した際、蔣介石に反対する政治家・軍人・実業家に対して、大アジア主義を掲げ、華北との連携による反蔣運動の推進と抗日運動の中止などを働きかけていた。松井は二月二一日に胡と会談を行い、当日の日記に次のように記していた。

松井石根

朝九時、胡漢民を訪《と》ふ。昨夜王紀文来訪、両広結束は堅く、対蒋の必要と南北の提携を説く事切なりしが、胡の意見亦大体同様なり、要は日本に対する小細工を止めて防共の大目的の為めに対蒋政策に出づ（る）事を推奨するにあり。尚我等の大亜細亜主義に就《つい》ては彼等孫文時代より彼等自らの大亜細亜主義ありとて之を説明するに、大体吾等の意見に違はず。（「西南游記」）

ここで松井は、胡漢民の説明を「大体吾等の意見に違はず」と評している。それでは、その「説明」とはどのようなものであったのか、そもそも抗日を説く胡の立場は、松井と相容れるものであったのかなど、疑問な点が多いといわなければならない。胡によれば、彼らは一九二七年にも南京で会談したことがあり、その時の松井は「中日両国は必ず孫文先生の遺嘱に基づいて、大アジア主義を実行し、それによって極東の平和を守り、中日の共存共栄を図らなければならない」と述べたとされ、胡はこの発言を好意的に評価している（「大亜細亜主義与抗日」）。

しかし、一九三六年時点で胡漢民は必ずしも当時の日本のアジア主義に賛同したわけではなかった。むしろ彼は松井に向かって、孫文の大アジア主義が日本のアジア・モンロー主義とは大きく異なるものであることを力説しており、さらには当時の日本の対中国政策を厳しく批判しつつ、中国での抗日民族主義の高まりを積極的に評価する発言をしていた。そして彼は、次のように述べている。

私は一方ではアジア主義者であると同時に、一方では抗日を主張する者でもある。〔中略〕私の抗日の主張は、まさに身をもってアジア主義を実行している所以であって、孫文先生の遺志を継承したものなのである。（同前）

こうしたことからすれば、彼ら二人は孫文の評価では一致を見た可能性はあるにしても、抗日民族主義に基づくアジア主義の面では一致したと考える余地は皆無であるといわなければならない。松井は胡漢民の死後、彼の民族主義が「支那同族の救済を念願するものなると共に、更に此の精神を汎く亜細亜の同種同文化民族の間に拡充し、所謂王道的平等の精神に基き、亜細亜民族の団結に達せんことを冀《こいねが》ふの至誠なり」と評価している（「胡漢民君の死を悼む」）。しかし、松井からの期待は高かったにもかかわらず、両者の間には埋めがたい溝があったと見るのが妥当であろう。

以上において、一九三〇年代中国のアジア主義の新たな動向を見てきた。民族的危機の高まりの中で、中国のアジア主義は民族主義と連結されることによって、抗日の思想として読み替えられるに至った。それは、政治的環境の変化に基づいた、孫文思想の創造的な発展であった。しかし、三六年五月の胡漢民の死によって、抗日的アジア主義はさらなる展開を見せる機会を失ったのである。

2 東亜新秩序と東亜協同体論

東亜協同体論とは、一九三〇年代末期から長期化する日中戦争の中にあって、東アジアの地域において、民族と国家を超越する協同体の建設を主張した一連の思想体系である。その理論的基礎となる「協同主義」とは、既定の全体性の中に個を包摂するのではなく、あくまでもその個としての価値を否定せずに、それらを東アジアという空間秩序の中での再構成を試みる哲学を指していた（石井知章ほか『一九三〇年代のアジア社会論』）。

東亜新秩序構想は、明治期以降それまで主として民間の中に生き続けてきた思想としてのアジア主義が、初めて時の政府によって取り上げられ政策化されたものである。もちろん、そこでの議論は戦時下におけるものであるがゆえに、日本による中国侵略を否定する契機が乏しいことはあらかじめ想定されるところである。しかしそれは、当時の多くの知識人たちにとっては、アジアと日本をめぐる理論構築の初めての経験であり、思想的に不毛の時期における唯一の思想的創造の試みといえるものであった（橋川文三「東亜共同体の中国理念」）。果たして、彼らは戦争という特殊な政治環境の下で、いかなる形で東アジアの統合を実現しようとしたのだろうか。また、中国のナショナリズムはどのように評価されたのか。こうした点に着目することによって、東亜協同体論とそれ以前のアジア主義との持続・断絶が見えてくることになるであろう。

近衛声明と東亜新秩序

一九三七年七月、盧溝橋事件が勃発した。当初、近衛文麿内閣は戦争を拡大させない方針であったが、事態を抑えきれないまま日本と中国は全面戦争に入っていく。しかも、一連の和平交渉は不調に終わり、事態は膠着状態へと入っていった。

そのような中で、一九三八年一月一一日の御前会議は、「支那事変処理根本方針」を決定し、国民政府の全面屈服拒否の姿勢には、「新興支那政権」の樹立をもって対応することを明らかにした。同年一月一六日に発せられた第一次近衛声明は、こうした方針を公式化したものであり、「帝国政府は爾後国民政府を対手とせず」と宣言したのである。ここに、日中関係は事実上断絶することとなった。しかし、戦争は長期化の様相を見せ始めたため、政府はそれまでの方針を修正せざるを得ず、一一月三日に至って第二次近衛声明（東亜新秩序声明）を発表した。

声明では、日本の戦争目的を「東亜永遠の安定を確保すべき新秩序の建設に在り」とした上で、「この新秩序の建設は日満支三国相携へ、政治、経済、文化等各般に亘り互助連環の関係を樹立するを以て根幹とし、東亜に於ける国際正義の確立、共同防共の達成、新文化の創造、経済結合の実現を期するにあり」と述べられていた。そして、中国に対しては、国民政府が抗日容共政策を放棄すれば、新秩序建設の一員となることを拒否しないことを表明した。このように、第一次声明からは一変して国民政府に和平の期待が示されたのである。

一九三八年一二月二二日、第三次近衛声明が発せられた。これは、日本側との折衝を経てすでに重慶を脱出し、ハノイにあった汪精衛との和平運動への着手と連携する形で打ち出されたものであった。声明では、東亜新秩序の建設に向けて、日本・満洲国・中国の三国による「善隣友好、共同防共、経済提携」が謳われており、ここにいわゆる「近衛三原則」が提示されたのである。

当然、汪精衛らはこの声明を高く評価し、中国側もこれに応える行動に出るべきだと主張した。すなわち、汪はその一週間後に通電を発し、上記三原則について「〔自分は〕熟慮の後、国民政府は、これを拠り所として、日本政府と誠意を交わし、和平の回復を期するべきであると考えるに至った」(「艶電」)と述べたのである。しかし、重慶の蔣介石はこうした日本の動きに強い反発を見せることになる。

蔣介石は一二月二六日、第三次近衛声明に対して、「言はばそれは敵人の中国呑滅《どんめつ》、東亜独占、延いては世界征服の夢想と陰謀の総告白であって、又我国家我民族滅亡に対する一切の計画内容の総暴露である」と強い調子で非難を加えた。また、東亜新秩序建設については、「東亜の国際秩序を討ち倒し奴隷の中国を造り太平洋を独占し世界を分割せんとする企画の総名称である」と断定したのである(「蔣介石の近衛声明反駁の記念週演説」)。国民政府の戦う姿勢は明確であった。

蠟山政道の東亜協同体論

東亜新秩序の構想は、近衛の一連の声明の中で提示されたが、それは決して具体性を伴ったものではなかった。むしろ、その曖昧さのゆえに、多くの論者はそれを各々の政治的主張あるいは思想的立場に引きつけて解釈した。東亜協同体論はその中の一つであった。それは主に、近衛の私的政策研究集団である昭和研究会を中心に議論された。まず、同会に初期段階から参加した蠟《ろう》山政道《やままさみち》（一八九五〜一九八〇）の考えから見ていくことにする。

蠟山は東亜協同体を地域協同体という観点から捉える。蠟山の論説「東亜協同体の理論」によれば、盧溝橋事件に始まる日中戦争は、東洋の覚醒と東洋の統一という点において世界史的意義を持つものである。彼は、「東洋の覚醒は西洋に対して東洋が東洋として世界的に覚醒することを意味する」という。すなわち、国際連盟に象徴される普遍主義の下で、これまで排除されてきた「東洋を東洋として認める地域主義」が、今や明確な形で自覚される時になったのである。しかし、そこには中国ナショナリズムの現在的な問題と限界とが、障害として立ち現れている。

蠟山政道

歴史的に見れば、西洋思想としてのナショナリズムは、マーカンティリズムの封建制から資本主義を解放し、西洋諸国を分裂から統一へと向かわせた。しかし、一八七〇年代に西洋ナショナリズムは帝国主義的傾向を持つようになった。一九世紀半ばに至ってナショナリズムは東洋でも受容されたが、日本は一八六八年に新政府を成立させた後、様々な好条件もあって、いち早く西洋の帝国主義的桎梏から脱却することができた。しかし、中国はそうではなかった。

蠟山によれば、中国の場合は二重の意味で誤りを犯してきたとされる。それは、第一には、中国が日本と同様に西洋ナショナリズムを思想体系として受容しながら、東洋を東洋として意識することを忘れたことであり、第二には西洋帝国主義の問題点がすでに露呈されているにもかかわらず、国民党は西洋の援助を得て日本と衝突するに至ったことである。現在の中国には、こうした過ちから脱却することが求められる。しかし、そのためには、日本の覚醒だけでも中国の覚醒だけでも足りず、東洋という地域と民族との覚醒が必要である。今回の事変の終局の目的は、「ナショナリズムの超克」でなければならないというのである。

それでは、ナショナリズムの超克の力はどこにあるのか。蠟山によれば、それは日本がアジア大陸へ発展して行った過程に内在していた原理、すなわち「防衛的又は開発の為めの地域主義」であるとされる。日本はこれによって、国防上必要な地域を領有または経営することを主たる動機とし、それに基づいて経済開発と人口移植を行うと共に、文化的同化策を行ったのである。それは、満洲国の建国以後の日満関係の発展にも現れているとされる。彼は次のように述べる。

それは国防経済とそれに密接に関係する経済開発計画を伴ふ地域的協同経済であつて、資本主義が推進力となつて行はれる西欧的帝国主義と全く性質を異にするものである。それは植民地経済と見做すべきではなく、一定地域における民族が協同関係に立つ地域的運命協同体と規定する外はないのである。(「東亜協同体の理論」)

蠟山の考えでは、東洋の一体化を可能にするものは、「地域的運命の意識」の共有以外にはなかった。この意識こそ、「一民族一国家」という西洋からの押し付けに対抗し得る精神の原点であった。そして、東亜に作り出される地域的運命協同体は以下のような性質を持つものと考えられた。すなわち、第一にそれは新体制下の政治的地域ではあるが、征服による領土的帝国主義ではなく、民族の共存協力を可能とする地域的協同体であって、その政治体制は当然に何らかの連合体制でなければならない。

第二に、各民族文化の異質性を尊重し、その民族的背景を認めながらも、西洋との対比、そして世界文化への使命を意識した上で、それを統一に向けて創造的に発展させなければならない。第三に、自然と文化の機能的連関を持った新たな行政区域と自治政府とを建設しなければならない。第四に、経済体制は一種の共同経済であって帝国主義経済ではないこと、そして第五には、地域協同体の理論は決してアウタルキーでもブロック制でもなく、世界政治経済構成の原理であるとされた。これによって蠟山は、今後の世界は自然と文化との有機的結合の上に、均衡の取れた数個の世界的地域に分かたれていくと考えていた。

それでは、東亜協同体の政治体制は具体的にどのようなものとなるのか。構成国の一つとなる中国は依然として流動化した状況にあるが、東亜協同体が成立するためには、親日政権の存在が大前提となる。しかし、蠟山は現存する複数の親日政権のいずれもが中国を代表する新政府となるとは考えておらず、仮に中央政府が設立されたなら、それは既存政権とその管轄区域をある程度まで認めた連邦組織となるものと考えられた。すなわち、「聯邦組織であることが、今後、[中略] 地域的運命の共同を意識して新支那に合流し来る支那の民族分子並びにその地域を合併し統括する上に甚だ便宜」であるからである（「事変処理と大陸経営の要諦」）。

そして、将来の中国は日本と満洲国との連合協同体制を取ることになるが、それは構成国が国体・政体を異にする以上、国家連合以上のものたり得ないことは明らかである。蠟山によれば、「事実上その聯合の指導力は日本が有つとしても、その聯合体制そのものが各組成国家の国民に直接執行権を行使し得る執行機関を有つことは不可能である。その聯合体制の機関は各国家を通ほして、間接に各国民に権限を及ぼし得るやうにするの外はない」とされるのである（同前）。このように、蠟山は将来の東亜の新体制が、連邦組織と連合組織という二重構造を取るものと考えていた。もちろん、こうした蠟山の構想は極めて大まかな素描に過ぎないが、後続の協同体論者の議論の「たたき台」となったことは確かであろう。

三木清の文化的協同体論

東亜協同体に歴史哲学の面からアプローチしたのは三木清（一八九七～一九四五）である。東亜協同体論をめぐる議論の中で彼が強調したことは、東亜の統一を実現させるための前提として、個々の民族文化の枠を超越した新しい「東亜文化」の成立が必要だとし、その創造こそが東亜協同体の使命であるということであった。

三木は一九三八年一一月以前から、東亜の統一に関する議論を開始していた。それは当初より文化的統一体としての東亜であり、地政学的意味を持つものではなかった。彼にとって、日本と中国の文化はその特殊性を前提にして、互いに尊重されるべきものであった。そして彼は、特殊なものと特殊なものとが結びつくには、一般的なものの媒介が必要となるとして、日本と中国が結びつくための媒介は「東洋」であると考えていた。歴史的に見て、西洋がギリシャ文明とキリスト教以来、内面的統一性を有する世界を形成してきたが、東洋ではこれまでそのような事態は生じてこなかった。

しかし、この度の日中戦争の開始は、その「東洋」を形成するための世界史的な意義を持つものと考えられた。かかる東洋の統一は日本の使命だとされるが、そこでは全てのものに「日本的思惟」を差し込むことは誤りだとされる。彼の基本的姿勢は、日本と中国のそれぞれが築き上げてきた固有の文化的伝統の上に立ち、さらに両者を超えた「東洋」を創出するというものであって、彼は偏狭なナショナリズムには批判的であった。

三木が東亜協同体について論じるようになるのは、蠟山による提唱の後のことである。彼は、東亜協同体が単なる地域主義であるとすれば、それは世界史の統一的な理念を有することはできないとする。なぜなら、「単に地域的に考えられるような思想は真の思想の名に値しない」からである（「東亜思想の根拠」）。また彼は、東亜協同体は「民族的全体でなくて民族を超えた全体」を意味すると述べるように、そこに統一された民族を求める考えは否定される。しかも、「その結合の基礎は血という如き非合理的なものではなく、東洋文化の伝統という如きものでなければならぬ」とされるのである（「知性の改造」）。

三木によれば、文化の統一にとって重要なことは、文化の影響が相互的であり、真の交流が行われることである。しかし、従来東洋においてはそのような文化の交流がなく、影響は一方的なものにとどまっており、将来の東洋文化の統一のためには日本文化がこれまでとは逆に大陸文化

三木清

に影響を与える必要があった。然るに、日中戦争の開始に至って、日本文化は質的な発展を遂げ、初めて大陸への伸長が可能になった。かくして、東亜における文化の全面的な交流が可能になり、これによって東亜文化の統一の基礎が与えられることになったのである（「新日本の思想原理」）。

　それでは、東洋文化と西洋文化との相違点はなにか。三木によれば、その根本的な違いは西洋文化が人間主義的であるのに対し、東洋文化は自然主義的であること、すなわち、西洋においては人間と自然が対立的に考えられるが、東洋においては人間と自然とが融合的に捉えられている点にある。これら東西の文化は世界文化を構成する要素であるが、そこで考えられるべき世界文化とは抽象的に普遍化されるのではなく、東西両文化がそれぞれの個性を発揮しつつ統一するところに形成されるものである。しかし、従来「世界文化」と見なされていたのは西洋文化のことであった。そこで彼は、西洋主義の克服という観点から、「東洋文化の統一の形成、新しい東洋文化の創造は真の世界文化の形成にとって必要なことである」と指摘したのである（「東洋文化と西洋文化」）。

　しかし三木は、世界史の現段階におけるナショナリズムの意義の全てを否定するわけではない。むしろ、それには有用とされる部分もある。第一にそれは、抽象的な存在と化した近代的世界主義もしくは国際主義の克服のための否定的契機となり、そこから新しい意味での世界主義の発展が可能となるという点においてである。第二は、東亜協同体のように民族を超えた全体を考えるにしても、その中においては各々の民族あるいは国家がそれぞれの個性、独立性、自主性を有するものでなければならないことに関わっている。そして第三には、どのような世界的意義を有する事柄も、抽象的・普遍的に実現されるものではなく、むしろ常に一定の民族において最初に実現される、という点においてである。

このようなことから、中国のナショナリズムは歴史的必然性と進歩的意義を有するものと評価されることになる。そして、この認識なしに中国のナショナリズムを単純に排斥し、その三民主義にいう民族主義を抽象的に否定することは、かえって反動的なことであるとして、次のように述べる。

我々は支那の近代化への歴史的に必然的な運動を阻止することができないし、また阻止すべきでもない。寧ろ支那の近代化こそ東洋の統一の前提であり〔中略〕、従ってまた東亜協同体の形成にとっての前提である。（「東亜思想の根拠」）

ここから理解されることは、三木が「民族主義」として評価するものは、近代化および独立を実現する歴史的文脈においてのものであるということである。したがって、そのことは東亜協同体を構築すべき現段階において、ナショナリズムを批判的に捉えることとは矛盾するものではなかった。

東亜協同体の成立のためには、中国の独立がその条件の一つである。そのため、それを妨げている帝国主義が排斥されるべきことは当然であった。このことなくしては東亜の統一は実現しないからである。そして、その過程では日本は解放者の役割を果たすものとされている。しかし三木は、もし日本が西洋に代わって中国に帝国主義的支配を行えば、東亜協同体の真の意義は実現されないであろうと述べる。そして彼は、「日本みずからも同様に帝国主義的であることができぬ」と断言するのであるが、翻ってこのことは、現実の日本が既に大陸に帝国主義的侵略を行っていることのアイロニーであるようにも受け取れる。

そうだとすれば、欧米帝国主義のアジア侵略からの解放者としての日本の役割と、帝国主義国家としてのアジア侵略という矛盾を解決するには、三木としては自らの帝国主義を打倒してアジアの諸民族と連帯する以外には手立てはなかったはずである。帝国主義の問題解決とは、取りも直さず資本主義の問題に帰着するものであった。ここから彼は、「東洋の統一という空間的な問題と資本主義の解決という時間的な問題とは必然的に一つに結び付いている」と述べたのである（同前）。

しかしこのように、日本の帝国主義的性質を認識しつつも、三木の中にはそれに抵抗する中国のナショナリズムに呼応する姿勢は見られない。結局、彼の意図するところは、東亜協同体の建設に伴う日本の自己改革の道であったと考えられる。そのことは、日本がイニシアチブを取りつつ東亜協同体を建設するにしても、「日本も日本の文化もこの新秩序に相応する革新を遂げなければならぬ。日本がそのままであって東亜協同体が建設されるということは論理的にも不可能である」という言葉からも推察されるのである（同前）。

尾崎秀実の東亜新秩序論

尾崎秀実《ほつみ》（一九〇一～一九四四）は、前述した蠟山政道や三木清らと共に昭和研究会のメンバーとして、近衛文麿のブレーンとなった人物である。彼が特徴的であった点は、既存のアジア主義や他の東亜新秩序論を批判したことにある。

尾崎によれば、将来に建設されるべき東亜新秩序とは、従来からのアジア・モンロー主義や大亜細亜主義のような日本のアジア政策の一方的な表現ではなく、「日支事変を経過し来り、或る程度まで日本の政治、経済を又対支認識を変質せしめて来た現在の文化段階に則した歴史的な所産である」（「東亜新秩序論の現在及び将来」）。そして、近衛の提唱する東亜新秩序こそそれに最も近いものと見なされた。しかし、それまで提起されたいくつかの理論では、現実面が深く分析されておらず、また新秩序の共同建設者たる中国側の事情がよく理解できていないことを批判し、独自の見解を提示するのである。

尾崎が考える日中戦争後の東亜新秩序とは、以下のような性質を持つものであった。第一に、それは「決して古き秩序の断片をよせあつめての復旧ではなくして、新しい秩序の創建でなければならないということ」である。第二には、「新秩序においては、東亜の各邦が堅き相互連環の紐帯によって結ばれること」、そして「この結びつきは単なる連繫ではなく、更に一層の内面的緊密さをもつ」ことである。第三に、それは「東亜の各邦が各々その独立を保ち、一国が他の一国を搾取するが如き帝国主義対植民地の関係を清算」するものであり、そして第四に、「根本的

尾崎秀実

には排他的なものではなくして、世界新秩序の一環たらんとする」というものであった（『最近日支関係史』）。第四の点から分かるように、尾崎は東亜新秩序が帝国主義支配を終焉させた、新たな国際秩序を構成する一部と考えていた。

尾崎が東亜協同体論に対して、積極的な意義を認めていたことは確かである。しかし、それを主題とする彼の著作は決して多いとはいえない。その代表作としては「『東亜協同体』の理念とその成立の客観的基礎」が挙げられるので、ここではその内容を中心に見ていくことにする。

当時の東亜協同体論や、後述する東亜聯盟論が盛んに議論されている状況の中、尾崎はこの論説において、東亜協同体論の将来の発展の可能性を信ずるとしながらも、「『東亜協同体』は現実の問題としては幾多の弱点と実践の上の難点を有してゐる」と述べ、その課題を着実に見据えることの必要性を説く。その課題で最大のものとは民族問題に他ならない。

尾崎の説くところでは、東亜協同体論成立の要因の一つは、日本が中国の民族問題を再認識したことにある。しかし、この民族の問題は極めて身近で重要な問題であるにもかかわらず、看過されがちな傾向にある。中国のナショナリズムの動きは、抗日を戦う国共両党に見えるのは当然であるが、同時に親日勢力の中にも見出し得るほど根強いものがある。それは、政府だけでなく国民各階層にまで普及しているものでもある。彼はこれを力ずくで抑え込んだり、好転させたりすることは極めて困難なことだと述べており、日本の軍事力をもってしても抗日ナショナリズムの抑圧は不可能だと考えていたのである。

このように考えた場合、東亜協同体論は日本が中国問題の処理に手を焼いた結果の窮余の策であるとか、中国に対する強硬策を隠蔽ないしは取り繕うための政策として解釈してはならないものであった。尾崎は次のように述べる。

真実の東亜協同体は支那民族の不精無精ではなしの積極的参加が無くしては成り立ち得ないのである。それは決定的な事実なのである。このことは東亜協同体論が始められた動機や、その政治的方策として取りあげられた理由よりは更に深いところに位置してゐる厳然たる事実である。（「『東亜協同体』の理念とその成立の客観的基礎」）

しかし、現実の中国には抵抗のナショナリズムが深く根を張っているのが実情である。こうした状況を克服するためには、いかなる努力が必要か。それは、日本の問題としては、「帝国主義的要求がむき出しに現はれて来ることを押へ」ることが必要であるし、抵抗する中国に対しては「コーランと剣との様式における闘争が絶対に避け得られない」であろうとする。後者は政治的カムフラージュとしての言説と理解すべきであろうが、むしろ中国の民族問題は深いところでの解決を必要としており、その闘争はある程度の期間続けられることが運命づけられているのであって、このことを理解し自己改革の努力をしない限り、東亜協同体論は「一個の現代の神話、夢たるに終るであらう」とされたのである。

このように、中国ナショナリズムの強さを理解する尾崎は次のように指摘する。「民族問題との対比に於いて『東亜協同体論』がいかに惨めにも小さいかはこれをはつきりと自ら認識すべきである。さうでないならば『運命協同体』の緊密さも遂に神秘主義的決定論に終るであらう」。ここでいう「運命協同体」が前述した蠟山の所説であることは明らかである。しかし、尾崎の批判は単に蠟山一人にのみ向けられたものではなかった。当時の日本社会の中国理解の水準の低さ、あるいは現実から離れたステレオタイプな中国イメージの横行がそこにあったのである。尾崎による民族問題の強調は、そうした凡庸な中国論全般に向けられたものでもあったといえるだろう。

尾崎の見解における今一つの特徴は、中国の「赤化《せきか》」すなわち共産主義政権の樹立の可能性を早くから予測していたことである。彼は東亜協同体論を唱える前の一九三七年の時点で、中国の民族運動が自己解放を宿命としていることと、外部的圧力が今後とも増加すると予測されることから、「所謂『赤化』の傾向は進むであらう」と論じていた（「支那は果して赤化するか」）。

そして、一九四一年に発表された論説において、尾崎は抗日戦争と中国の赤化との内的関係、およびそれに対応すべく日本社会の改造による中国との連携を論じている。彼はこの中で、「抗日闘争の過程に於いて大きく変りつゝある支那社会の現在とその動向との正しい把握なしには〔日中〕両国の将来性ある連帯は生れ得ないであらう」と述べる（「東亜共栄圏の基底に横たはる問題」）。とりわけ、彼が抗戦力の重要な源泉が農業革命から生まれる民衆動員であることを指摘し、ここから将来の日中関係の基礎を知るには、抗戦下にある中国の農業革命の実態を知る必要があると指摘したことは注目すべき点である。

尾崎は、長期化する日中戦争の中で中国共産党が農民動員を通じて勢力を拡大し、民族独立運動を促進させている事実を認識しており、問題は日本がこれにいかに対応するかだと考えた。それは、政治・軍事レベルのものでないことは確かである。重要な鍵となるのは農業問題である。日本と満洲の農業が「支那のそれと極めて酷似した状態に在るといふ事実は、東亜新秩序建設にとって非常に深い問題を投じてゐると考へられる」からである。すなわち、「地主的土地所有を根源とし、原始的な技術の上に立つ零細規模農業が著しい停滞性と零落傾向を有つ点に於いて」、日本と中国は共通した社会的条件を持っていると見なされた。ここから、日中双方の歩調を合わせた根本解決こそが、尾崎のいうところの「将来性ある連帯」であり「日中両国の高次的な結びつき」であったということができるのである。彼は次のように述べる。

東亜新秩序創建といふ高遠な理想実現の現実的条件は、先づ第一に東洋諸社会の内容をなす半封建的農業社会の解体による農民の解放に在るものと思はれる。日本は自からをも革新しつゝ、諸民族の高度の結合のための条件を創造してゆかねばならない。(同前)

日本は現在進行中の中国革命に対応すべく、自己の革新と再編成を全面的に成し遂げることが必要であると尾崎は指摘したのである。これは明らかに、日本と中国の革命的連携を志向する立場であった。そして、後に彼が「『東亜新秩序社会』について」の中で語るところでは、将来に建設される東亜新秩序は世界革命の一部を構成するものと考えられていた。これまで、日本の大陸進出を許容しそれを補完する言説であった東亜協同体論は、ここに至って自己批判を成し遂げ、日本の体制変革を伴う東アジア連帯の構想となって立ち現れたのである

3　汪精衛の日中提携論と大アジア主義

一九三〇年代に入って日中関係が悪化する中で、中国のアジア主義は一時抗日ナショナリズムと結び付く可能性を見せた。しかし、盧溝橋事件以後それは一転して対日和平運動に応用されるようになる。その中心を担った人物は汪精衛《おうせいえい》（名は兆銘《ちょうめい》、一八八三～一九四四）であるが、汪の「大アジア主義」に対するこれまでの評価といえば、それは孫文思想を歪曲し傀儡《かいらい》政権の正当化の手段と見なすものが大多数の割合を占めている。

しかし、そのような評価は、一九二四年一一月の神戸での孫文の「大アジア主義」講演が、反日を主旨としたものであったとする見方に基づいている。すでに述べてきたように、孫文の考えの中では、中国革命の達成という目標に向けて、日中提携論が一貫して持続しており、神戸講演の時点においてはそれに新たにソ連との提携が加えられたのであった。もちろん、一九三〇年代に入ってからはソ連との提携という要素は消えるが、日中提携論の持続ないし再生という観点に立てば、汪精衛は孫文の構想を新たな状況の下で再現させようとしたのではないかとの仮説も成

り立ち得る。

すなわち、汪精衛は日中戦争下においては明らかに対日協力者であったが、この時期の思想的営為には、主観的には孫文思想の忠実な継承者であろうとしつつ、対日和平を実現しようとする努力があったと考えられるのである。筆者としては、孫文を抗日の起点とする固定的な観点を一旦離れ、より客観的な立場から汪の言説を見ていく必要があるように思われる。なお、ここで「大アジア主義」と称するのは、アジア主義全般から区別して、孫文の言説とその延長線上にあるものを指している。

日中提携の理論的正当化

一九二四年一一月の孫文の北上に際し、汪精衛は上海まで同行したが日本に渡ることはなく、「大アジア主義」講演を聞くことはなかった。汪は翌月天津で孫文らと合流し、翌年三月の孫文の死去にも立ち会っている。おそらく彼は早い時期から講演の内容を知ったものと推測されるが、彼の文章でそれに言及したものは全く見られない。むしろ、彼の国際政治観は孫文とは異なっていたといってよい。

例えば、一九二五年四月に公表された著作において汪精衛は、帝国主義列強の世界征服の過程で多くの有色人種、先住民が迫害を受けている中で、独り日本だけが抵抗し得ているかに見えるが、実際は日本は精神面で列強に屈服し、自身も帝国主義と化してしまったと批判していた（『国際問題決議草案並理由書』）。汪はここで、孫文が生前日本に期待したことはもちろん、前年の「大

近衛文麿

アジア主義」講演についても全く触れていない。このことは、当時の汪が孫文の日中提携の精神を共有しておらず、日本を他の帝国主義列強と同列に見ていたことを示唆している。

一九三〇年代に入ると、汪精衛はしばしば対日融和的な姿勢を見せるようになる。三二年五月の上海停戦協定以後の発言や、三五年一月の広田弘毅外相による「不脅威不侵略」演説を歓迎する発言は、その例として挙げられる。しかし、盧溝橋事件勃発後、汪精衛は抗戦と和平の両面を見せており、彼の対日姿勢は揺れ動いていく。そのような汪に、日本側から和平工作の対象として担ぎ出しの動きが始まるのは、三八年半ばからのことであった。最終的に汪は、一二月一八日に重慶を脱出し、翌年五月には上海に移って新政権樹立へと向かうことになる。

汪精衛が和平運動を具体的かつ理論的に論じ始めるのは、一九三九年七月に入ってからのことである。汪は七月九日に「中日関係についての私の根本的考えと前進目標」と題するラジオ演説を行っているが、これは自らの和平政策を正当化するために孫文の思想と言説を動員する第一歩であった。汪によれば、孫文はかねてから日中関係を極めて重視していたが、二八年半ばから両国の関係は悪化の一途をたどり今日の事態に至っている。

しかし今や、日本が第三次近衛声明を発して、中国に対して侵略的野心がないことを宣言して手を差し伸べ、共通の目的のために親密な合作を呼びかけている。にもかかわらず、なぜ中国はそれに応じようとしないのか。日本に対する怨みは、「解くべきものにして結ぶべきものに非ず」と彼はいう。そして今後は、中国は亡国の道である抗戦をやめ、敵を転じて友とすることに努め、日中の和平を回復し東亜の和平を確立すべきだと説いたのである（汪精衛「我対於中日関係之根本観念及前進目標」）。

翌日発せられた「海外の僑胞に告ぐ」では、日本との和平交渉が決して誤った認識に基づくものではないことを強調する。すなわち、第一に近衛三原則は亡国的条件ではないこと、第二に日本の撤兵問題に関しては、停戦から講和へ、講和から撤兵へという筋道が一般的であるため、この順序を踏むべきこと、第三に日本の駐兵問題に関しては、期間も地点も限られているため問題はないとされた。そして、「日本の提出した和平条件は、なお検討の余地があるとはいえ、決して亡国的条件とはいえない」とした（「敬告海外僑胞」）。

汪政権宣伝の標語が書かれた建物

新政権の樹立を目指す汪精衛にとっての最大の課題は、重慶の国民政府に対して自らの正統性をいかに確保するかということであった。そこで、一九三九年八月二八日から三〇日にかけて上海で六全大会が開催された。ここでは、新たな国民党の取るべき政策が、和平と反共であることが明示された。

和平問題に関しては、前年一二月の第三次近衛声明をもって、日本が侵略主義を放棄し、中国と和平を謀ろうとしていることは明らかであるとして、中国としても深く反省してこれに応える必要があるとする。そして、日中関係のあるべき姿は、孫文の「大アジア主義」講演の中に示されているとする。すなわち、日中両国は是非とも提携していかなければならず、両国はアジア民族解放の原動力とならなければならないということである。

他方、反共に関しては、孫文がマルクス主義には極めて批判的であったことを指摘し、先進諸国においては階級闘争方式による革命も社会政策によって取って代わられつつあり、共産主義勢力の影響力も次第に低下しているとし、ましてや中国のような農業国においてそれが適用不可能であることはいうまでもないことだと述べている。

汪精衛は以上のように、大会開催をもって自らの陣営の正統性を主張したのであるが、和平と反共という政策レベルに留まるだけでは十分な説得力を持つものとはなり得なかった。当然、そこには孫文思想の正統的継承者としての側面を強調する必要があった。その最初の試みは、一九三九年一一月二三日の講演「三民主義の理論と実際」においてなされた。しかし、汪の三民主義についての説明は、それが近衛三原則と一致することをいうものであって、それ以外に目新しさはない。むしろ、汪の孫文思想解釈の主眼は、次のような対外政策実行の方法にあったといえる。

汪精衛によれば、生前の孫文が腐心していたことは、中国がどのようにしたら次植民地の地位から解放されて、自由と平等を獲得できるかということであった。孫文は、その方法には二つあると考えていた。その一つは中国の自助努力であり、いま一つは先進国である日本と共同・協力することである。汪の理解するところによれば、孫文は日中関係の悪化の際には日本を批判する

汪精衛

こともあったが、その批判は総じて日本が中国と提携して友となることを希望してのものであった。汪によれば、孫文の日中提携の姿勢が典型的に現れているのは、一九一七年に書かれた「中国の存亡問題」であるとされる。

汪精衛がこの著作の中で最も重要だとするのは、中国と日本がアジア主義によって太平洋以西の豊富な資源を開発し、アメリカがそのモンロー主義によって太平洋以東の勢力を統合すれば、将来にわたって衝突の憂いはなくなると述べていた箇所である。当時、第一次世界大戦への中国参戦を主張する者の中には、協商国が勝利したならば、その力を借りて日本を牽制しようとする意見を持つものもあったが、孫文はそうした立場に与することなく、日中提携によって欧米の経済的抑圧勢力を東亜から駆逐する道を選んだ。汪は当時の孫文の意図をこのように考え、これこそ民族主義の精髄であり、民生主義の精髄であると見なしたのである。

このように見てくると、汪精衛が孫文の「中国の存亡問題」をことさらに強調する理由は明白である。すなわち、彼は現時点における日中関係の悪化を二〇余年前の時期に重ね合わせることによって、過去の孫文の対日政策を汪の手によって今日の中国に再現しようとしていたのである。しかし、これは容易に気づくことであるが、孫文にとっての日中提携は中国革命達成に向けての必須の要件であると考えられていたのに対し、汪にとっては和平自体が目的となっており、その意図の間には大きな相違が存在している。汪はそうしたことを一切無視して、自らを孫文に重ね合わせることによって、日中提携の正当化を図ったといえるであろう。

汪精衛と大アジア主義

汪精衛が自らの著作・講演において、「アジア主義」という言説を使ったのは、一九三九年七月二二日に行われた「二つの懐疑心を解く」と題する講演においてである。これは、広く国民の中に存在する二つの疑問に答えるという形で、日中の提携の必要性を説いたものであるが、そのうちの「日本側に誠意はあるのか」という疑問に対して、汪は一九二四年一一月における孫文の「大アジア主義」講演を持ち出し、日中の提携と責任の分担こそがアジアの危機を克服する手立てであり、互いに敵視することは「アジアがアジア人のアジアでなくなってしまう」ことにつながると述べていた（「両種懐疑心理之解釈」）。

この論説では、孫文の大アジア主義は日中の相互理解と連帯を説く中で言及されているに過ぎないが、先に取り上げた「三民主義の理論と実際」は、一九二四年一一月における孫文の神戸講演の意図したものにまで立ち入って説明を加えている点で参考になる。

孫文の講演はソ連との提携政策を採用していた時期になされたものである。にもかかわらず、孫文が日中提携と大アジア主義を論じたのはなぜであったのか。汪精衛は以下のように解釈する。すなわち、孫文には終始一つの信念があって、それは中国と日本の協力を前提とするものであり、中国が次植民地の地位から解放されるには、友邦と連合し共同して奮闘する必要があるというものであった。ソ連は中国と友好関係になることを望んでおり、中国もまた当然それを望んでいた。しかし、中国と日本が提携協力できなければ、ソ連との提携政策は最終的に無駄になってしまう。中国と日本が協力し、中国とソ連が協力すれば、日ソも協力することができてその牽制を受けることもない。中日ソ三国はそれぞれ国家体制を異にするが、そのことは現実の外交に関わるものではなく、そのためこの三国は提携できないものではなかった。一九二四年の孫文の訪日は、そうした意図の下に日中提携を呼びかけるためのものであった。汪はこの時点で、孫文の晩年のアジア主義の本質を正しく理解していたということができる。

孫文は一九一七年時点ではアメリカを、そして二四年時点ではソ連を友邦に加えたが、彼の対外路線は日中の提携を基軸とすることで貫かれていた。そこで汪精衛は、積極的に日中関係の緊密化を促進すべく「大アジア主義」講演の主題を援用しながら自己の主張を展開することになる。

それでは、汪精衛は日本のアジア主義的言説にはどのように反応したであろうか。もちろん彼は、日本の民間の政略論的な動きに対応することは一切なかったが、先に見た一九三〇年代後半の日本の論壇に現れていた東亜協同体論には不信感を表明していた。例えば、彼は一九三九年一〇月に日本の雑誌『中央公論』に論説を寄稿しているが、そこでは一般の中国人が「『東亜協同体』や『東亜新秩序の建設』に対しては直ちにこれを中国滅亡の代名詞であると見る」傾向があることを紹介しており、自らも全面的に賛同できるものではないことを述べていたのである（「日本に寄す」）。

しかし、それにもかかわらず、汪精衛は東亜新秩序論を基本的に容認する。そして、彼は東亜改造において先進国としての日本の指導権を認めながら、中国にも責任分担の義務があることを指摘する。しかし同時に彼は、「中国が滅亡するものならば勿論責任の分担は問題にもならないが、かりに滅亡はしなくても主権が掣肘《せいちゅう》を受け、独立自由が不完全であったならば、責任分担の能力も亦薄弱となるであらうから、中国の生存を求め独立自由を求めるといふことは、中国の為めであると同時にまた東亜の為めである」とも述べている（同前）。

日本が中国に責任分担を期待するならば、中国の独立自由の不可侵なることを忘れてはならない、というのが汪精衛の基本的立場であった。このような主張は、汪の考える大アジア主義における日本と中国の立場を知る上で重要であると考えられる。それは、彼の考える日中提携が、当初から無条件で日本に投降したとされる類のものではなかったという意味においてである。

ところで、東亜新秩序と孫文の大アジア主義の関連について、汪精衛は次のように述べている。すなわち、東亜新秩序とは一方においてはこの百年来侵入してきた西洋の経済侵略を東亜から駆逐しようとするものであり、また他方においては二〇数年来の共産主義の狂瀾《きょうらん》を防ぐためのものである。こうした責任を負うことができる国は、東亜にあってはこれまで日本があるだけであって、中国は孫文の大アジア主義という遺産があるにもかかわらず、その実現を図る努力をしてこなかった。中国はこれに対して大いに反省すべきだというのである。

しかし、中国は今や二つの新たな認識を持つに至ったという。それは、第一には東亜新秩序建設と孫文の大アジア主義とが同じであり、一致したものであるということ、そして第二には、東亜新秩序の建設と中華民国建設の完成とは並行して行くべきものだということである。ここに汪の論理の中では、東亜新秩序と孫文の大アジア主義は日中提携という共通項を媒介として、歴史的文脈を超えて同一のものと見なされるに至った。そして汪は、今後は中国人が今まで民族主義に基づいて生み出してきた愛国心と、大アジア主義から発生する東亜の観念とを融合して　つとすべきだと主張したのである（同前）。

三民主義とアジア主義

以上の主張に見られるように、大アジア主義を唱えるようになると、汪精衛はそれと民族主義との調和を図るようになる。汪は「民族主義がなければ、中国の民衆の自覚を喚起して中国民衆の力を団結させることはできず、大アジア主義がなければ、東亜の民衆の自覚を喚起して東亜の民衆の力を団結させることはできない」と述べ、これが一九二四年に孫文が「三民主義」を講演した後に、神戸で「大アジア主義」講演を行った所以だとする（「民族主義与大亜細亜主義」）。

また、孫文は「遺嘱」の中で、「世界の平等を以て我々を遇する民族と連合する」旨を述べており、人々はそれがソ連であると見なしていたが、汪精衛によれば実はそれは特定の国家ではなかったとされる。むしろ、もし日本が中国に対して平等をもって遇してくれたなら、それはまさに大アジア主義の望むところであった。それではなぜ、民衆を喚起する以外に世界の民族と連合し、共に奮闘する必要があるのか。それは、帝国主義列強の侵略が強化されている現在、彼らの奴隷とならないためには、民衆を覚醒させ、その力を団結させることは当然必要なことではあるが、それだけでは十分とはいえず、今や他民族との「連合」を考慮に入れなければならなくなっているからである。

汪精衛によれば、かつて多くの国では「連合」が軽々になされるべきものではないと考えられていた。なぜなら、ひとたび連合してしまえば運命を共にするということになり、失敗すれば共倒れとなる危険性がある上、無意味な束縛を受けかねないという意味からも孤立を良しとする傾向にあったからである。しかし、現在の世界の大勢は、経済的にも軍事的にも次第に一国の単独行動から集団行動へと移りつつある。すなわち、今や連合はすでに強盛となった国においては不可避であるばかりでなく、新興国や復興を図る国家にあっても必要であるとされたのである。

日本と中国は共に帝国主義の侵略を受けた国であるが、日本は中国に先んじて自由と平等を獲得することができた。しかし、帝国主義が消滅しない限り、日本が再び侵略を受ける危険性はなくならない。この点において、両国の運命は本来的に同じである。両国は以前、この点を疎かにしていたため、同一の運命であることを相克的なものへと変じたことは全く遺憾な事であった。そして汪精衛は次のように述べる。


民族主義と大アジア主義は、過去の中国と日本の運命が相克的な時代においては、相容れないもののように見えたが、今日のような運命共同体の時代においては、両国が結ばれているだけでなく、互いに融合して一体となるということができる。（同前）

このように、民族主義は大アジア主義との相関の下で、国家の対等関係を前提とすることで、日本との相克的側面は否定されることとなった。しかしそれは、日本の帝国主義的性格の否定という操作の上に成り立つものであったことは明らかであった。

それでは、この時期の汪精衛は民権主義についてはどのような解釈を行ったのであろうか。「新時代の使命」と題された講演で、汪は次のように述べている。「総理は民権主義の中で終始、国家の自由、民族の自由を重視し、個人の自由をほとんど論じなかっただけでなく、個人の自由を犠牲にし、国家・民族の自由を保全することを主張した」(「新時代的生命」)。確かに、孫文は「三民主義」講演における「民権主義」の中で、中国人には個人の自由が多すぎることが民族的団結力の欠如の原因であるとし、そのため個人の自由を制限して国家に権力行使の自由を与えるべきだと論じていた。それは、紛れもなく自由についての伝統的解釈に則った言説であったということができる。

こうしたことから、汪精衛は孫文が主張した民権主義は欧米の民主主義とは同一ではないとする。それは、完全な個人の自由主義ではなく、またファシズムでもない、国家と民族の自由を重視したものである。孫文存命中は、欧米流の民主主義が旺盛を極めたため、彼の民権主義は顧みられることはなかったが、今次の欧州大戦の勃発に至って、多くの人々は民主主義の限界を知るようになった。この点、日本で行われている新体制運動は、個人の自由を国家・民族の自由に変え、個人主義を全体主義に変え、民主主義を集権主義に変えるものとして評価されたのである。

このように、汪精衛は近衛文麿による新体制運動の中に、孫文思想との親和性を見出した。三民主義の残りの一つである民生主義にも同様の傾向が窺える。汪によれば、孫文は欧米流の資本主義と共産主義に反対し、それを乗り越えるべく国家社会主義としての民生主義を考案したとされる。そして、当時の世界は資本主義の勃興の時期に当たり、民生主義はさほど重視されることはなかったが、今日においては新経済政策、ファシズム、国家社会主義の国家はもちろん、英米においても同様の傾向が現れていると述べている。

また汪精衛によれば、日本の新体制運動は上述のように政治面では個人の自由を国家・民族の自由に変え、経済面では資本主義から国家資本主義に進ませるものであって、こうしたことからも孫文思想は一学説であるばかりでなく、真理でもあることが分かるとされた。以上のことから、汪の日本への思想的接近度は、一年前の「三民主義の理論と実際」よりも一段と高まったと見ることができる。

「大東亜戦争」と大アジア主義

一九四一年一二月八日、日本の対英米宣戦布告によって太平洋戦争が勃発した。汪精衛は、日米交渉の見通しについては楽観的な見方をしており、これは彼の予想を超えた事態の展開であった。すでに前年一一月に「日華基本条約」を締結していた汪政権は、開戦当日、声明を発表し、「国民政府は条約を尊重し、東亜新秩序の建設という共同目的を実現するという見地から、日本と苦楽を共にし、確固不抜の精神に基づき、この難局に臨むことを決定した」と述べ、中国の安危は東亜の安危と不可分であること、すなわち友邦の安危と不可分であると認識すべきことを国民に訴えた(「対大東亜戦争之声明」)。

そして二日後、汪精衛は英米に反対することは孫文の遺志を継ぐことであるにもかかわらず、現在の重慶政府は英米に付和して日本を敵として、英米の傭兵となり、中国の人民は英米の犠牲にさせられてしまったと述べ、この度の戦争で仮に日本が敗れたとしたら、アジアは永久に彼らの植民地になってしまい、民族は消滅してしまうだろうと説いた（「高級将校戦略演習開始訓詞」）。

汪精衛の認識によれば、日本の対英米開戦によって、四年来の日中戦争は「大東亜戦争」に変わり、東亜を保衛する戦争となった。そして、近衛声明以来日本が提唱してきた東亜新秩序と、中国が表明してきた大アジア主義は、理論から実行の時代へと進んだとされた。汪はこの時から、大アジア主義の実現を「大東亜戦争」の完遂に重ね合わせるようになる。

それによれば、大東亜戦争は「大東亜民族」の生死存亡を賭けた戦争である。中国が東亜の一部であり、中国民族が東亜の人民の一部である限り、中国は大東亜戦争に参加する以外にない。中国がもし英米の手中から解放されたいと望むのなら、それは大東亜戦争に勝利して初めて可能となる。ここから、「我々は共苦をもって同甘を求め、共死をもって同生を求める以外に道はな」く、東亜民族は「自らその国を愛し、互いに隣邦を愛し、共に東亜を愛する」ことが必要だとされたのである（「国民政府還都三周年紀念敬国全国国民」）。

太平洋戦争勃発後の汪精衛の大アジア主義には、今一つの大きな特徴を見出すことができる。それは、帝国主義に反対する言説を展開する中で、人種論的要素を濃厚なものとしたことである。一九四二年二月、日本軍がシンガポールを占領した後、彼は次のように述べている。

百年来、英米両国はその軍事侵略、経済侵略の二つを並進させる国策を取ったため、アメリカ大陸の先住民、アフリカの黒人種、オーストラリアのアボリジニは次々に蹂躙され、国土を失ったばかりでなく、人種もまたほとんど滅亡しようとしている。アジアの黄色人種もまた同様の厄運に巡りあわせている。しかし、日本が東亜新秩序および大東亜共栄圏の建設などのスローガンを提起して以来、東亜の諸民族は一筋の公明正大なる道を知るに至り、共存共栄の将来に向かって最大限の努力をしている。東亜民族の解放の結果として、世界の人種の解放の基礎も固められるのである。(「掃除英美的流毒」)

汪精衛にとっては、南進政策によって大東亜共栄圏の建設を目指す日本は、今や黄色人種革命を実現する指導者であった。世界各地の先住民族・有色人種が西洋人に支配され、滅亡の危機に瀕しているとする指摘は、国民革命時期における認識と全く変わっていない。しかし以前は、黄色人種の危機の中で日本だけが帝国主義として生き延びていくことが批判されていたものが、ここでは日本がその救世主として描かれている点に、大きな落差を見て取ることができる。

しかし、日本を盟主とする黄白人種闘争論は汪精衛に特有のものではなく、すでに孫文の思想にも見られた傾向である。果たして、汪精衛がそのことを認識していたかどうかは判然としない。しかし結果としては、十数年の年月を経て、孫文の考えは汪によって異なった政治的環境・条件の下で再現され、日本のアジア侵略の後方支援の役割を果たしつつあったということはできるだろう。アジアの解放をスローガンとしながらも、実際にはアジアを侵す日本の政策の前に、孫文の大アジア主義は汪の思考回路を通すことによって、思想として不本意な結末を迎えようとしていた。民族的危機の状況下においては、いかに孫文の思想に忠実であろうと試みても、対日融和的な主張は説得力を持つことは難しかったのである。

4　東亜聯盟の思想と運動

これまで見たように、日本と中国が本格的な戦争状態に入っていく過程で、両国では過去との持続・断絶の要素を含みながら、アジア主義の新たな展開が見られた。そのような状況の中で、石原莞爾《いしわらかんじ》を中心とする人々から日本の対アジア戦略案として東亜聯盟論が提起された。それは、近代日本に始まるアジア主義の中では特異な地位を占めるものであった。その理由としては、従来のアジア主義が一方通行的なものであったのに対し、東亜聯盟運動は中国国内の政治勢力にも同調者を獲得することができたことである。

中国に東亜聯盟運動の同調者が現れたという事実は、日本側からすれば思想と運動の拡大を意味するものであったが、中国の側にはそれを受け入れる固有の政治的事情があったことはいうまでもない。そこで本節では、東亜聯盟の思想的特徴を見た上で、中国における運動を概観し、日本の運動からの影響とその独自性について見ていこうと思う。

東亜聯盟論の概要

東亜聯盟の中心理論は石原莞爾（一八八九〜一九四九）によって作られた。いうまでもなく、石原は一九三一年の満洲事変に直接的に関わった人物であり、事変発生以前の彼は熱心な満洲領有論者であった。しかし、この年の暮れに、彼はそれまで主張し続けていた領有論を放棄し独立論者に転向していた。

石原が初めて東亜聯盟という言葉を使ったのは、一九三三年六月に書かれた「軍事上ヨリ見タル皇国ノ国策並国防計画要綱」においてであった。そこでは、近い将来に生じる世界文明統一のための人類最後で最大の戦争の準備として、目下の国策はまず東亜聯盟を完成させることだとされていた。こうした考えはさらに発展させられ、二年後には「東亜聯盟は先づ日本朝鮮支那及三民族の共有共存地域たる満洲国を範囲とし、其共同防衛共同経済は天皇により統制せられ行政は各単位毎に之を行ふものとす」（「為花谷君」）とあるように、それを満洲だけでなく中国における日本の支配地域にまで拡大する姿勢を示していた。

一九三七年の盧溝橋事件勃発後、日中戦争が長期化する中で、石原は翌年一一月の第二次近衛声明に積極的に反応し、本格的に東亜聯盟運動に取り掛かることになる。一二月には宮崎正義が『東亜聯盟論』を刊行しているが、それは石原の指示によるものであったであろう。そして三九年一〇月、木村武雄を中心として東京で東亜聯盟協会が結成され、運動は正式に開始する。ただし、石原は現役の軍人であったため、表面に出ることはなかった。

東亜聯盟協会は一九三九年一一月に機関誌として『東亜聯盟』を創刊し、「東亜聯盟協会趣意書」を発表した。そこでは、「文化団体として東亜聯盟主義に基く文化運動の展開を任務とする」と自己規定し、究極の目標は万邦協和による絶対の平和の確立にあるとして、「その第一歩として、東亜諸民族の協和による新秩序建設が当面の任務である」とし、前年一二月の第三次近衛声明の真意を中国国民に知らしめ、東亜民族の提携強化を促進する必要性を訴えていた。そして、将来に形成されるべき東亜聯盟は、その条件として国防の共同、経済の一体化、政治の独立という三項目を掲げていた。これらは運動の中核をなすものなので、その内容を簡単に見ておく必要がある。

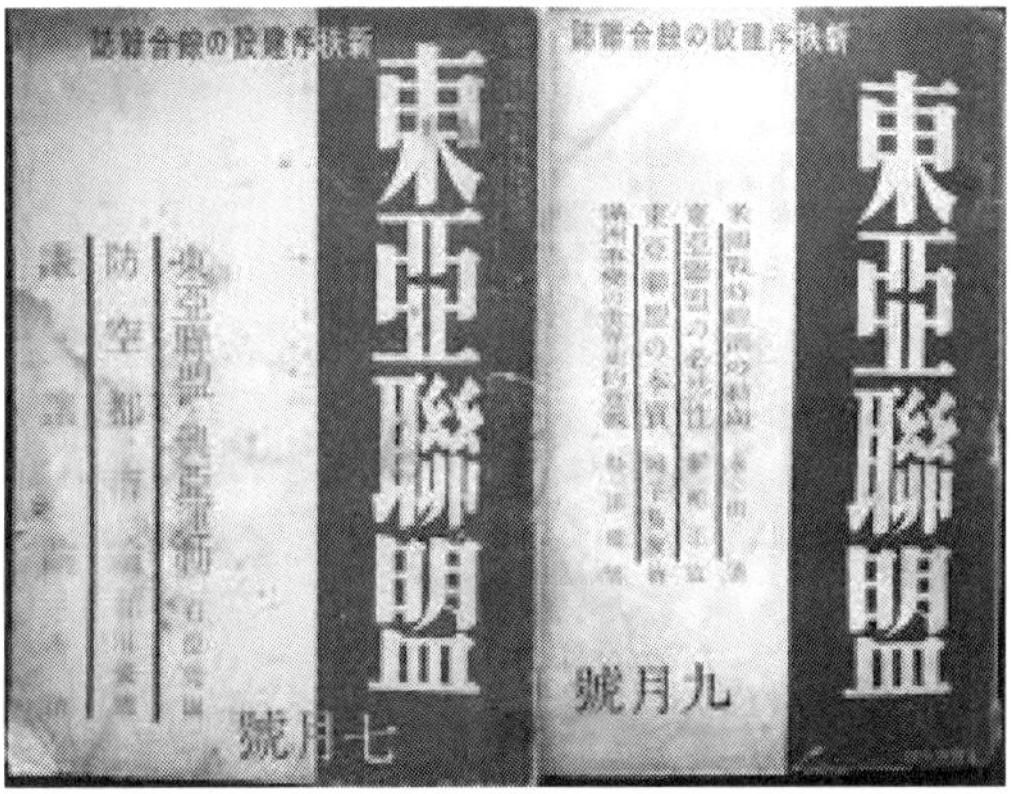

『東亜聯盟』

『東亜聯盟建設綱領』には以下のようにある。まず国防の共同であるが、これは日本を除くすべてのアジア諸民族が、帝国主義に屈服しているのは力の不足に起因するため、何よりも国防力の充実が東亜解放の絶対的条件であると考えられたことによる。次の経済の一体化の目的は、聯盟の諸国民の利益を増進させる必要性から、日本、満洲、中国の経済を相互依存によって緊密に結合させ、これを合理化し発展させることにある。それは、国防との関連で言えば、聯盟内において

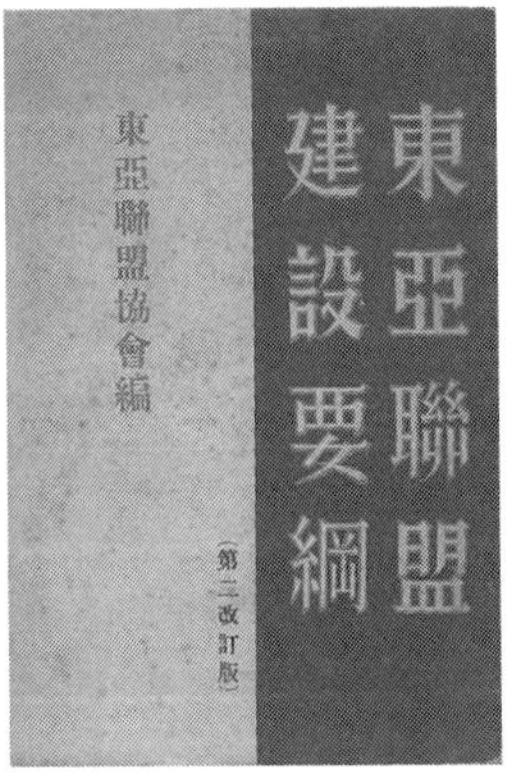

『東亜聯盟建設要綱』

物資の自給自足を図り、対外依存度を最小限度に留め、東亜解放戦での有利な態勢を整えることである。しかし、資源の偏在は如何ともし難いため、必要な産業を適所に興す「適所適業」によって、有無相通ずる総合的な経済建設が必要である。これによって、西洋諸国と対等の地位を獲得することができるとされた。

最後の政治の独立とは、将来に公布・締結される聯盟憲章や聯盟国家間の協定の指示する範囲内で、各聯盟構成国家が独立的に自国の主権を行使することである。そこでは、聯盟の諸国家は自国の立法権をはじめ、国政のほとんど全般にわたってこれを統轄することができるものとされていた。ただし、それは無制限なものではなく、聯盟の構成国は「聯盟全体の利益の為めに必要なる範囲に於て」はその権利が制限されるものであった。その「必要なる範囲」とは、国防の共同および経済の一体化に関する事項である。ここからすれば、政治の独立は先の二つの条件に比べて相対的に下位に置かれていたものと理解される。

東亜聯盟の基本思想

さて、東亜聯盟の指導原理として提示されたのは王道思想である。それでは、王道思想とはいかなるものか。東亜聯盟論を最初に体系化した宮崎正義によれば、それは中国固有の思想を指すのではなく、「王道と一致する皇道に基き、日満一徳一心の満洲帝国を建設したる我が国の政治理念の謂であり」、さらにいえば「東洋文化の基礎の上に、西欧文化を開顕融合したる新しい東洋文化理論の謂でもある」と定義された（『東亜聯盟論』）。それは、皇国思想によって西洋文化の行き詰まりを打破し、それをさらに高い次元にまで引き上げた民族協和の思想として認識されたのである。

王道を皇道と同質と見なす考え方は、宮崎のみならず東亜聯盟協会の名義で発表された文献に共通して見られるが、それが帝国主義と相容れないものとして認識されたことは重要である。すなわち、皇道は王道の側に引きつけられて解釈されることによって、アジアに対する帝国主義的侵略行為を正当化することは天皇への不忠を意味するものとされたのである（桂川光正「東亜連盟論の成立と展開」）。このような観点から、日本の過去におけるアジアへの侵略政策に対しては強い反省の意が表明された。そして、その過程で日本人に生じたアジア人に対する優越意識と侮蔑の念も、徒に彼らの間に反日感情を育て上げるだけであったとして批判された。

それでは、東亜聯盟は誰によって指導されるべきなのか。いわゆる「盟主」問題が出てくることは当然のことであった。しかし、協会のメンバーにはこの問題への言及に慎重な姿勢が見られた。それを反映してか、『東亜聯盟建設綱領』には次のように記されている。「日本人が日本国を聯盟の盟主なりと自称するは慎むべきである」。王道を主義とする東亜聯盟において、日本は最も謙虚であるべきだからである。しかし、上の文の後には次のようにも述べられている。「吾人は東亜の諸民族が真に大同団結し和《なご》やかな心持になつたならば、進んで天皇を聯盟の盟主と仰ぎ奉る日が遠からず到達するものと確信するものである」。このように、日本は国家としてはアジアに謙虚であるべきだが、王道は皇道と同質であるがゆえに、その体現者である天皇は絶対的な権威＝盟主として仰がれるべき存在であった。

東亜聯盟運動は、石原の世界最終戦イデオロギーによって貫かれていた。石原の認識するところでは、第一次世界大戦後の世界は地域的近接性に基づく国家連合の時代であり、その到来は歴史的な運命であるとされる。世界はやがて最終戦に向けて、いくつかの国家連合にまとめられていくが、それは差し当たりソ連、南北アメリカ、ヨーロッパ、そして東亜の四つのものになると推測されている。そして最終的には、東亜とアメリカによる最終戦が行われるものと予想されていた（『世界最終戦論』）。

石原莞爾

東亜聯盟は以上のような世界最終戦での勝利を収めるべく、東亜を一体化させるものとして位置づけられていた。日本としては、これと対応する国内の諸改革を実行し、東亜全域を単位とする内外一致した革新政策を行い、東亜諸民族の力を最大限に発揮させ、最終戦に勝利する態勢を作り上げることが必要とされた。それは、ソ連、英米に対抗し得る巨大な国防力を作り上げることを目標として、政治、経済、思想など物心両面における国民生活の一元的統制を求めるものであった。このように、東亜聯盟は石原の想定する世界最終戦の到来に向けて、アジアの統一と国内の改革を結び付ける役割を持っていたのである。

それでは、東亜聯盟の建設に向けて、現状はいかなる段階にあると認識されていたのか。聯盟の構成国たるべき満洲と中国は、その基礎条件である国防の共同、経済の一体化、政治の独立を確立するためには、軍閥そして共産主義と欧米帝国主義という内外の桎梏《しっこく》から解放されなければならない。満洲国ではおおむねその課題を達成したものの、中国では汪精衛政権が樹立されたとはいえ、全体としてはまだその途上にあるものと見なされている。なぜ、中国の改革は進まなかったのか。それは、孫文の思想を時代との関連で理解することを忘れ、大アジア主義と切り離し、断片的・訓詁的に解釈し、遂には抗日救国の思想と見なすに至ったことに最大の原因がある。

そうだとすれば、和平の立場からの三民主義の新たな解釈者の出現は、東亜聯盟協会の求める中国の統一を実現し、改革を進め得る契機となるものである。東亜聯盟協会は三民主義を一律に否定するのではなく、中国の和平派の思想動向を把握した上で、その現実的活用を考えていた。そのような立場を採ってこそ、日本は理論的破綻を来さずに汪精衛の政治行動に応え得るものであった。かくして、東亜聯盟協会は中国に有力な同調者を求めて思想運動の発展を求めることになるのである。

繆斌と中国の東亜聯盟運動

中国に東亜聯盟論を持ち込んだ人物は、朝日新聞記者の田村真作であった。彼は仙台支局勤務時代に石原を知り、その熱烈な信奉者となっていた。そして、一九三九年三月に北京の支局に転勤すると、直ちに華北における東亜聯盟の宣伝工作に取り掛かった。

田村は最初、北支那方面軍宣撫《せんぶ》班を対象として宣伝を開始した。田村は日本国内から来た宣撫官の中に賛同者を得て、中国民衆の中に東亜聯盟の理論を広めていった。他方、田村は中華民国新民会の中央指導部長であった繆斌《みょうひん》にも接触を図った。同会は一九三七年一二月に中華民国臨時政府の翼賛団体として結成された。繆斌はかつて国民政府および国民党の要職を務めた人物であるが、一貫した反共主義者にして王道論者であった。そして、満洲事変後は抗日政策には批判的立場を取り、和平による紛争解決を訴えていた。

中国での東亜聯盟組織の結成は、一九三九年末の時点で予定されていたものと見られる。そのような中で、繆斌は「東亜聯盟に対する吾人の見解」を発表しているが、これは中国人によって書かれた東亜聯盟に関する最初の著作であった。彼はこの論説の中で、王道をもって東亜聯盟の指導原理とすることに全面的に賛意を示した上で、日本の東亜聯盟協会が提示した三つの条件を全面的に受け容れることを表明した。

まず国防問題については、日中両国が防共のために軍事同盟を締結する必要が指摘された。そこでは、日本の指導的地位は認めなければならないが、日本占領地域内においても中国を援助して新しい反共勢力を建設することが望まれていた。次の経済提携においては、「東亜経済の適所適業、有無相通の綜合的経済建設の実現」が望まれるとし、農工一致をもって王道主義的家族の基礎とするとした。最後の政治の独立については、東亜聯盟における日本の指導性は認めながらも、それは思想と技能による指導であるべきであって、上下関係に立った指導であってはならないことを強調している。彼は両国の立場は対等の関係であるべきだと考えており、このような姿勢はこの後の中国における東亜聯盟運動の基本的な立場となっていくものである。

このように繆斌が東亜聯盟論に接近していく中で、北支那方面軍による新民会の改組を機に、日本の干渉の度合いが露骨なものとなり、繆斌は同会での活動に見切りをつけることとなる。加えて、一九四〇年四月二九日には支那派遣軍総参謀長である板垣征四郎名義による、「派遣軍将兵に告ぐ」と題する小冊子が大量に頒布されるに至った。そこには、日中戦争の終結のためには日本・満洲国・中国の道義的結合の上に東亜聯盟の結成に向かうべき旨が記されていた。こうした状況の中で、五月一四日、北京に繆斌を会長として中国東亜聯盟協会が創設された。中国における東亜聯盟運動は、ここに正式に開始することとなったのである。

中国東亜聯盟協会の宗旨は以下のように定められた。

一、中国民族の復興を求め、対内的には和平の革新勢力を造成し、対外的には民族の独立・自由平等を期す。

二、大アジア主義に基づき、東亜聯盟の結成を主張し、アジア民族の発展を求める。その条件を政治の独立、経済の提携、軍事同盟とする。

三、王道思想に基づき、民族解放と万邦協和を主張し、もって世界の真の平和の確立を求める。

ここから分かるように、中国東亜聯盟協会の宗旨は日本

繆斌

の東亜聯盟論のものをほぼ受け継いだものであるが、三条件のうち「政治の独立」を最初に置いたことは彼らの強い意志の現れであったと考えられる。繆斌はこの項目こそ「中国人が最も希望する所のものである」とし、「和平の成功と否とは、総じて和平政府の有力と否とに在り、和平政府の有力と否とは日本の放任か否かの断にある」と述べていた（「中国東亜聯盟協会よりのメッセーヂ」）。それは、中華民国臨時政府が樹立されて二年余りの間、十分な力量を発揮し得なかったことが、日本の干渉に由来するとの認識によるものでもあったであろう。

　中国の東亜聯盟運動が日本人の工作によって開始されたものであることは確かであるが、それが日本に全面的に迎合するものでなかったことは認識しておく必要がある。むしろ、中国側からは、日本は中国の民族主義を正当に理解すべきだとする意見も見られたのである。

　例えば、華北の運動の中心人物の一人であった張君衡《ちょうくんこう》によれば、日本が世界進出を掲げ、日本主義をもって東亜前進の示標とするなどということは、中国の民族運動を抹殺することに等しく、中国の民族意識を軽視するものであるとされた。民族主義は、抗日・和平の両陣営を貫く意識なのであって、和平運動も決してそれを否定するものではない。ここから、東亜聯盟は各国の民族主義を基礎とすべきものでなければならないとされた（「中国民族運動と東亜聯盟」）。そのためにも、日本は中国の民族運動を妨げるべきではないとするのであるが、こうした姿勢は明らかに「政治の独立」を最優先する中国の東亜聯盟運動の自己主張の現れであったといえよう。

　以上において、中国における東亜聯盟運動の開始状況について見てきた。それでは、現実の運動はどのようなものであったろうか。日本の『東亜聯盟』誌には、現地での中国人の積極的な活動を伝える記事が掲載されている。しかし、それがどれほど実態を伝えているかは疑問である。むしろ田村の回想によれば、華北には政治的独立は存在しないとする北支那方面軍の弾圧によって、新民会以外の団体活動は禁止された結果、「たゞ一つの合法活動として華文の雑誌『東亜聯盟』の発行が残された」だけであったとされる（『繆斌工作』）。そうだとすれば、組織としての運動はほとんど有名無実の状態であったのかもしれない。しかし、それは華中・華南に波及することによって、新たな展開を見ることになるのである。

汪精衛政権の下での東亜聯盟運動

華北で東亜聯盟運動が開始される以前から、汪精衛は東亜聯盟に関する情報をかなり得ていたと見られる。一九三九年秋には、側近の林柏生《りんはくせい》が上海で宮崎正義と会い、東亜聯盟の知識を得ていた。また、翌年になると、近衛文麿からの書簡で日本の東亜聯盟運動に呼応するようにとの勧めもあったといわれる。汪としては様々な情報によって、この運動の中に民衆の抗日要求を親日和平に転換させる可能性を感じていたものと推測される。

一九四〇年九月九日、広州で林汝珩《りんじょこう》（広東省教育庁長）らによって中華東亜聯盟協会が設立された。設立の指導に当たったのは、広東特務機関の矢崎勘十《やざきかんじゅう》と元朝日新聞記者の高宮太平《たへい》であった。「東亜聯盟協会ニュース」によれば、協会の結成に当たっては事前にラジオ、新聞、街頭演説での宣伝、さらには教育機関を使って東亜聯盟思想の普及が図られていた。同会の成立に当たっては、次のような「中華東亜聯盟協会綱領」が定められた。

一、本協会は大アジア主義を根拠とし、政治独立、経済提携、軍事同盟を条件として、東亜聯盟の結成を期す。
二、本協会は中華民国の復興を求めるべく、対内的には和平反共建国の使命を完成させ、対外的には民族の独立、自由、平等の達成を期す。
三、本協会は「天下を公と為す」の精神に基づき、世界平和の真の確立を求める。

これは、北京に作られた中国東亜聯盟協会と同様に、日本の東亜聯盟論を基本的に受け入れつつも、和平反共建国という政治路線を提示すること、そして孫文の大アジア主義を前面に押し出すことによって、汪精衛政権の色彩を濃厚に感じさせるものであった。

中華東亜聯盟協会がそれまでの運動とどのような繋がりを持っていたかは不明であるが、東亜聯盟論の三条件のうち政治の独立を引き続き首位の項目に置いたことは注目に値する。「中華東亜聯盟協会宣言」では次のように述べている。

吾人は何故に政治独立を最も先としたか？　これはわが中華民国の挙国一致の要求であり経済提携・軍事同盟を主張する先決問題だからである。蓋し政治の独立が不能とすれば経済提携も軍事同盟も均しく主従の関係となり、平等互恵自由合作が不能となるのである。

次の経済提携は、東亜各国の協力によってそれぞれの経済力を増し、欧米の経済圧迫や経済侵略に抵抗しようとするものであるが、中国自身についていえば、それは民生主義を実行することであり、そのためには孫文の実業計画に基づくべきものとされた。最後の軍事同盟の目的は、「大東亜国防圏」の自衛を意味するものであって、東亜各国は強固で有力な防衛力を保持して、赤白帝国主義の侵攻に抵抗すべきだとされている。

汪精衛政権にとって、政治の独立は当初から日中提携のために最優先されるべき問題であった。彼の考えでは、日本への隷属が露骨となれば、政権の存在意義は根本から失われるものであったからである。しかも汪の考えでは、政治の独立は日本による指導と矛盾するものではなかった。問題は指導の仕方であり、兄弟間のような指導関係であれば、摩擦が生じることはないと考えられたのである。日本と中国を兄弟に例える発想は孫文以来のものであるが、ここでは両者の立場が以前とは全く逆転していることは明らかであった。

広東での組織の創設からしばらくした一九四〇年一一月二五日、南京で東亜聯盟中国同志会が創設された。この組織は汪精衛の指示の下に準備がなされたといわれるが、その中心的な役割を果たした人物は周学昌《しゅうがくしょう》（中央党務訓練団教育長）であった。その綱領である「東亜聯盟中国同志会簡章」においては、「大アジア主義の精神に基づき、政治の独立、経済協力、軍事同盟、文化交流（原文は文化溝通――引用者）をもって主要原則とし、東亜民族の結合を求める」とされた。

ここに初めて「文化交流」が目標の一つとして登場した。日本の東亜聯盟協会は、事後承諾という形でこの項目を加えることに同意している。過去に日本が西洋文明の吸収を急ぎ、それに侵されることによって中国文化を軽視したこと、そして中国人に見られた過度の文化的優越感が両国の紛争につながったとする日本側の立場からすれば、これに同意することは当然とされた。

東亜聯盟中国同志会の成立に際し、汪精衛は声明を発表した。それは、日本の東亜新秩序声明を踏襲し、東亜聯盟結成の正当性を訴えたものであるが、汪はそこで「〔孫文の〕大アジア主義は東亜聯盟の根本原理であり、東亜聯盟は大アジア主義の具体的実現である」と述べた（「東亜聯盟中国同志会成立訓詞」）。これは、汪が東亜聯盟論を大アジア主義と一体化させて論じた最初のものであった。

汪精衛が東亜聯盟論と大アジア主義を結合させたことは、彼の政権の合法性を理論的に説明するためにも必要なことであった。なぜなら、日本占領下に作られた政権が和平を唱えることは当然としても、果たしてそれが中国の自由と平等につながるのかという問題があったからである。このことを、彼は中国の解放を東亜の解放の中に位置づけることによって解決しようと試みた（劉傑「汪兆銘政権論」）。彼は孫文の大アジア主義の趣旨を念頭に置き、次のように論じている。

東亜の復興は中国の自由平等と同一のことである。中国が自由平等を獲得できなければ、東亜の復興という責任を分担することはできない。一方、中国の自由平等の完全なる獲得は、東亜復興の中でなされなければならない。そのため、中国の独立は必要であるが、日本との協力もまた必要である。東亜聯盟運動はこのような意味で始まったのである。（「所望於民国三十年者」）

ここに、汪政権は日本占領区域にありながらも、大アジア主義の体現たる東亜新秩序を実現すべく、東亜聯盟運動を展開することによって自己解放を成し遂げ、自由平等を実現することができるとされたのである。このような事情を念頭に置けば、中国の東亜聯盟運動が日本で重視された石原莞爾の世界最終戦論を採用しなかったことも理解できるであろう。汪の思惑は石原の思想とは別のところにあったのである。

東亜聯盟中国総会の結成とその後

東亜聯盟中国同志会は、結果的に見て、全国的統一組織結成のための過渡的存在であった。一九四一年二月一日、南京で東亜聯盟中国総会が結成され、会長には汪精衛が就任した。総会成立後、各地に分会が設けられたが、広州にあった組織はそのまま広州分会として活動を継続した。総会章では、「孫先生の大アジア主義を実現するため、隣邦とそれぞれ自由独立の立場に基づき」、「相互にその主権と領土を尊重し、併せて政治、経済、文化など各方面において互助敦睦の手段を講じ、以て共存共栄、東亜復興の共同目的を達せんことを求む」とされた（「東亜聯盟中国総会会章」）。汪は成立大会で、一九三八年一一月以降の日本政府の東亜新秩序政策を肯定的に評価した上で、「いわゆる聯盟とは東亜各民族、国家をして独立の立場に基づいて共同行動せしむるものである」とし、ここでも政治の独立を強調した（「東亜聯盟中国総会成立大会訓詞」）。

それでは、東亜聯盟中国総会はいかなる組織として位置づけられたのであろうか。林柏生によれば、東亜聯盟中国総会は政党ではなく、党を中心として各党派および無党派の人士を連合して運動を展開する国民組織である。すなわち、現在の中国に最も必要なことは中心勢力の樹立であるとされ、同会には国民党の「基礎を増大し、且つ強化する」役割が求められ、それは「党の外延であって党の代位ではない」とされたのである（「東亜聯盟運動の本質」）。

しかし、東亜聯盟中国総会の結成は、日本政府の積極的な支持を得てなされたものではなかった。すなわち、一九四一年一月一四日に日本では興亜諸団体の指導統一を図るべく閣議決定がなされており、「皇国の国家主権を晦冥《かいめい》ならしむる虞《おそ》れあるが如き国家聯合理論の展開乃至之に基く国際形態の樹立を促進せんとする運動」は禁止され（「興亜諸団体ノ指導理念統一ニ関スル件」）、この後の中国の運動は形の上では単独で展開しなければならなかった。当然、中国の側からは批判の声が上がり、汪精衛は東亜聯盟は中国一国だけではその目的を達成し難いとして、日本の決定に失望の意を表明していた（『東亜聯盟日本総会』とせよ」）。

今一つ東亜聯盟中国総会にとって想定外だったことは、同会が全国的な組織化を目指したにもかかわらず、華北の中華民国新民会が統合に応じなかったことである。会員からは、新民会が和平運動の一翼を担ったことは評価するが、汪精衛の和平運動に対して沈黙し、華北に割拠する形で運動を進めたことは遺憾なことだとする反発の声が上がった。しかし、新民会の独立的姿勢は日本政府の意向を受けてのものであった。すなわち、前述した一九四一年一月の閣議決定の備考では、「同志会と新民会との団体的統合は当分之を避け、北支に於ける日満華共同宣言の趣旨普及は、新民会をして之に当らしむ」とされていたのである。

こうした日本側の姿勢は、中央政権成立後も華北を日本の影響下に留め置こうとする以前からの政策の延長線上にあった。そのことは中国の側も察知しており、華北の運動との一体化が進まない理由が、日本の現地勢力の意向によるものであるとの不満の声が上がっていた。結局、東亜聯盟運動は華北から開始されたが、統一化された運動として華北に再浸透することはできなかったのである。こうした事情からすれば、東亜聯盟中国総会の方向性は日本の政策と齟齬を来していたことが分かる。

一九四一年一二月における太平洋戦争の勃発は、中国の東亜聯盟運動のあり方や主張に影響を与えた。彼らの認識では、東亜聯盟運動と「大東亜戦争」の理論的出発点は、共に自主興隆の新東亜を作り出し、これをもって東亜復興の基幹となし、世界に貢献し人類の永久平和を勝ち取ることにあった。東亜聯盟運動はその目的に向けて東亜の各民族を一致団結させるという対内的な役割を果たす一方、大東亜戦争の役割は対外的であり、その目的は英米帝国主義の百年来にわたるアジア侵略を一掃することにあるとされ、両者は表裏一体の関係にあると見なされた（郭秀峯「東亜聯盟運動与大東亜戦争」）。

なお、太平洋戦争の開始によって、東亜聯盟の範囲が従来のように日本・満洲・中国に限られるのではなく、西南太平洋地域にまで拡大されたと認識されるようになる（「東亜聯盟運動的前途」）。中国の東亜聯盟論は孫文の大アジア主義と結合されることによって、すでに東亜の範囲は拡大して解釈されていたが、戦争を機に日本が南方に勢力を伸ばしたことによって、それが現実の問題として認識されるようになったのである。

次に文化面では、前述したように、日本の東亜聯盟論はその思想的根拠を王道に求めており、中国側もそれを儒家の道と一致するものと見なしていた。それは、両国間の文化的共通性を強調するためであった。しかし太平洋戦争開始後になると、その程度はさらに高まり、彼らは日本が主張する皇道精神をも無批判に容認し、それが中国の伝統と同質であると見なすようになる。例えば、上海大学の校長を務めた趙正平《ちょうせいへい》は次のように説いている。

道の含意は、実は孫先生の〔言うところの〕中国民族の固有の道徳、すなわち忠孝・仁愛・信義・和平である。概括的に言えば、日本の歴史が古から今に至るまで伝えてきた皇道は、中国がこれまで伝えてきた王道なのである。(「東亜聯盟与文化溝通」)

そして、皇道とは誠であり、王道とは仁であり、両者は同一の意味を持っている。日本の肇国《ちょうこく》の基礎は「道」にあり、中国のそれは「仁」であるが、両者の意味するところは同じである。このように、立国の基点が同じであるならば、今日において両国が連携して互いに睦み合えない道理はないとされた。また、日本の八紘一宇も、王道の理想である「治国平天下」と一致するものと見なされることになるが、こうした傾向が日本の大東亜共栄圏の思想に呼応したものであったことはいうまでもない。

実践活動と運動の衰退

以上において、中国の東亜聯盟運動の主張するところを見てきた。それでは、東亜聯盟中国総会結成以後の運動の実態はどのようなものであったのだろうか。当時の出版物や機関誌の記事を見ると、広東では具体的な実践活動を伴いながら運動が進められた様子が窺える。それは、当地では前述した事前準備もあって組織体制も確立しており、会員数も一九四一年八月の時点で八万人を超えていたという（『広東に於いて進展中の東亜聯盟運動』）。おそらく、それは一九三〇年代前半における大亜細亜協会の運動という基盤があったことにも関わるであろう。

広東での運動では、宣伝活動と青年を対象とする幹部訓練に重点が置かれた。宣伝面では、各種出版物を発行するほか、演説隊、ビラ、標語、壁新聞、演劇などが活用され、和平区はもちろんのこと、抗戦区においても秘密裏に対日和平の宣伝工作が行われた。さらには、華僑に向けての宣伝も行い、ベトナムとタイには人員が送られて支部が作られた。青年に対する幹部訓練としては、広州市内に幹部訓練班を開設し、省内各地から集めた青年に三ヵ月にわたる講習を行い、終了後は彼らを地元に帰らせて東亜聯盟運動を推進させるといった事業が行われている。

それでは、汪精衛政権の中心地たる南京ではどうであったのであろうか。一九四一年五月の支那派遣軍の見解によれば、運動の展開はまだ不十分ではあるものの、東亜聯盟の思想は「〔中国の〕各層共に之を歓迎しつゝあり」、「民衆之を歓迎し重慶亦一指をも之に触るゝ能はざるは本事変に於ける思想戦的我勝利を意味するものなり」と評価されている（堀場一雄『支那事変戦争指導史』）。しかし、運動は期待どおりには進まなかった。当時、副領事として上海にいた岩井英一は、一九四二年八月の時点で、広東のような特殊事情のある地方は別とした上で、「肝心の中央に於てすら殆んど開店休業状態にて、何等積極的活動なり殆んど有名無実の存在と化しつつある」と報告している（「国民政府ノ強化ト新国民運動」）。ここからすれば、東亜聯盟中国総会の華中での運動は、結成から二年も経たないうちに失速状態となっていたと見ることができる。

なぜそのような事態に陥ってしまったのか。板垣征四郎や辻政信といった支那派遣軍における東亜聯盟運動推進派の転出（一九四一年夏）が、その一因となったといえるかもしれない。しかし、その最大の原因は先に述べた日本政府の方針転換によって、その積極的な支援を得られなかったことにあったと考えられる。「中国の東亜聯盟運動は、生みっ放しにされたまゝに放って置かれた」とは、極めて適確な表現であった（西郷鋼作「中国の東亜聯盟運動」）。

そしてそれと同時に、中国の側から東亜聯盟の理論的浅薄さが停滞の原因であると認識されていたことは重要である。すなわち、彼らの中には、「運動の四大綱領に説き及ぶと、現在まだ四大綱領が有るのみで、未だ具体的且系統的な解釈・整理は無く、此故に内容は尚非常に空虚である」とする反省が見られたのである（陳孚木「東亜聯盟運動の現在と将来」）。それは要するに、彼らが理論的に民衆に訴える力を持ち得なかったということであるが、中国の場合は日本と違って官製の大衆動員運動であるがゆえに、この点は致命的であったといえるであろう。

第六章
戦後七五年のアジア主義

太平洋戦争における敗北は、日本のアジア主義の敗北をも意味した。戦時下の日本アジア主義の最後の姿を象徴するものが、平野義太郎《よしたろう》の『大アジア主義の歴史的基礎』である。平野は同書で明治維新以来のアジア主義の歴史的展開過程を語り、それが孫文の「大アジア主義」と合致するもので、大東亜共栄圏へと発展する原理を持っていたことを論じていた。それは、転向したマルクス主義者による時局便乗的な議論であっただけに、一層の痛々しさを感じさせるものであった。ここに、日本のアジア主義は言論の世界からいったん退場することになるが、まずは戦中の運動で指導的立場にあった人物の戦後の言説に触れておくことにしよう。

アジア主義者たちの戦後——松井石根と石原莞爾

大亜細亜協会の会長を務めた松井石根は、一九四五年八月一五日の敗戦の報せを熱海の自宅で知った。松井がA級戦犯容疑者に指名されたのは一〇月一九日だった。巣鴨プリズンに入ったのは翌年三月五日のことである。その間に書かれたものに「我等の興亜理念并にその運動」がある。松井はこの文章で、大亜細亜協会の設立の動機と運動の正当性を述べる。それが順調に成果を上げることができなかったのは、ひとえに日中戦争の勃発によってであった。

松井は、日本の軍事行動に非があったことを認める。すなわち彼は、日本軍が長きにわたって中国の南北に蟠踞《ばんきょ》し、中国人に強請して人的・物的資源を徴用したこと、さらには日本軍民が中国の国情と人心の趨向《すうこう》を無視して、日本人特有の直情径行な性格と中国に対する優越性にとらわれて、日中間の疎隔を招いたことを遺憾としているのである。だが、彼は次のように記す。

天道地に堕ちず、日月その光を失はざる限り、我等八千万国民はいずれの日かアジア十億の兄弟と共に、再起して正道を貫くの時あらん。〔中略〕支那四億の民衆はもちろん、アジア十億の民族また能く我等の信念の存する所を諒察し、永遠に東洋文化の興隆とアジアの存立と繁栄にその志を更《あらた》めざらんことを冀《こひねが》ふてやまず。

松井は「大東亜戦争」の失敗と「失ひたる幾百万同胞の鮮血」を悔いることなく、戦後もなお大アジア主義運動の持続を求めていた。しかし、日中戦争を正当化するために展開した自らの政治的見解については一切触れることはなかった。というよりも、過去を清算することなく大アジア主義運動の持続を願ったのである。

極東国際軍事裁判（東京裁判）での松井の取り調べは、主として南京占領に伴う大虐殺の責任の有無をめぐってであった。しかし、弁護側は松井が日中親善論者であることを強調したかった。一九四七年一月二七日には、かつて大亜細亜協会の理事長を務めた下中彌三郎が法廷の証言台に立った。彼は証言で、松井が日中両国の融和に尽力したいと考え、その目的のために大亜細亜協会を設立したとした。そして、最後に次のように述べた。

〔松井は講演で〕事変解決の鍵は日本人の反省に在ると云ふ意味を主として話された。松井大将は支那及支那人を愛して居られた。そしてアジアを救ふ為には日支が手を携へて立上がらなくてはならないと言つて居られた。(『A級極東国際軍事裁判記録』)

しかし、松井の裁判ではアジア主義問題は論点として深められることはなかった。結局、彼は絞首刑の判決を受け、一九四八年一二月二三日に処刑された。

松井と対照的な戦後を過ごしたのは石原莞爾であった。一九四一年三月に予備役となっていた石原は、敗戦の日は故郷である鶴岡で迎えた。当日の講演会で石原は、「敗戦の最大原因は国民道徳の驚くべき低下にあり敗戦は国民をして反省懺悔して国体に対する信仰に徹し〔中略〕、全力を以て最終戦争を準備せしめんとする神意なり」と述べた(「敗戦の日に東亜連盟会員に訴う」)。しかし、いずれ敵の圧迫も排除された日には昭和維新の根本も確立され、東亜聯盟精神に基づく「日鮮支の道徳的な協同」も速やかに実現されるだろうとしていた。彼は以前からの思想を持続させていたのである。

石原は一九四五年時点では東亜聯盟運動の持続を訴えている。「世界一家」の理想を実現するには、まず近い東亜諸民族の道義的結合を実現しなければならない。彼は結合の対象である中国の孫文の三民主義を次のように高く評価する。「三民主義の基底は東方道義であり〔中略〕救国主義である」。「孫文の理想とするところは、しかし平天下即ち世界主義である。ただ欧米人の唱える世界主義は自己の帝国主義を粉飾せんがためのものであり、結局は侵略主義の変形に過ぎぬことを看破して、真の世界主義は先ず民族の平等を実現することより始めなければならぬとするのである」(「新日本の建設」)。

しかし、日本は孫文の「大アジア主義」講演における忠告に耳を貸さなかったばかりか、日中戦争勃発後も自称大アジア主義者すら覇道の犬たる行為を反省せず、遂に今日の結果を招いた。日本人は率直に反省しなければならないのである。そして、「空前の汚辱を蒙った我等が反省懺悔して大御心に副《そ》い奉るならば、日華の王道的結合たる東亜連盟は敗戦の今日、却って急速に結成せられることを確信するものである」とされた。

それでは、世界最終戦論はどうなったのだろうか。石原は「いよいよ世界統一の前夜として戦争史は最終戦時代に入る。二十億の全人類が今ぞ叡智の全能を動員して、その惨害を避け道義によって平和裡に世界一家の実をあげねばならぬ」と公言した。すなわち、これまでの持久戦論の時代は終わり、人類最後の決戦戦争の時代に入ったというのである。しかし、原子爆弾に象徴されるアメリカの強大な軍事力を前に、かつて論じていたような単純な決戦方法は通用するはずはない。彼は「戦争は最早その意義を失おうとしている」と考えるに至ったのである(同前)。

こうした認識から、石原は最終戦争に対する必勝態勢の整備は武力によるべきではなく、最高文化の建設にあると指摘する。すなわち、狭小な国土に生きる日本人が、主として国内の資源による簡素にして健康な生活を営みつつ、最新科学文明の粋を活用して人類の次代文化の真の姿を世界に示すと共に、非武装によって近隣の民族と協和の実を上げるならば、理論闘争を用いることなく、また武力に頼ることなく、闘争に悩む全人類に八紘一宇の真義を理解させることは可能だと述べたのである。

しかし、石原は最晩年における論説で、「今日私は、東亜連盟の主張がすべて正しかったとはもちろん思わない。最終戦争が東亜と欧米との両国家群間に行われるであろうと予想した見解は、甚だしい自惚れであり、事実上明かに誤りであったことを認める」と述べるに至る（「新日本の進路」）。「すべて正しかったとは思わない」という表現は、依然として肯定する部分の方が多いという意味であろう。

一九四六年一月、東亜聯盟同志会を含む興亜団体は連合国軍最高司令部によって解散を命じられた。石原は戦犯リストからは除外された。その理由は、満洲事変への関与の確たる証拠が不足しているためであった。しかし、四八年には軍国主義者として公職を追放され、翌四九年、肺炎をこじらせて八月一五日に世を去った。

酒田法廷に向かう石原莞爾

戦後におけるアジアの位置づけ

第二次世界大戦後、日本はアメリカの占領下に置かれることによって、自らの主体性を捨て去り、アメリカとの自己同一化を図った。白井聡がいうところの「永続敗戦」の始まりであった。アメリカには敗れたが、アジアには敗れていないという虚構を信じ込むことによって、多くの人々は以前と同様にアジアを下に見続けた。

アジア主義という言葉も人の口に上らなくなった。一九五〇年代においては、論壇でこの種の言説が発せられることはめったになくなる。ただ、朝鮮戦争下の一九五一年初頭に、台湾から訪日した何応欽《かおうきん》（中国国民党の軍人）が、関西の財界人を前に、孫文の「大アジア主義」講演を引き合いに反共的連帯を訴えたことがあったが、それが具体的な思想内容を伴うものでなかったことはいうまでもない。

冷戦体制下での日本のアジア諸国への関与の特徴を挙げるなら、それは東南アジア地域を対象とした経済を中心とするものであった。そのことは、中国との関係構築が現実的に不可能だったことにもよるが、それに加えて脱植民地化が進む同地域の政治空間に、共産主義勢力が入り込むことを危惧するアメリカの意向を背景とするものでもあった。一九五〇年代半ばに至って、日本のアジア回帰の姿勢は明確な形となり、それは五五年四月のバンドン会議への出席となって現れる。当時の日本の世論は、これをアジア復帰の好機と見なす傾向にあった。だが、戦前に対する慎重さのゆえか、そこでは主義や思想をもってアジアが語られることはほとんどなかった。

しかし、言説として語られなかったとはいえ、戦前のアジア主義を肯定的に捉えつつ外交活動を行った政治家がいた。その代表的人物が岸信介であった。岸は東京帝国大学の学生時代に北一輝と大川周明の強い影響を受け、その後満洲国の高官となったことはよく知られている。岸自身はアジア主義運動に関わったわけではないが、後になって、「私の満州行きの基礎には、大川さんの考え方があったことは否めない」と述べており、彼のキャリア作りの背景にアジア主義があったことが理解される（原彬久『岸信介』）。

岸は一九五七年五月に東南アジア諸国を歴訪するが、後に彼は、それをかつての満洲国や日本を盟主とする大東亜共栄圏の復活をイメージしつつ行ったと述べている。この時の岸は、アジアの中心が日本であることを際立たせようと考えていた。ここに、戦前の政略論として展開されたアジア主義が、戦後の保守政治家の中に生き続けていたことを見て取ることができる。戦後の岸の外交を、思想的基盤を欠き、戦後賠償を手段とした単なる「功利主義的なアジア主義」と見ることは妥当ではないのである。

戦後日本の学術界では、アジア主義に対する評価は否定的であった。その代表的事例としては丸山眞男の見解を挙げることができる。彼は一九四七年六月の講演で、日本ファシズム・イデオロギーの一つとして「大亜細亜主義」的傾向を挙げており、それがアジア諸民族の解放をスローガンとしながらも、結果的には大陸侵略を正当化するイデオロギーとなったとしていた（「日本ファシズムの思想と運動」）。丸山の議論はアジア主義を深く分析した上でのものではなく極めて表層的なものでしかない。にもかかわらず、これがその後の学界でのアジア主義研究が敬遠される理由の一つになったとする見解がある（スピルマン「アジア主義の再検討」）。丸山の同時代的影響力から見て、その可能性は大きいといえるだろう。

アジア主義に関する議論・研究が停滞する中で、一九五〇年代後半になると言論界の一部には新たな「脱亜論」と「日本特殊論」の声が出るようになる。例えば、一九五八年に竹山道雄は次のように述べている。

日本の歴史はアジアの中で一つだけ特別である。西欧の歴史の概念は日本にはしばしばそのまま当てはまるが、他のアジア諸国には当てはまらない。西欧と日本のあいだには、ふしぎな歴史の並行現象がある。（「日本文化の位置」）

竹山が主張の根拠としたものは、前年に発表された梅棹忠夫《うめさおただお》の「文明の生態史観」であった。梅棹はそこで、「世界を東洋と西洋とに分類するということがそもそもナンセンスだ。［中略］じっさいは、東洋でも西洋でもない部分を、わすれている」と論じていた。梅棹がそのように論じるのは、従来の表示法では世界における日本の位置表示はできないと考えられたからである。そこで梅棹は、世界を第一地域（日本と西欧）と第二地域（アジア）に分け、それぞれが生活様式と歴史的発展を異にすると説いた。このような梅棹の主張には、アジアを一括りにして、そこにヨーロッパに対する何らかの対抗的価値の根拠を見出すことへの批判が込められていたのである。

竹山の所説に真っ向から異を唱えたのが竹内好であった。竹内は梅棹説を学術的手続きを踏んだものとして一応の評価をする。しかし、竹山に対しては「日本は他のアジア諸国と異質だというドグマ」が先にあり、そこに梅棹説の結論をつなぎ合わせて歴史を組み立てたもので、それは脱亜論の嫡出子にほかならないと批判を加える。そこには、「日本はアジアでないといいながら、アジアにおける支配権は失いたくない」という本音があると、竹内は見ていた（「二つのアジア史観」）。こうした批判の延長線上にあったのが、竹内による近代アジア主義の再検討の試みであった。

一九六三年に出版された『アジア主義』（『現代日本思想大系』9）は、戦後において「アジア主義」を冠した最初の書籍であった。同書に収められた竹内の「アジア主義の展望」は、資料解題を主たる内容としつつも、アジア主義の中にある「侵略」と「連帯」という二つの側面についての明確な区別に対する疑問を提示したという点において、極めて論争的な内容を持つものであった。それは「戦後思想によってタブー視され、扱うことを禁止されてきたテーマの封印を解いた」のである（松本健一『竹内好「日本のアジア主義」精読』）。

竹内は自らの思想をアジア主義と規定したことはない。しかし、「抵抗」としてのアジア概念を近代化の反措定と提起しただけでも、竹内はまぎれもなく戦後最初のアジア主義者であったと

上　竹山道雄
中　梅棹忠夫
下　竹内好

いうことができる（上村希美雄「戦後史の中のアジア主義」）。さらにいえば、「方法としてのアジア」をもって西洋的価値を「包み直し」かつ「巻き返す」ことによって、普遍的な価値観を創出しようとする竹内は、すぐれて文明論的なアジア主義者であった。

さて、戦前のアジア主義的心情の背景にあったのは農村的社会構造であり、日本がいかに他国に先んじて独立と近代化を遂げたとはいえ、社会的類似性がアジアとの一体感を保証していた面は否定できない。しかし、戦後復興を経た日本経済は一九五〇年代半ばから世界に例のない高度成長期に入っていく。松本健一は「いざなぎ景気」が始まる前年の一九六四年が日本社会にとっての決定的転換点となったと見ている。すなわち、「一九六四年とは日本が『アジア』ではなくなった最初の年であった」というのである（『竹内好「日本のアジア主義」精読』）。竹内がアジア主義を再評価していたほぼ同時期に、日本社会はアジア主義を語り得ない状況に入りつつあったということになる。

こうした状況の中でも、竹内は自らのアジア主義の中心をなす「包み直し」と「巻き返し」のための主体形成に努めていた。竹内の関心は一九七〇年代半ばに至って、「アジア学」の方向に向けられることになる。彼は近代ヨーロッパをモデルとする唯一文明信仰はすでに破産したとの前提の下に、次のように述べる。

もしアジア学なるものが成立するならば、それは文明観の作りかえとして、近代ヨーロッパを手本とする学問体系を内部から変革する学問として、その姿勢を絶えず問い返す自己変革の過程においてのみ、可能であると考えます。なぜなら、私の仮説では、近代ヨーロッパの対抗概念がアジアでありますから。つまり、未来の文明を告知するものだけがアジアなのです。（「〈アジア学〉の視点」）

経済成長に伴う状況空洞化の時代にあって、竹内は一人のアジア主義者として、主体形成にこだわり続けたと見ることができる。

さて、アジア諸国の政治状況に目を転ずれば、そこには一九六〇年代初頭から流動してやまない現実があった。頻発する国家間の紛争は、アジアの内部が決して一様ではないことを世界にさらけ出した。しかし、相互対立の状況にありながらも、アジア諸国は植民地状態からの脱却、分断国家の再統一などによって、貧困と停滞の状態から発展へと離陸することができた。それは、かつていわれたような、ヨーロッパの栄光との対極にあった「屈辱」としてのアジアの終焉であった。その意味では、戦前のようなアジア主義が再生する基盤は完全に失われてしまったということができる。しかし、アジア主義的言説はこの後も間歇《かんけつ》的に現れてくる。

多様化するアジア主義

戦後の東南アジアにおいて、欧米とアジアを明確に対比させてアジアの独自性、潜在力、そして結束の必要性を説いた国家指導者はマレーシアのマハティールを措いてほかに類を見ない。彼の主張はアジア主義そのものといってよい。彼は一九九〇年一二月に東アジア経済グループ構想

マハティール

を提起して、アメリカ政府の強い反対に遭ったことがあった。これに対するアジア人としてのプライドに基づいたマハティールの強い憤りは、日本の反米ナショナリストの同情と支持を受けることとなった。

その典型例として挙げられるのは石原慎太郎である。彼は一九九四年のマハティールとの対論で、「〈日本は〉アジアの血を引いたアジア人の国家であり、アメリカのためよりもまず、アジアのためにある」として、「日本がアジアを経営するなどということではなく、日本もアジアの一員としてアジアとの連帯感の中で求められる役割を果敢に果たせばいい」と述べていた（『「NO」と言えるアジア』）。この発言はあたかもアジア主義に通じるかのような印象を与える。しかし、石原の他の論著や発言からは近隣諸国への差別意識を見ることはできても、アジアを軸とした体系的な考え方は見て取ることはできず、アジア主義者に列することはできない。

この時期、反体制左翼の中からもアジア主義的言説が登場したことは注目すべきことである。一九九四年三月一六日の『朝日新聞』夕刊に、廣松渉の「東北アジアが歴史の主役に」と題する論説が掲載されたのである。廣松は次のように述べている。

新しい世界観、新しい価値観が求められている。この動きも、欧米とりわけヨーロッパの知識人たちによって先駆的に準備されてきた。だが、所詮《しょせん》彼らはヨーロッパ的な限界を免れていない。混乱はもうしばらく続くことであろうが、新しい世界観や価値観は結局のところアジアから生まれ、それが世界を席巻することになろう。日本の哲学屋としてこのことは断言してもよいと思う。〔中略〕

単純にアジアの時代だと言うのではない。全世界が一体化している。しかし、歴史には主役もいれば脇《わき》役もいる。将来はいざ知らず、近い未来には、東北アジアが主役をつとめざるをえないのではないか。〔中略〕

東亜共栄圏の思想はかつては右翼の専売特許であった。日本の帝国主義はそのままにして、欧米との対立のみが強調された。だが、今では歴史の舞台が大きく回転している。

日中を軸とした東亜の新体制を！　それを前提にした世界の新秩序を！　これが今では、日本資本主義そのものの抜本的な問い直しを含むかたちで、反体制左翼のスローガンになってもよい時期であろう。

廣松渉

廣松はすでに一九七八年の時点で、竹山道雄が梅棹史観を都合よく解釈して自説の正当化を図ったとする竹内好の批判を支持しており（『生態史観と唯物史観』）、日本のアジア性を肯定的に捉える発想はもともとあったものと見られる。しかし、マルクス主義哲学者からの突然のアジア主義の提起は、読者から反発や戸惑いを招くことになった。読者の中には、字面にとらわれて、大東亜共栄圏の思想への回帰ではないかと受け取った者もいたという。廣松はその後二カ月余りで世を去るので、この論説から派生する様々な具体的問題についての考えを知ることはできない。

一部の解説には、廣松がかつて『〈近代の超克〉論』を書いて「近代の超克」論を左翼のものとしようとしたと同様に、この論説は「東亜共栄圏」の思想を自陣営のものとすべく書かれたとする見方もある。しかし、「東亜共栄圏」や「東亜の新体制」を「右翼の専売特許」とする認識は正しくない。それは一九三〇年代後半に政治的・軍事的事実として顕在化してくる日本の世界戦略、すなわち欧米帝国主義による支配に対するアジアの主張という形をとった世界戦略の表現であった（子安宣邦『「アジア」はどう語られてきたか』）。「東亜の新体制」は右翼に限られたものではなかったのである。

廣松が提起した「新しい世界観、新しい価値観」としての東北アジア発の思想は、どのような内実を持つものであるのか。それは、これまでのヨーロッパ中心の産業資本を根本から問い直すことが必要であるため、体制変革なしには考えられないはずであった。しかし、廣松と立ち位置を同じくする論者たちの間でも、今日に至るまでこの問題は十分に深められてきたとはいえない。むしろ、議論の中心となったのは、廣松理論の解釈学の中でこのテーマがどのように位置づけられるかをめぐってであった。ただ、この論説から刺激を受けて、一九三〇年代の東亜協同体論の中の「左翼アジア主義」の再検討を進めようとする動きが見られたことは、一つの収穫であったといえよう。

二〇〇三年から翌年にかけて、アジア主義を熱心に説いたのは社会学者の宮台真司である。宮台はもっぱら「亜細亜主義」という言葉を使うが、そこには敢えて戦前の思想潮流を想起させたいという意図があったのかもしれない。宮台によれば、この思想に関心を持つ契機となったのは、一九九九年一二月のWTOシアトル会議における、グローバル化に反対する異議申し立てであり、ここからアメリカ一極支配に抗するには亜細亜主義が有効だと考えるに至ったとされる。

宮台は亜細亜主義を「弱者連合の思想」だとするが、近代以降の日本は列強に対しては弱者であることを自覚する一方で、日清・日露の戦いでの勝利を弾みとして「強者」となっていった。その過程で、亜細亜主義者の果たす役割は、「強者の詭弁的な自己正当化」へ変じるという顚末を迎えた。そのような顚末を踏まえた上で、宮台はグローバル化に抗すべく今日の亜細亜主義は、近代を反近代で乗り越えようとした過去の過ちを踏むことなく、近代の力を使って近代の限界を克服するものでなければならないとする。それは徹底した近代化を実現しつつも、列強の従属的かつ「入れ替え可能」な存在とならないためにも各国の連携を図るというものであった（『亜細亜主義の顚末に学べ』）。そして、戦前のアジア主義の最大の欠陥であったアジアの盟主になろうとする「根本的素朴さ」を徹底的に否定した、「盟主のいない亜細亜主義」が必要だとするのである。

また、宮台は経済的・文化的防衛を図るために「軍事経済的ブロック」を形成する必要があると述べている。しかし、東アジアにブロック形成の条件はあるのだろうか。宮台は根拠の一つとして、一九九〇年代に日本の経済力が凋落する一方、韓国・台湾・中国などが急成長を遂げ、この地域に経済的平準化が見られるようになったことを挙げる。さらには、「今の若者らには、漫画・アニメ・音楽等のサブカルチャー・ネットワークが存在する」としている（「亜細亜主義の可能性」）。

しかし、各国の安全保障上の利害関係を論ずることなく共同体を構想することは可能なのだろうか。しかも、核兵器を持つ中国を「弱者連合」に含めることは、どう見ても無理がある考えだった。結果として、具体像を欠いた宮台の亜細亜主義はさほどの反響を呼ぶことはなく、この後、本人もこのテーマを論じることはなくなった。ただ、「盟主のいない亜細亜主義」という主張は、次に述べる東アジア共同体の問題に通じるものでもあったため、発言が途絶えてしまったことは惜しまれる。

二一世紀に入ってからのアジア主義の一つの特徴は、東アジア共同体との関連で論じられる傾向にあったことである。論壇においては、東アジアでの地域的協力の必要性はすでに一九九〇年代からいわれていた。例えば、和田春樹は九〇年七月に「東北アジア人類共生の家」の構想を呼びかけていた。和田が「共生の家」や「共同の家」という名称を用いたのは、「大東亜共栄圏」という言葉の記憶を打ち消す必要性があったためであった（『東北アジア共同の家』）。また森嶋通夫は、九五年の『日本の選択』以来の構想を発展させ、二〇〇一年には過去の日本のアジア侵略を念頭におきながら、それを乗り越えるべく、最終的には経済から軍事に至るまで完全に一体化した国家、「東アジア合衆国」を目指すという展望を提示していた（『日本にできることは何か』）。

また姜尚中《カンサンジュン》は、朝鮮半島を永世中立化し、米中日ロが集団安全保障体制を築く構想を描いている（『東北アジア共同の家をめざして』）。

現実政治レベルにおける東アジアの地域協力は、一九六七年に結成された東南アジア諸国連合（ＡＳＥＡＮ）に始まるが、東アジア共同体創設の気運が高まるのは、一九九七年に始まるアジア通貨危機によってであった。これを機に東アジア諸国は相互依存の高まりと、地域協力の必要性を強く認識し、東アジア協力の枠組みを模索するようになっていた。当初、日本はこの動きに消極的であったが、小泉政権（二〇〇一〜〇六年）の下では、日本の積極的姿勢が示されるようになった。その後の安倍、麻生政権では議論は停滞するが、〇九年に政権の座についた民主党では共同体構築が積極的に唱えられた。しかしその後、東アジア共同体論は民主党政権の崩壊、第二次安倍政権の誕生以降ほとんど先行きの見えない状態になっている。

それでは、東アジア共同体論はアジア主義とどのように関連するのであろうか。一つの見方は、それを戦前のアジア主義と重ね合わせることによって、反アジア政策として否定的に捉えるものである。子安宣邦《のぶくに》によれば、かつての東亜新秩序が日本の帝国主義的侵略の実態を覆い隠す「日本的平和」の提案であったように、東アジア共同体論もまた「アジア的平和」によって、社会的不均衡と生活環境の荒廃を深めていく現代アジアの悲惨を覆い隠すものでしかない（『帝国か民主か』）。それは竹内好のいう「エセ文明」のアジアへの拡大でしかなく、これに対しては「方法としてのアジア」の観点から抵抗線を引かなければならないとされるのである。

もちろん、過去のアジア主義と二一世紀の東アジア共同体論を結びつけることに否定的な意見もある。東南アジア研究者である白石隆とカロライン・ハウによれば、現在のアジアは「屈辱」と「貧困」とは無縁な、経済的豊かさ、政治的民主化、発展のアジアである。ここにはアジア主義が成立する余地などなく、東アジア共同体計画は反西洋的な形で、アジアに何らかのまとまりを想定するものではないとされる（『アジア主義』の呪縛を超えて」）。確かに、アジア地域主義である東アジア共同体を、心情的共感に基づくアジア主義と同列に論じることはできないだろう。しかし、白石らの所説を認めたとしても、過去のアジア主義の亡霊がなぜ執拗に蘇るのかを問い直す必要は、今なおあるのではないだろうか。

ここで、新たな脱亜論に触れておくことにしよう。戦後、脱亜論が復活していたことは竹山道雄の事例で見たところである。日本がアジアにおける欧米の代理人として、アジアの文明化を導くという思想は、日米安保条約というアメリカとの軍事同盟に支えられ、とりわけ一九六〇年代の高度成長以後は経済大国としての自負に支えられて、アジア諸国への経済援助を支える思想として復活していた。そして、九〇年代終盤から今世紀初頭にかけての、中国の経済成長や軍事面での強大化と南北朝鮮の「反日化」傾向は、日本人の中に強い警戒心を生じさせ、脱亜の思想を強く政治化させることとなった。

経済学者である渡辺利夫の『新脱亜論』は、そうした傾向を体現したものといえるだろう。同書は、現代の東アジア情勢が日清・日露の両戦争に発展した時代に「先祖返り」しているとの認識から、福沢の「脱亜論」の方向性を正当化すべく近現代史の「再編集」を試みている。その結論として、日本はアジア諸国と距離を置くべきであり、東アジア共同体への参加は中国の覇権主義への屈服として否定された。同書の歴史記述は、非専門家による自国中心の歴史物語の域を超えるものではないが、そこに梅棹忠夫の「文明の生態史観」を持ち出す点などには、竹山道雄から続く現代版脱亜論の流れを感じさせるものがある。

渡辺は自らの歴史観の基盤に司馬遼太郎の見方があることを認めている。確かに、合理的近代国家を目指す明治期と、敗戦までの昭和期の日本を暗黒時代として対照的に描く、いわゆる司馬史観には脱亜の志向性を刺激するものがあるかのようである。例えば、司馬は「アジア的専制」という言葉が日本に適用できないとして、次のように述べている。

戦前までの日本人の学者までが、そのように〔アジア的という言葉で〕無神経にひっくるめてしまう。いまもそのような無神経さをもったひとが何人かいる。おそらく日本が、いわゆるアジア的とはおよそガラのちがった体制をもっていたことを知らないか、たとえ知っていても、論者にとって都合のいい結論をみちびき出すために、「日本」という端数を四捨五入してしまっているのであろう。(『歴史の中の日本』)

司馬にとっては、「アジア的」とは否定的表現でしかないように見える。他方において司馬は、「脱亜とは薄情な言い方です」、「その言葉が一種の近代日本のえげつなさの象徴のひとつとして、今でも言葉だけが独り歩きしている」として脱亜論を批判する。そして、「〔日本人は〕ついアジア人であるということを忘れてしまいますが、〔中略〕やっぱりわれわれは、良さにつけあしきにつけ、苦いにつけ甘いにつけ、アジア人なんだということを思ってほしい」とも述べている（「私の『脱亜論』の見方」）。日本は「アジア的」ではないが、「アジア人なんだ」という矛盾した表現はどう捉えるべきなのだろうか。

そこにあるのは、やはり日本特殊論に他ならない。司馬は日本が大枠ではアジアに含まれるとしながらも、日本は封建制を経ることによって近代化の基盤を作った点において、それを経なかったがゆえに停滞を続けた中国や韓国とは異なっていたとするのである。「永続敗戦」の中で生きる日本人が、司馬史観を対アジア優越感に発展させ、そこに東アジアの政治的緊張への過剰意識を付け加えることによって、現代版脱亜論は今後とも再生産され続けることであろう。

これからのアジア主義

歴史的に見て、アジア主義は日本出自の思想潮流であり、中国での言説は主として日本からの影響と、それへの反応として展開されたものであった。そのため、戦後の中国においては、アジア主義に関わる発言がなされることはなかった。

そうした中で、二〇〇六年五月、中国の王毅《おうき》駐日大使（当時）が講演でアジア主義の提言をしたことは意外にも思える出来事であった。この時、王毅は過去のアジア主義が失敗に終わったことを踏まえて、近年におけるアジア諸国間の関係改善、アジア経済の大きな変化、ASEAN＋3を始めとする地域協力が発展していることを根拠として、二一世紀の新しいアジア主義の可能性を述べたのである。王毅がいう「新しいアジア主義」とは協力的であり、開放的であり、多様性を尊重した調和の取れたものでなければならないとされた。そして、そこでは日本と中国が相互補完的に協力しながらウィン・ウィンの方向に進むべきだとし、しかもＡＳＥＡＮの主体的な役割を尊重して、中国はアジアのリーダーとなるつもりはなく、日本とも指導権を争うことはしないと述べたのである（「アジアの将来および日中両国の役割」）。

王毅はこの年、各地の講演会やシンポジウムにおいて同様の趣旨を発言している。「アジア主義」という言説が、現代中国の政治家から肯定的に発せられたのは恐らく初めてのことであろう。王毅は極めて慎重に、中国が日本を始めとするアジア諸国の脅威とはならないことを強調してはいるものの、これからのアジア主義の最大の根拠をＡＳＥＡＮ＋３に見られる「集団的なアジア意識」に求めていることからして、実際は中国がアジアの地域統合に参画し、有力な地位を占めたいという意図の現れではないかと推測する向きも多かった。

しかし、その後の中国では、アジア主義は歴史研究の分野で扱われることはあっても、現代の国際政治との関連で論じられることはなくなった。ここで中国の現代政治を論じようとは思わないが、周辺諸国への中国の影響力拡大が図られる中で、中国ではもはや過去の思想であるアジア主義を持ち出す必要はなくなったと見るべきかもしれない。

他方、今世紀に入ってからの日本では、宮台以降というもの、真剣にアジア主義を論じる人は少なくなった。あったとしても、泡沫的としかいいようがない低レベルの言説であり、懐古的に過去の思想を称揚したり、八紘一宇の精神を振り回すに留まっているのが現状である。それでは、今後のアジア主義はどうあるべきなのか。

そもそも今日においては、「地域的まとまり」としてのアジアが、何らかの敵を想定した政治的勢力を形成する可能性がないことは明らかである。また、アジアから欧米の影響力を排除せよという意見は現実性を持つものではない。このように、もはや政治的な立場からするアジア主義が成り立ち得ないとしたら、それは今後はいかなる分野において可能性をもっているのであろうか。その一つは思想の世界であると思われる。

これからのアジア主義は、かつての地政学的な思考を離れ、西洋的価値を問い直す思想的営為において可能性を発揮すると考えられる。すなわち、これまで普遍的価値と見なされてきた西洋的近代主義がグローバル化の中で行き詰まる中、現代はアジア主義の良質の部分を受け継ぎ、それを思想的に高めていくことが必要な時代にあると考えられるのである。しかし、それは西洋的価値を否定することではなく、それを高い次元で「人間にとって」の価値とする努力を意味している。

中島岳志はアジア的価値は単なる「方法」ではなく、思想としてのアジア主義であることが必要だとする。そして、竹内好の「方法としてのアジア」を乗り越えて、アジア主義の思想的可能性に到達するために「多一論」に依ることが必要だとし、これによって「リベラリズムを包み直し、アジアによる価値の巻き返しによって普遍性を構築していかなければなりません」と中島は述べている（『アジア主義』）。

中島が他の著作で説明するところによれば、多一論とは、地球世界という相対レベルにおける多様な個物は、絶対レベルにおいては全て同一同根のものであり、地球世界における「多なるもの」は「その一なるもの」の形をかえた具体的現れであるという概念である。中島は、このような思考方法に基づいてアジア主義を思想として確立できると考えている。しかし、それがどのような形で竹内の主張を超えるものであるのか、そしてそれが価値相対化の議論とどう違うのかは、なおも問われなければならない点として残る。

思想を通して近代を問い直すに当たっては、竹内の「方法としてのアジア」を素材とすることは、依然として有効な作業であると考えられる。それは竹内自身がいうように、実体として存在するものではない。それは、普遍的であると見なされる西洋を変革する過程自体、あるいは変革する者の「主体形成の過程」自体にあるのである。そのためには、思考する者は日本型オリエンタリズム、すなわち我々に心地よさを与えるべく想像されたアジアから自由でなければならないし、当然のごとく日本中心主義は主体的に否定されなければならないだろう。この過程こそが、アジア主義の一つの可能性であると考えられる。

アジア主義の今一つの可能性は共生の道にあると考えられる。それは思想とも関連するが、竹内がいう「方法としてのアジア」とは次元を全く異にするものである。しかし、ここでは「共生」がアジア固有の価値であるとか、あるいは実体的本質であるというつもりはない。そのように検証不可能な概念をアジアの価値とすることは、自分たちに都合よく解釈されたアジアを前提としたものでしかないからである。むしろ、ここでいいたいことは、平和運動や各地の民衆との連帯運動といった共生の試みの中に、何らかの共通する思想傾向が見られるのではないかということである。

今から三〇年以上前に、国際政治学者である初瀬龍平《はつせりゅうへい》は当時のアジア主義の一つとして、「アジア民衆との共生を求めるもの」を挙げていた。それは、国際システムの犠牲者の側から南北構造を打破していこうとするものであるが、初瀬はそうした運動に携わる人たちの活動状況と彼らの心情の一端を紹介している。その上で、戦前のアジア主義が国家と国家の関係樹立に関心が向けられていたのに対し、一九八〇年代のアジアとの共感では、生活者である「人間と人間という視点が強力となっている」と述べ、その出発点はアジアの人々の生存と生活を均しく尊重することにあると指摘していた（「アジア主義の転換」）。これは、新しいタイプのアジア主義といえるものであった。そうした指摘は、その後の状況を的確に予想したものであった。

二〇一九年一二月にアフガニスタンで殺害された中村哲医師は、その代表的な実践者だったといえるだろう。初瀬は早くから、中村のペシャワールの会での発言の中からアジア主義的傾向を紡ぎ出すことを試みていた。それによれば、中村の活動はアジア的心情に支えられていた。彼は、アジア人の価値を理解しようとしない、欧米や日本の援助のあり方に憤りを示している。中村は次のように述べる。

国際秩序という時、そこには欧米と文明観、価値観を共有しているわけではないアジア同胞への地についた理解が欠かせない。自分たちのアジア観の再検討が迫られている。（『辺境で診る辺境で見る』）

中村の言葉の中には、「方法としてのアジア」に通じるものが感じられる。そして彼は、国家ではなく市民の手によって、アジアの人々が力を合わせ、欧米に対抗していくことを選択した。この意味で、中村の思想はグローバル化時代のアジア主義ということができる。中村は古典的な意味でのアジア主義者ではないが、「アジアで共に生きる」という心情で支えられている点では、アジア主義的であるといえるのである（初瀬龍平「グローバル化時代のアジア主義」）。

恐らく、アジア各地には中村と志を同じくする多くの人々がいるだろう。全ての人がそうだとは断言できないが、多くの人々が「民と民」の立場から共生を求めるアジア主義を実践しているものと思われる。我々の周囲には数多くの問題がある。在日外国人に対する差別問題、難民問題などである。共生に向けてのアジア主義は、様々な問題の解決のための思想的根拠となり得るだろう。

あとがき

　私がアジア主義研究に本腰を入れたのは、今からおよそ一五年近く前のことになる。その後の研究成果としてまとめたのが、前著『アジア主義と近代日中の思想的交錯』（慶應義塾大学出版会、二〇一六年）であった。出版した年度末をもって、私は勤務先である静岡県立大学を定年退職したので、同書は私にとって人生の区切りとなる一冊であった。

　本書は、前著を大幅に改め、新たな章を書き加えたものであり、江戸期から現代に至るまでのアジア主義の変遷を、主に人物を中心として描き出している。書名は『アジア主義全史』であるが、「はじめに」で書いているように本書の内容は日本・中国・朝鮮をめぐる思想と運動に限られている。岡倉天心や大川周明などのように、これらの地域を越えて、さらに論じられるべき思想家がいることを承知の上での書名である。私としては、大風呂敷を広げるようでいささか気が引けたのだが、編集者に背中を押されての決断であった。この点は読者にご了承いただきたい。

　私の最初の研究テーマは近代中国の政治思想であった。中国研究者でありながら、日本政治史の領域に足を踏み入れることに関しては、自分でも躊躇を覚えなかったわけではない。だが、日本の歴史や現状を考慮に入れない外国史研究に意味があるのかという思いと、東アジアの近代史は同時進行的であり、相互関係の中で見る必要があるとの考えから、足を踏み出した次第である。結果としては、私に中国研究という足場があったがゆえに、日本史専門家からのアジア主義研究とは異なる成果が出せたのではないかと考えている。

その後、一般財団法人霞山会の事業と関わりを持てたことは、研究の幅を広げる上で大きな意味があったと思う。霞山会は二〇一六年一二月以来、四回にわたって「近代日本とアジア」を主たるテーマとするシンポジウムを開催したが、私はこれに報告者として参加することによって、近衛篤磨や東亜同文会などに関する知見を深めることができた。その成果は本書にも多分に反映されている。

本書の出版に当たっては、筑摩書房編集部の松田健さんに大変お世話になった。また、原稿執筆の過程では、学生時代からの友人であり、フリーランスの編集者である朝浩之さんから適切なアドバイスをいただいた。厚くお礼申し上げる。最後に私事であるが、長きにわたり私の研究生活を支えてくれた亡き妻・恵子に、感謝の気持ちを込めて本書を捧げたい。

二〇二〇年七月

嵯峨　隆

参考文献

序章

日本語

孫江「近代中国における『アジア主義』の言説」、『日本・東アジア文化研究』第一号、二〇〇二年二月。

竹内好「アジア主義の展望」、同編集・解説『現代日本思想大系』第九巻、筑摩書房、一九六三年。

趙景達「日本／朝鮮におけるアジア主義の相克」、『情況（第三期）』第八巻第二号、情況出版、二〇〇七年三月。

第一章

日本語

会沢正志斎「新論」（一八二五年）、今井宇三郎ほか校注『日本思想体系53　水戸学』岩波書店、一九七三年。

葦津珍彦『永遠の維新者』葦津珍彦の主張普及発起人会、二〇〇五年。

勝海舟全集刊行会編『勝海舟全集』第一巻、講談社、一九六七年。

佐藤信淵「混同秘策」（一八二三年）、瀧本誠一編『復刻版　佐藤信淵家学全集』中巻、岩波書店、一九二二年。

――「存華挫敵論」（一八四九年）、同右、下巻。

竹内好「アジア主義の展望」（前出）。

頭山満『大西郷遺訓　立雲 頭山満先生講評』政教社、一九二五年。

橋本左内「村田氏寿宛（安政四（一八五七）年一一月二八日）」、佐藤昌介ほか校注『日本思想大系55　渡辺崋山　高野長英　佐久間象山　横井小楠　橋本左内』岩波書店、一九七一年。

林子平『海国兵談』（一七九二年）、岩波文庫、一九三九年。

平野国臣「制蛮礎策」（一八六三年）、宮部力次『平野国臣』裳華書房、一八九六年。

松田宏一郎「『亜細亜』の『他称』性――アジア主義以前のアジア論」、日本政治学会編『日本外交史におけるアジア主義（年報政治学　一九九八年度）』、岩波書店、一九九九年。

山室信一「日本外交史とアジア主義の交錯」、同右。

第二章

1

日本語

石瀧豊美『玄洋社・封印された実像』海鳥社、二〇一〇年。

「大阪事件・桜井徳太郎予審調書」、奈良県近代史研究会編『大和の自由民権運動』奈良県近代史研究会、一九八一年。

「欽差大臣何公使ト曾根氏ノ談話」、『興亜会報告』第二集、一八八〇年四月一日。

玄洋社々史編纂会編輯『玄洋社社史』玄洋社々史編纂会、一九一七年。

「興亜会規則」（一八八〇年三月一日）、黒木彬文、鱒沢彰夫編集・解説『興亜会報・亜細亜協会報告』第一巻、不二出版、一九九三年。

田中惣五郎『東洋社会党考』新泉社、一九七〇年。

頭山満翁正伝編纂委員会編『頭山満翁正伝（未定稿）』葦書房、一九八一年。

中島岳志『アジア主義——その先の近代へ』潮出版社、二〇一四年。

2

日本語

「亜細亜経綸策」、『日本人』第四五号、一八九〇年四月一八日。

「亜細亜旨義とは何んぞ」、『亜細亜』第三三号、一八九二年二月一日。

今井嘉幸『建国後策』私家版、一九一六年、孫文研究会編『孫文研究』第三一号、二〇〇二年一月。

——「人種的争闘を背景としての日支提携」、『新公論』第三二巻第九号、一九一七年八月。

浮田和民『倫理的帝国主義』隆文館、一九〇九年。

——『世界の一回転』冨山房、一九一五年。

——「新亜細亜主義（東洋モンロー主義の新解釈）」、『太陽』第二四巻第九号、一九一八年六月二七日。

大住舜『新思想論』陸東出版社、一九一三年。

大谷光瑞「帝国之危機」、『中央公論』第三四一号、一九一七年三月。

小寺謙吉『大亜細亜主義論』東京宝文館、一九一六年。

近衛篤麿「同人種同盟 附支那問題研究の必要」、『太陽』第四巻第一号、一八九八年一月一日。

近衛篤麿日記刊行会編『近衛篤麿日記』第二巻、鹿島研究所出版会、一九六八年。

田岡嶺雲「東亜の大同盟」(一八九七年一一月二五、二八、二九日)、西田勝編『田岡嶺雲全集』第二巻、法政大学出版局、一九八七年。

田中守平「東亜聯邦論」一〜七、『日本人(第三次)』第四〇三号(一九〇五年一月二〇日)、第四〇五号(二月二〇日)、第四〇七号(三月二〇日)、第四一一号(五月二〇日)、第四一二号(六月五日)、第四一四号(七月五日)、第四一五号(七月二〇日)。

高山樗牛「人種競争として見たる極東問題」(一八九八年一月)、『樗牛全集』第四巻、博文館、一九一三年。

徳富猪一郎『大正の青年と帝国の前途』民友社、一九一六年。

「日本民族の同化性」上・下、『大阪朝日新聞』一九一三年六月二七・二八日。

橋川文三『黄禍物語』岩波現代文庫、二〇〇〇年。

森本駿「我邦は亜細亜に於てモンロー主義の実行を宣言すべし」、自由党『党報』第六五号、一八九四年七月二五日。

若宮卯之助「大亜細亜主義とは何ぞや」、『中央公論』第三四二号、一九一七年四月。

3

岸上操(質軒)「清国政界の暗潮」、『太陽』第五巻第一四号、一八九九年六月三〇日。

樽井藤吉『大東合邦論』一八九三年(『覆刻大東合邦論』長陵書林、一九七五年)。

——「日韓聯邦の議」、『東亜』第一八号、一九〇七年二月一〇日。

——「再刊要旨」、『再版大東合邦論』一九一〇年、(『覆刻大東合邦論』所収)。

藤谷浩悦『戊戌政変の衝撃と日本——日中聯盟論の模索と展開』研文出版、二〇一五年。

桝谷祐一「李容九の『大東合邦論』の受容について」、『東アジア近代史』第二〇号、二〇一六年六月。

中国語

雷家聖「『大東合邦論』与『大東合邦新義』互校記——兼論晩清『合邦論』在中国的発展」、『中国史研究』第六六号、二〇一〇年六月。

4

日本語

近衛篤麿「日本人種論」、執筆年不明、水谷川忠麿編『螢雪余聞』陽明文庫、一九三九年。

――「航西紀行」、一八八五年四月二四日の条、同右。

――「曾紀沢支那論」、一八八六年、同右。

――「所謂満洲問題」、『東洋』第一号、一九〇一年四月。

近衛篤麿日記刊行会編『近衛篤麿日記』第一～五巻、付属文書、鹿島研究所出版会、一九六八～六九年。

「張之洞ニ対スル回答振ニ関スル件」（一八九八年一二月六日）、外務省編『日本外交文書』第三一巻第一冊、日本国際連合協会、一九五四年。

東亜同文会編『対支回顧録』下巻、原書房、一九六八年。

山本茂樹『近衛篤麿――その明治国家観とアジア観』ミネルヴァ書房、二〇〇一年。

衛藤瀋吉監修、李廷江編著『近衛篤麿と清末要人――近衛篤麿宛来簡集成』原書房、二〇〇四年。

中国語
劉坤一「同文会主意書書後」、『近衛篤麿日記』第三巻。

第三章

1 日本語

葦津珍彦『大アジア主義と頭山満　増補版』日本教文社、一九七二年。

玄洋社々史編纂会編輯『玄洋社社史』（前出）。

黒龍会『東亜先覚志士記伝』中巻、原書房、一九六六年。

古島一雄『一老政治家の回想』中央公論社、一九七五年。

鈴木善一『興亜運動と頭山満翁』照文閣、一九四二年。

田中稔編『頭山満翁語録』皇国青年教育協会、一九四三年。

頭山満『大西郷遺訓　立雲頭山満先生講評』（前出）。

――（談）・薄田斬雲編著『頭山満直話集』書肆心水、二〇〇七年。

頭山満翁正伝編纂委員会編『頭山満翁正伝　未定稿』葦書房、一九八一年。

中野刀水編『頭山満翁の話』新英社、一九三六年。

藤本尚則『巨人頭山満翁』田口書店、一九三二年。

――編著『頭山満翁写真伝』復刻版、葦書房、一九八八年。

吉田鞆明『巨人頭山満翁は語る』感山荘、一九三九年。

中国語

李吉奎「孫中山与頭山満交往述略」、『中山大学学報（社会科学版）』二〇〇六年第六期。

2

日本語

上村希美雄『宮崎兄弟伝』全六巻、葦書房（完結編のみ熊本出版文化会館）、一九八四～二〇〇四年。

宮崎滔天「暹羅に於ける支那人」（一八九六年一二月）、宮崎龍介・小野川秀美編『宮崎滔天全集』第五巻、平凡社（以下同）、一九七六年。

――「宮崎槌子宛」（一八九七年六月二二日）、同右、第五巻。

――「三十三年之夢」（一九〇二年一～六月）、同右、第一巻、一九七一年。

――「明治国姓爺」（一九〇三年八月～一九〇四年一月）、同右、第三巻、一九七二年。

――「革命問答」（一九〇七年三月）、同右、第二巻、一九七一年。

――「立候補宣言」（一九一五年二月）、同右、第二巻、口絵写真より。

――「金玉均先生を懐ふ」（一九一六年三月）、同右、第四巻、一九七三年。

――「東京より」（一九一八年五月～一九二一年七月）、同右、第二巻。

――「炬燵の中より」（一九一九年二～三月）、同右、第三巻。

――「久方ぶりの記」（一九一九年一〇月）、同右、第四巻。

――「旅中漫録」（一九一九年一一～一二月）、同右、第四巻。

――「出鱈目日記」（一九二〇年一月～一九二一年一〇月）、同右、第三巻。

3

日本語

北一輝「国民対皇室の歴史的観察（所謂国体論の打破）」（一九〇三年六月二五、二六日）『北一輝著作集』第三巻、みすず書房、一九七二年。

――「日本国の将来と日露開戦」（一九〇三年七月四、五日）、同右。

――「日本国の将来と日露開戦（再び）」（一九〇三年九月一六～二二日）、同右。

――「咄、非開戦を云ふ者」（一九〇三年一〇月二七～一一月八日）、同右。

――『国体論及び純正社会主義』（一九〇六年五月）、同右、第一巻、一九五九年。

――「北輝次郎発清藤幸七郎宛」（一九一一年一一月一四日）同右、第三巻。

――『支那革命外史』（一九一六年五月）、同右、第二巻、一九五九年。

北昤吉『思想と生活』日本書荘、一九三七年。

萩原稔『北一輝の「革命」と「アジア」』ミネルヴァ書房、二〇一一年。

松本健一『評伝　北一輝』全五巻、岩波書店、二〇〇四年。

中国語

孫文「致宮崎寅蔵函」（一九〇七年九月一三日）、広東省社会科学院歴史研究室ほか編『孫中山全集』第一巻、中華書局、北京、一九八一年。

馮自由『中華民国開国前革命史』第一集、世界書局、台北、一九五四年。

「民報十二月二日本報紀元節慶祝大会事及演説辞」、『民報』第一〇号、一九〇六年一二月。

第四章

1

日本語

小寺謙吉『大亜細亜主義論』（前出）。

「在阪の孫逸仙氏」、『大阪朝日新聞』（一九一三年三月一二日）、陳徳仁・安井三吉編『孫文・講演「大アジア主義」資料集』法律文化社、一九八九年。

孫文「中国の保全・分割を合せ論ず」（一九〇三年九月二一日）、伊地智善継・山口一郎編『孫文選集』第三巻、社会思想社、一九八九年。

――「宗方小太郎あて」（一九一一年七月一六日）、同右。

――「東亜に於ける日支両国の関係を論ず」、『支那』第四巻第五号、一九一三年三月。

――「中国の存亡問題」（一九一七年四～五月）、『孫文選集』第三巻。

「孫文と河上清との対談」（一九一七年九月一五日）、『辛亥革命研究』第五号、一九八五年一〇月。

戴季陶『日本論』（一九二八年）、市川宏訳、社会思想社、一九七二年。

宮崎滔天「三十三年之夢」（前出）。

中国語

王耿雄『孫中山史事詳録』天津人民出版社、一九八六年。

孫文「在東京中国留学生歓迎会的演説」（一九一三年二月二三日）、『孫中山全集』第三巻、中華書局、北京、一九八四年。

――「与日本記者大江的談話」（一九一九年四月）、陳旭麓・郝盛潮主編『孫中山集外集』上海人民出版社、一九九〇年。

――「復宮崎寅蔵函」（一九二〇年一〇月五日）、『孫中山全集』第五巻、中華書局、北京、一九八五年。

2

日本語

大杉栄「事実と解釈――植民地の反逆＝インド＝安南＝台湾＝朝鮮」、『近代思想』第三巻第二号、一九一五年一一月。

章炳麟「インド　シヴァジー王記念会の事を記す」（一九〇七年五月）、西順蔵・近藤邦康編訳『章炳麟集』岩波文庫、一九九〇年。

――「インド人の日本観」（一九〇八年四月）、小島晋治ほか『中国人の日本人観一〇〇年史』自由国民社、一九七四年。

――「亜洲和親会規約」（一九〇八年四月）、村田雄二郎責任編集『新編　原典中国近代思想史　第三巻　民族と国家――辛亥革命』岩波書店、二〇一〇年。

白石昌也「明治末期の在日ベトナム人とアジア諸民族連帯の試み――『東亜同盟会』ないしは『亜州和親会』をめぐって」、『東南アジア研究』第二〇巻第三号、一九八九年一二月。

「清国留学生社会主義研究会（第三回）」（一九〇七年一一月二五日）、アジア歴史資料センター。

「清国留学生社会主義研究会（第五回）」（一九〇七年一二月二四日）、アジア歴史資料センター。なお、タイトルは「第五回」となっているが「第八回」の誤り。

竹内善作「明治末期における中日革命運動の交流」、『中国研究』第五号、一九四八年九月。

陶冶公「亜洲和親会規約跋」、湯志鈞（児野道子訳）『近代中国の革命思想と日本――湯志鈞論文集』日本経済評論社、一九八六年。

原英樹「竹内善朔論――その生涯と思想」、『初期社会主義研究』第一四号、二〇〇一年。

潘佩珠《ファンボイチャウ》（長岡新次郎・川本邦衛編訳）『ヴェトナム亡国史 他』東洋文庫73、平凡社、一九六六年。

李京錫「平民社における階級と民族――亜洲和親会との関連を中心に」、梅森直之編著『帝国を撃て　平民社一〇〇年国際シンポジウム』論創社、二〇〇五年。

劉師培「亜洲現勢論」、邦訳「アジア現勢論」、西順蔵篇『原典中国近代思想史』第三冊、岩波書店、一九七七年。

3

日本語

上原勇作関係文書研究会編『上原勇作関係文書』東京大学出版会、一九七六年。

中島端『支那分割の運命』政教社、一九一二年。

メイスナー、M（丸山松幸・上野恵司訳）『中国マルクス主義の源流』平凡社、一九七一年。

森正夫『李大釗』人物往来社、一九六七年。

リシャール、ポール「先づ亜細亜聯盟を実現せよ」、『亜細亜時論』第三巻第五号、一九一九年五月二三日。

中国語

高元「咄咄亜細亜主義」、『法政学報』第一巻第九期、一九一九年二月二五日。

――「評守常君的新亜細亜主義」、『法政学報』第一巻第一〇期、一九一九年四月一五日。

李大釗「『支那分割之運命』駁議」（一九一二年一二月）、朱文通ほか編『李大釗全集』第一巻、河北教育出版社、石家荘、一九九九年。

――「新中華民族主義」（一九一七年二月一九日）、同右、第二巻。

――「極東們羅主義」（一九一七年二月二一日）、同右。

――「大亜細亜主義」（一九一七年四月一八日）、同右。

――「Pan...ism 之失敗与 Democracy 之勝利」（一九一八年七月一五日）、同右、第三巻。

――「大亜細亜主義与新亜細亜主義」（一九一九年二月一日）、同右。

――「聯治主義与世界主義」（一九一九年二月一日）、同右。

――「在国民雑誌社成立周年紀念会上的演説」（一九一九年一〇月一二日）、同右。

――「再論新亜細亜主義（答高承元君）」（一九一九年一一月一日）、同右。

――「亜細亜青年的光明運動」（一九二〇年八月一五日）、同右。

4

日本語

「亜細亜民族の大同団結を図れ　孫文氏語る」、『東京朝日新聞』一九二四年四月二五日。

「神戸来着ノ孫文ノ船上ニ於ケル記者会見及ビ埠頭ノ歓迎情況等報告ノ件」（一九二四年一一月二五日）、『日本外交文書』大正一三年第二冊、日本国際協会、一九八一年。

孫文「犬養毅への書翰」（一九二三年一一月一六日）、『孫文選集』第三巻。

――「中国国民党の日本国民への忠告宣言」（一九二四年八月七日）、同右。

――「李烈鈞に依然として日本に滞在し、アジア大同盟の結成を宣伝すべき旨を命じた電文」（一九二四年一〇月一三日）、同右。

――「大アジア主義」（一九二四年一一月二八日）、同右。

「孫文氏来る　吾等の苦言」、『大阪毎日新聞』一九二四年一一月二四日、『孫文・講演「大アジア主義」資料集』。

「孫文氏講演会社告」、『神戸又新日報』一九二四年一一月二七日。

「孫文ト面会シタル支那浪人ノ言動」（一九二四年一二月一日）『孫文・講演「大アジア主義」資料集』。

「孫文の亜細亜自覚論」、『日本及日本人』第六七号、一九二四年一二月一日、同右。

橘樸「孫文の東洋文化論及び中国観――大革命家の最後の努力」、『月刊支那研究』第一巻第四号、一九二五年三月。

鶴見祐輔「広東大本営の孫文（抄）」、『改造』一九二三年七月号、『孫文・講演「大アジア主義」資料集』。

二十六峰外史「孫文君の去来と亜細亜運動」、『我観』一九二五年一月号、同右。

「日本と提携せねば時局解決は不可能」、『大阪毎日新聞』一九二四年一一月二一日。

「日本は亜細亜に帰れ」、『大阪毎日新聞』一九二四年一二月七日、『孫文・講演「大アジア主義」資料集』。

「北上ノ途次本邦ニ立寄リタル孫文一行ノ動静並ビニ邦人記者トノ会見模様ニツキ報告ノ件」（一九二四年一一月二四日）、『日本外交文書』大正一三年第二冊。

矢野仁一「共和政治の精神的破壊」、『外交時報』第四八二号、一九二五年一月一日。

「旅大回収運動ノ広東学生団代表ニ対スル孫文ノ訓示ニ関シ報告ノ件」（一九二三年四月三日）、外務省篇『日本外交文書』大正一二年第二冊、日本国際協会、一九七九年。

中国語

魏琴「国民会議、軍閥和帝国主義」、『嚮導』一九二四年一二月三一日、『孫文・講演「大アジア主義」資料集』。

「李烈鈞将軍自伝」、章伯鋒・顧亜編『近代稗海』第九輯、四川人民出版社、成都、一九八八年。

第五章

1　日本語

宇治田直義「大亜細亜主義に対する支那人の誤解」、『大亜細亜主義』一九三三年七月。

「広東大亜細亜協会籌備処ヨリ宣伝印刷物郵送」（一九三三年一二月二八日）アジア歴史資料センター。

「広東に於ける大亜細亜主義運動」、『大亜細亜協会年報』大亜細亜協会事務局、一九三四年三月。

胡漢民「われ等の大亜細亜主義」、『日本評論』一九三六年五月号。

「大亜細亜協会台湾支部発会式」、『大亜細亜協会年報』大亜細亜協会事務局、一九三四年三月。

柳澤慎之助「極東モンロー主義を宣言せよ」、『外交時報』第六五二号、一九三二年二月。

リヒャルド・クーデンホーフ「日本のモンロー主義」、『国際知識』一九三二年一月。

中谷武世「大亜細亜主義の本質」、『大亜細亜主義』一九三四年一月。

――『昭和動乱期の回想　中谷武世回想録』泰流社、一九八九年。

松井石根『亜細亜聯盟論』大亜細亜協会、一九三三年。

――「支那を救ふの途」、『大亜細亜主義』一九三三年五月。

――「西南游記」（一九三六年二～三月）、田中正明編『松井石根大将の陣中日誌』芙蓉書房、一九八五年。

――「胡漢民君の死を悼む」、『大亜細亜主義』一九三六年六月。

松浦正孝『「大東亜戦争」はなぜ起きたのか――汎アジア主義の政治経済史』名古屋大学出版会、二〇一〇年。

中国語

「亜細亜之将来――創刊宣言」、『新亜細亜』第一巻第一期、一九三〇年一〇月一日。

安定「東方革命之意義」、『新東方』創刊号、一九三〇年一月。

胡漢民「大亜細亜主義与国際技術合作」（一九三四年四月）、『極東問題与大亜細亜主義』広州民智書局、一九三五年。

――「大亜細亜主義与抗日」（一九三六年二月二一日）、中国国民党中央委員会党史委員会編『胡漢民先生文集』第二冊、中央文物供応社、台北、一九七八年。

――「再論大亜細亜主義」（一九三六年三月）、『極東問題与大亜細亜主義』。

克興額「民族主義与大亜洲主義及世界主義」、『新亜細亜』第一巻第二期、一九三〇年一一月。

「本刊使命」、『新東方』創刊号。

2
日本語
石井知章・小林英夫・米谷匡史編著『一九三〇年代のアジア社会論——「東亜協同体」論を中心とする言説空間の諸相』社会評論社、二〇一〇年。

尾崎秀実「支那は果して赤化するか」（一九三七年一〇月一五日）、米谷匡史編『尾崎秀実時評集——日中戦争期の東アジア』東洋文庫724、平凡社、二〇〇四年。

——「『東亜協同体』の理念とその成立の客観的基礎」（一九三九年一月）、同右。

——「東亜新秩序の現在及び将来」（一九三九年四月）、同右。

——「東亜共栄圏の基底に横たはる重要問題」（一九四一年三月）、同右。

——「最近日支関係史」（一九四〇年一月）、『尾崎秀実著作集』第三巻、勁草書房、一九七七年。

——「『東亜新秩序社会』について」（一九四二年二月一四日）、『尾崎秀実時評集』。

汪精衛「艶電」（一九三八年一二月二九日）、野村浩一ほか責任編集『新編原典中国近代思想史 六 救国と民主』岩波書店、二〇一一年。

「蔣介石の近衛声明反駁の記念週演説」（一九三八年一二月二六日）、酒井忠夫『抗日政権の東亜新秩序批判（翻訳）』東亜研究所、一九四一年。

橋川文三「東亜共同体の中国理念」、『順逆の思想——脱亜論以後』勁草書房、一九七三年。

三木清「知性の改造」（一九三八年一一・一二月）『東亜協同体の哲学——世界史的立場と近代東アジア 三木清批評選集』書肆心水、二〇〇七年。

——「東亜思想の根拠」（一九三八年一二月）、同右。

——「新日本の思想原理」（一九三九年一月）、同右。

——「東洋文化と西洋文化」（一九三九年一〇月）、同右。

蠟山政道「事変処理と大陸経営の要諦」（一九三八年一〇月）、『東亜と世界——新秩序への論策』改造社、一九四一年。

——「東亜協同体の理論」（一九三八年一一月）、同右。

3
日本語
汪精衛「日本に寄す——中国と東亜」、『中央公論』一九三九年一〇月号。

――「必ずや和平を実現」（一九四一年六月二四日）、外交問題研究会編『汪主席声明集』日本国際協会、一九四一年。

中国語
汪精衛『国民会議促成会全国代表大会之国際問題決議草案並理由書』出版地不明、一九二五年四月一七日。

――「我対於中日関係之根本観念及前進目標」（一九三九年七月九日）、国民政府宣伝部『汪主席和平建国言論集』中央書報発行、出版地不明、一九四〇年。

――「敬告海外僑胞」（一九三九年七月一〇日）、同右。

――「両種懐疑心理之解釈」（一九三九年七月二二日）、同右。

――「三民主義之理論与実際」（一九三九年一一月二三日）、同右。

――「民族主義与大亜細亜主義――総理誕辰紀念作」（一九四〇年一一月一二日）、南京大学馬列主義教研室編『汪精衛集団売国投敵批判資料選編』南京大学学報編輯部、南京、一九八一年。

――「新時代的使命」（一九四〇年一二月一五日）、国民政府宣伝部編『和平反共建国文献　国民政府還都紀念冊』中央書報発行、出版地不明、一九四一年。

――「対大東亜戦争之声明」（一九四一年一二月八日）、国民政府宣伝部『汪主席和平建国言論集続集』中央書報、発行所、出版地不明、一九四二年。

――「高級将校戦略演習開始訓詞」（一九四一年一二月一〇日）、『汪精衛集団売国投敵批判史料選編』。

――「掃除英美的流毒」（一九四二年二月一八日）、『汪主席和平建国言論集続集』。

――「国民政府還都三周年紀念敬告全国国民」（一九四三年三月）、張殿興『汪精衛附逆研究』人民出版社、北京、二〇〇八年（同書より再引用）。

「中国国民党第六次全国代表大会宣言」（一九三九年八月三〇日）、黄美真・張雲編『汪精衛国民政府成立』上冊、上海人民出版社、一九八四年。

4
日本語
石原莞爾「軍事上ヨリ見タル皇国ノ国策並国防計画要綱」（一九三三年六月）、角田順編『石原莞爾資料――国防論策篇』原書房、一九六七年。
――「為花谷君」（一九三五年八月）、同右。

――『世界最終戦論』立命館出版部、一九四〇年。

岩井英一「国民政府ノ強化ト新国民運動」(一九四二年八月)、アジア歴史資料センター。

桂川光正「東亜連盟論の成立と展開」、『史林』第六三巻第五号、一九八〇年九月。

『広東に於いて進展中の東亜聯盟運動』東亜聯盟広州分会、広州、一九四一年。

「興亜諸団体ノ指導理念統一ニ関スル件」(一九四一年一月一四日)、アジア歴史資料センター。

西郷鋼作「中国の東亜聯盟運動」、『東亜聯盟』一九四三年三月号。

田村真作『繆斌工作』三栄出版社、一九五三年。

「中華東亜聯盟協会宣言」、『東亜聯盟』一九四〇年一一月号。

張君衡「中国民族運動と東亜聯盟」、『東亜聯盟』一九四〇年八月号。

陳孚木「東亜聯盟運動の現在と将来」、『東亜聯盟』一九四三年四月号。

「東亜聯盟協会趣意書」(一九三九年一一月一日)、『東亜聯盟』一九三九年一二月号。

「東亜聯盟協会綱領」(一九三九年一一月一日)、『東亜聯盟』一九三九年一二月号。

「東亜聯盟中国同志会簡章」、『東亜聯盟』一九四一年一月号。

「『東亜聯盟日本総会』とせよ」、『東亜聯盟』一九四一年三月号。

東亜聯盟協会編『東亜聯盟建設綱領』東亜聯盟協会、一九四〇年。

堀場一雄『支那事変戦争指導史』時事通信社、一九六二年。

宮崎正義『東亜聯盟論』改造社、一九三八年。

繆斌「東亜聯盟に対する吾人の見解」、『東亜聯盟』一九四〇年三月号。

――「中国東亜聯盟協会よりのメッセーヂ」、『東亜聯盟』一九四〇年七月号。

――『新民精神的三民主義』中国東亜聯盟協会、北京、一九四〇年。

劉傑「汪兆銘政権論」、倉沢愛子ほか編『岩波講座アジア・太平洋戦争7 支配と暴力』岩波書店、二〇〇六年。

林柏生「東亜聯盟運動の本質」、『東亜聯盟』一九四一年三月号。

中国語

汪精衛「東亜聯盟中国同志会成立訓詞」(一九四〇年一一月二五日)、『汪主席和平建国言論集続集』。

――「所望於民国三十年者」(一九四一年一月一日)、同右。

――「東亜聯盟中国総会成立大会訓詞」(一九四一年二月一日)、同右。

――「対大東亜戦争之声明」〈前出〉、同右。

――「掃除英美的流毒」〈前出〉、同右。

郭秀峯「東亜聯盟運動与大東亜戦争」、『東亜聯盟月刊（南京）』第二巻第二期、一九四二年二月一五日。

趙正平「東亜聯盟与文化溝通」、同右。

「東亜聯盟中国総会会章」、『東亜聯盟月刊（南京）』創刊号、一九四一年七月。

張明「東亜聯盟運動的前途」、『東亜聯盟月刊（南京）』第二巻第三・四期、一九四二年四月一五日。

第六章

日本語

「A級極東国際軍事裁判記録（和文）」、国立公文書館、一九三一年八月〜。

石原莞爾「敗戦の日に東亜連盟会員に訴う」（一九四五年八月一五日）、石原莞爾平和思想研究会編『人類後史への出発――石原莞爾戦後著作集』展転社、一九九六年。

――「新日本の建設」（一九四五年一〇月一日）、玉井禮一郎編『石原莞爾選集』第七巻、たまいらぼ、一九八六年。

――「新日本の進路」（一九四九年七月）、同右。

石原慎太郎・マハティール『「NO」と言えるアジア』カッパハード、光文社、一九九四年。

上村希美雄「戦後史の中のアジア主義――竹内好を中心に」、『歴史学研究』第五六一号、一九八六年一一月。

梅棹忠夫『文明の生態史観（改版）』中公文庫、一九九八年。

王毅「アジアの将来および日中両国の役割」、『アジア時報』第三七巻第六号、アジア調査会、二〇〇六年六月。

『何応欽将軍の日本に於ける講演集』出版社、出版年不明。

姜尚中『東北アジア共同の家をめざして』平凡社、二〇〇一年。

岸信介『岸信介回顧録――保守合同と安保改定』廣済堂出版、一九八三年。

クリストファー・W・A・スピルマン「アジア主義の再検討」、柴山太編『日米関係史研究の最前線』関西学院大学出版会、二〇一四年。

子安宣邦『「アジア」はどう語られてきたか――近代日本のオリエンタリズム』藤原書店、二〇〇三年。

――『帝国か民主か――中国と東アジア問題』社会評論社、二〇一五年。

司馬遼太郎『歴史の中の日本』中央公論社、一九七四年。

――「私の『脱亜論』の見方」、『週刊朝日』一九九七年一二月五日号白井聡『永続敗戦論――戦後日本の核心』太田出版、二〇一三年。

白石隆、カロライン・ハウ「『アジア主義』の呪縛を超えて――東アジア共同体再考」、『中央公論』二〇〇九年三月号。

竹内好「二つのアジア史観――梅棹説と竹山説」（東京新聞一九五八年八月一五～一七日）、『日本とアジア』筑摩書房、一九九三年。

――「方法としてのアジア」（一九六一年一一月）、同右。

竹山道雄「日本文化の位置」、日本文化フォーラム編『日本文化の伝統と変遷』新潮社、一九五八年。

――「〈アジア学〉の視点」、『アジア学の展開のために』創樹社、一九七五年。

中島岳志『アジア主義――その先の近代へ』〈前出〉。

中村哲『辺境で診る 辺境で見る』石風社、二〇〇三年。

初瀬龍平「アジア主義の転換――現時点」、『神戸法学雑誌』第三九巻第一号、一九八九年六月。

――「グローバル化時代のアジア主義――中村哲の場合」、『京都女子大学現代社会研究』第八三号、二〇〇五年一二月。

原彬久『岸信介』岩波新書、一九九五年。

平野義太郎『大アジア主義の歴史的基礎』河出書房、一九四五年。

廣松渉『生態史観と唯物史観』ユニテ、一九八六年
――「東アジアが歴史の主役に」、『朝日新聞』夕刊、一九九四年三月一六日。

松井石根「我等の興亜理念并にその運動」（一九四五年一二月）、『松井石根大将の陣中日誌』〈前出〉。

松本健一『竹内好「日本のアジア主義」精読』岩波現代文庫、二〇〇〇年。

丸山眞男「日本ファシズムの思想と運動」、同『増補版　現代政治の思想と行動』未來社、一九六四年。

宮台真司『絶望から出発しよう』ウェイツ、二〇〇三年。

――「亜細亜主義の可能性――国家を操縦する導きの糸」、『朝日新聞』二〇〇三年八月一八日（夕刊）。

――『亜細亜主義の顚末に学べ』実践社、二〇〇四年。

森嶋通夫『日本にできることは何か――東アジア共同体を提案する』岩波書店、二〇〇一年。

和田春樹『東北アジア共同の家――新地域主義宣言』平凡社、二〇〇三年。

渡辺利夫『新脱亜論』文春新書、二〇〇八年。

嵯峨 隆 さが・たかし

一九五二年、秋田県生まれ。慶應義塾大学大学院法学研究科政治学専攻博士課程単位取得退学。博士（法学）。静岡県立大学名誉教授。専門は中国政治史、政治思想史。著書『近代中国アナキズムの研究』（研文出版、一九九四年）、『中国黒色革命論——師復とその思想』（社会評論社、二〇〇一年）、『アジア主義と近代日中の思想的交錯』（慶應義塾大学出版会、二〇一六年）、『人物からたどる近代日中関係史』（共編著、国書刊行会、二〇一九年）など。

筑摩選書 0192

アジア主義《しゅぎ》全史《ぜんし》

二〇二〇年七月一五日 初版第一刷発行

著 者 嵯峨《さが》 隆《たかし》

発行者 喜入冬子

発行所 株式会社筑摩書房
東京都台東区蔵前二-五-三 郵便番号 一一一-八七五五
電話番号 〇三-五六八七-二六〇一（代表）

装幀者 神田昇和

印刷 製本 中央精版印刷株式会社

ISBN978-4-480-01699-7 C0331

0114

0130

中華帝国のジレンマ

0171

「抗日」中国の起源

0173